Wilma Weiß

Philipp sucht sein Ich

Basistexte Erziehungshilfen

Herausgegeben im Auftrag der Internationalen Gesellschaft für erzieherische Hilfen (IGfH) von Josef Koch, Friedhelm Peters, Elke Steinbacher und Wolfgang Trede

Wilma Weiß

Philipp sucht sein Ich

Zum pädagogischen Umgang mit Traumata in den Erziehungshilfen

6., überarbeitete Auflage 2011

Beltz Juventa · Weinheim und Basel

Die Autorin

Wilma Weiß, Jg. 1951, Diplompädagogin und Diplom-sozialpädagogin, arbeitet seit über 30 Jahren mit traumatisierten Mädchen und Jungen in unterschiedlichen Arbeitsfeldern der Jugendhilfe.
Sie ist Leiterin des Zentrums für Traumapädagogik in Hanau (www.ztp.welle-ev.de) und stellvertretende Vorsitzende der BAG Traumapädagogik (www.bag-traumpaedagogik.de).

Bibliografische Information der Deutschen Nationalbibliothek

Die Deutsche Nationalbibliothek verzeichnet diese Publikation in der Deutschen Nationalbibliografie; detaillierte bibliografische Daten sind im Internet über http://dnb.d-nb.de abrufbar.

1. Auflage 2003
2., ergänzte Auflage 2004
3., ergänzte Auflage 2006
4., überarbeitete Auflage 2008
5., aktualisierte Auflage 2009
6., überarbeitete Auflage 2011

www.beltz.de · www.juventa.de
Druck und Bindung: Beltz Druckpartner GmbH & Co. KG, Hemsbach
Umschlaggestaltung: Atelier Warminski, Büdingen
Printed in Germany

ISBN 978-3-7799-1772-4

Für Katarina, Sammy und Michaela

Für Moritz und Elisabeth

Danksagung

Dieses Buch ist auch das Ergebnis einer multiprofessionellen und interdisziplinären Zusammenarbeit. Ich danke vor allem den Pädagoginnen und Pädagogen in den Einrichtungen der stationären Erziehungshilfe, die mir über ihre Erfahrungen berichtet haben. Durch ihre Offenheit und Reflexionsbereitschaft haben sie zu vielen Erkenntnissen, die in Teil drei verarbeitet sind, beigetragen. Sie haben auch mit ‚ihren' Mädchen und Jungen die Möglichkeiten der kognitiven Bearbeitung von beeinträchtigenden Lebenserfahrungen durch gruppenpädagogische und individuelle pädagogische Aktivitäten (Teil 2) bewiesen. Stellvertretend danke ich Tanja Faust und Maria Centner-Sievers. Seit einiger Zeit gehört Thomas Lutz zu meinem Team; Er ist unersetzlich, gerade wenn er pädagogische und therapeutische Möglichkeiten der Arbeit mit Jungen darstellt.

Meine Lebensgefährtin Eva hat mich unermüdlich unterstützt. Als Pädagogin im Vorschulbereich und als Leiterin eines Malortes begleitet sie lebensgeschichtlich belastete Kinder respektvoll und entwicklungsfördernd. Für beides danke.

Ich danke allen, die an der direkten Entstehung des Buches beteiligt waren; Studierende, PädagogInnen, PsychologInnen und SozialwissenschaftlerInnen. Ich danke besonders Monika Keller, Gisela Braun, Dr. Dirk Bange, Prof. Dr. Maud Zitelmann und der Publizistin Katja Maurer für die viele Zeit, die sie mir schenkten.

Vorwort

In Deutschland werden jeden Tag fast 100 Kinder in stationäre Hilfen aufgenommen. Kinder und Jugendliche mit einem Anspruch auf diese Hilfeform waren in ihrer Biografie überdurchschnittlich häufig komplexen Problemlagen ausgesetzt und haben einen intensiven pädagogischen Betreuungsbedarf. Traumata stehen dabei an der Spitze der Belastungen – zumeist komplexe Traumata durch Misshandlung, Vernachlässigung oder Missbrauch im unmittelbaren häuslichen Umfeld. Zahlreiche Sparmaßnahmen mit der Zielsetzung, stationäre Unterbringungen zur vermeiden, haben die Dichte traumatischer Belastungen in den stationären Hilfen weiter vergrößert. Die Arbeit stellt daher heute extrem hohe Anforderungen an die Qualifikation in der Betreuung und Begleitung der Kinder und Jugendlichen.

Betrachtet man das Gesamtvolumen der eingesetzten Hilfen in diesem Arbeitsbereich, leisten psychosoziale Fachkräfte aus dem Bereich der Sozialen Arbeit und (Heil-)Pädagogik den weitaus größten Anteil der Traumaversorgung, insbesondere im Bereich komplexer Traumata, bei denen sich die Traumaproblematik mit anderen sozialen Benachteiligungsaspekten vermengt. Das Buch von Wilma Weiß über den pädagogischen Umgang in den Erziehungshilfen war daher von seiner ersten Auflage an wichtig gewesen, hat jedoch an Bedeutung in den letzten Jahren aufgrund der steigenden Anforderungen noch gewonnen. Kontinuierlich und konsequent hat die Autorin ihre Ausführungen Auflage für Auflage überarbeitet und stets an die aktuellen Entwicklungen angepasst.

Wegweisend für die aktuelle Debatte z.B. erweisen sich die Ausführungen über das Verhältnis zwischen Pädagogik und Therapie. Ohne die Bedeutung der therapeutischen Bearbeitung zu schmälern, zeigt Wilma Weiß die zahlreichen Chancen der pädagogischen Unterstützung im Traumabereich auf. „Es geht um pädagogische Interventionen, die der psychischen und sozialen Stabilisierung traumatisierter Kinder dienen, ihre

Eigeninitiative fördern, Isolation aufheben, den Zugang zu Bildung ermöglichen und ihnen ‚Spielräume' zur Selbstfindung ... anbieten" (S. 86). Zu diesem Zweck sollte die Hilfe traumatisierter Kinder und Jugendlicher von Beginn an von Kenntnissen aus der Psychotraumatologie geleitet sein, aber auf dem Boden einer ebenso konsequent pädagogischen Qualifikation erfolgen. Fachkräfte in den Erziehungshilfen sind daher gefordert, über eine gewisse Ausstattung an klinischen Kenntnissen und Grundkonzepten zu verfügen, diese aber zusätzlich auf Basis ihres Professionsverständnisses für ihre Berufspraxis kritisch zu reflektieren.

Psychosoziale Fachkräfte verfügen i.d.R. durch die stete Praxiserfahrung über einen immensen Schatz an wichtigen fachrelevanten Erfahrungen. Häufig jedoch fällt es aufgrund der Komplexität des Alltags schwer, das dadurch erworbene Erfahrungswissen systematisch an Konzepte und Theoriebestände zurückzubinden. Eine angemessene professionelle Antwort auf die komplexen Belastungen der Kinder und Jugendlichen anbieten zu können, erfordert jedoch von den Fachkräften, theoretisches Wissen (selbst-)reflexiv auf die Praxis anzuwenden. Häufig genug stoßen die in Forschung und Theorie entwickelten Konzepte jedoch auf Grenzen in der praktischen Anwendbarkeit. Wenn diese ‚Nichtpassungen' als neue Fragestellungen zurück in Forschung und Theoriebildung kommuniziert werden, kann sich ein fruchtbarer Zyklus entfalten. Wilma Weiß beteiligt sich nicht nur aktiv an diesem Zyklus, sondern macht diesen Zyklus auch für PraktikerInnen zugänglich, indem sie aktuelle Ergebnisse aus Forschung und Wissenschaft zum Thema Trauma einbringt, anschaulich aufbereitet und motivierend vermittelt.

Aus der konsequenten Haltung heraus: „Pädagogische Arbeit kann nur gelingen, wenn das Verhalten, Denken, Fühlen und Handeln dieser Jugendlichen nicht nur unter dem Blickwinkel der eigenen Weltsicht, sondern insbesondere unter der Perspektive der Sinngebung der Jugendlichen selbst erfasst wird" (Sobczyk 1993, S. 63)[1] räumt Wilma Weiß den Wahrnehmun-

1 Sobczyk, M. (1993). Die pädagogisch betreute Wohngruppe. Organi-

gen und Perspektiven der Kinder und Jugendlichen immer wieder *den* zentralen Raum für Verstehensprozesse ein. Dass Problemlagen und Störungen *immer* eine biografisch verwurzelte Dimension enthalten, damit *immer* als Bewältigungsversuche zu interpretieren sind und insofern über die Arbeit im Alltag auch verstehbar und veränderbar sind, zieht sich wie ein roter Faden durch das ganze Buch. Zahlreiche Fallsequenzen stehen für den konkreten Transfer verstehensorientierter Inhalte in die Praxis. Hintergrundwissen über Trauma wird so bereitgestellt, um verstehend, sicher und kompetent handeln zu können.

Diese konsequent dialogisch und partizipativ ausgerichtete Haltung ist jedoch nur möglich auf der Basis (selbst-)reflexiver Fachkräfte, Teams und Institutionen. Alle drei ‚Instanzen' müssen lernfähig sein und bleiben – auch über zuweilen unüberwindliche Schwierigkeiten und Hindernisse hinweg. Insofern arbeiten Professionelle in psychosozialen Arbeitsbereichen stets mit der eigenen Person oder besser: ‚durch sie hindurch'. Seit einigen Jahren haben traumapädagogische Konzepte erfreulicherweise an Verbreitung gewonnen, mit denen die MitarbeiterInnen – durch spezifische Fort- und Weiterbildungen einerseits und durch die Schaffung tragfähiger Strukturen in den Institutionen andererseits – bei ihrer anspruchsvollen Aufgabe unterstützt werden. Es wundert nicht, dass Wilma Weiß diese Entwicklung mit diesem Buch und darüber hinaus maßgeblich angestoßen und vorangebracht hat.

Bücher wie *Philipp sucht sein Ich* könnten konzeptionelle Weiterentwicklungen innerhalb der Heimpädagogik, der stationären Jugendhilfe und auch der Kinder- und Jugendpsychiatrie befördern helfen und Anregungen für weitere Arbeiten in diesem Versorgungssegment bieten. Auf diese Weise könnte sich auch das schlechte Selbst- und Fremdbild der beteiligten Berufsgruppen in ein qualifizierteres und auch anerkannteres Selbst- und Fremdverständnis verändern, um der anspruchsvollen Arbeit den Respekt und die Anerkennung zukommen

---

sationsstrukturelle Rahmenbedingungen und pädagogisch-therapeutische Ansätze stationärer Betreuung und Förderung verhaltensauffälliger Jugendlicher. Regensburg: CH-Verlag.

zu lassen, den sie dafür verdient. Das Buch bietet daher in seiner konsequent praktischen Ausrichtung, aber ebenso konsequent wissenschaftlichen Anbindung, eine äußerst wertvolle Brücke. Aus langjähriger Erfahrung erwachsen, ist es in Arbeitsbereichen stationärer Kinder- und Jugendhilfe unverzichtbar für psychosoziale Berufsgruppen in diesem Tätigkeitsbereich. Aufgrund der wissenschaftlichen Qualität ist es jedoch nicht nur für die Praxis vor Ort, sondern ausdrücklich auch für Lehrzwecke hervorragend geeignet. Ich danke Wilma Weiß für ihren beachtlichen Beitrag zu dieser Entwicklung.

Berlin, Juli 2011
Silke Birgitta Gahleitner

Inhalt

Einleitung

Philipp kam im Alter von dreizehn Jahren in die Einrichtung. Damals war er ein schmaler Junge mit großen, traurigen Augen in einem Kindergesicht. Die Initiative für die Unterbringung ergriff sein Lehrer. Philipp war in der Schule nicht mehr zu halten; Schulverweigerung und Aggressivität brachten ihn immer mehr ins Abseits. Als er einen achtjährigen Jungen in der Schule missbrauchte, informierte die Schule das Jugendamt. Seine Eltern kümmern sich kaum um Philipp. Philipp hat zwei ältere Brüder. Während seines Aufenthaltes im Heim besuchen sie ihn nicht. Philipp ist sehr kreativ, er kocht gerne. Auch in der Einrichtung missbraucht Philipp einen fünf Jahre jüngeren Mitbewohner. Manchmal trinkt er zu viel. Philipp hat oft Albträume, manchmal sitzt er in der Ecke und zittert. Manchmal starrt er durch das Fenster, einmal fragt er Anja, seine Bezugserzieherin: „Anja, wo ist mein Ich?“

Der Titel dieses Buches könnte auch lauten „Wer macht die Jana wieder ganz?“ Jana kam im Alter von neun Jahren in eine stationäre Einrichtung. Als sie in das Heim kam, setzte sie sich unter einen Tisch und schlug rhythmisch mit einem Löffel auf den Boden: „Wer macht die Jana wieder ganz?“ wiederholte sie in monotonem Singsang. Als ihre Mutter starb, war Jana fünf Jahre alt. Kurz nach der Beerdigung zog die Freundin des Vaters in die elterliche Wohnung ein. Sie heirateten. Der Vater trank exzessiv, die Stiefmutter, zu der Jana Mutter sagen musste, auch. Jana wurde in dieser Zeit – so vermutete die Sozialarbeiterin des Jugendamtes – viel geschlagen und sexuell missbraucht. Früh morgens wurde sie vor der Kindertagesstätte abgestellt, von der jeweiligen Erzieherin im Frühdienst bekam sie erst einmal ein Frühstück. In der Kita stellte sie alles Mögliche an, sie stahl, log, manchmal mischte sie die Kindergruppe auf. Jana sprang aus der Wohnung über den Balkon, wurde immer auffälliger. Schließlich wurde sie zur Klärung in der Kinder- und Jugendpsychiatrie untergebracht. Der Vater trank immer mehr, war immer weniger Herr seiner selbst. Die Kinder- und Jugendpsychiatrie empfahl die Unterbringung in einer Wohngruppe, der Vater stimmte zu. Ein Jahr später – Jana ist neun Jahre alt – starb der Vater. Jana ist manchmal „wie durch den Wind“, dann bringt sie alle Pädagoginnen und Pädagogen an ihre Grenzen. Jana fühlt sich schuldig, für alles und jeden, vor allem aber, wenn jemand stirbt. Sie reagiert panisch, wenn die Bezugspädagogin krank wird.

In allen Heimen leben Mädchen und Jungen wie diese beiden. Einige werden Ihnen – neben Philipp und Jana – in diesem Buch begegnen. Sie haben einen langen und prägenden Zeitraum ihres Lebens unter traumatischen Lebensumständen verbracht. Diese Kinder, ihre Leidensgeschichten, aber auch ihr Lebensmut, ihre Kraft, ihr Humor haben mich veranlasst, dieses Buch zu schreiben. Die Kinder sind wirkliche existierende Kinder, keine Konstrukte. Ich habe sie in den letzten Jahren persönlich oder vermittelt über Fallbegleitungen kennen gelernt. Die Auswahl der Kinder erfolgte nicht systematisch im wissenschaftlichen Sinne, es sind Mädchen und Jungen, deren Gesichter und Geschichten sich mir einprägten.

In der Heimerziehung habe ich PädagogInnen kennen gelernt, die mit Enthusiasmus und Empathie Kinder wie Philipp und Jana begleitet haben. Sie lassen sich durch deren Lebensgeschichten und Verhaltensweisen erschüttern und investieren unglaubliche Kraft und Energie. In meiner Tätigkeit als Fortbildnerin und Fachberaterin ist es für mich immer wieder ein „Aha-Erlebnis“, wie erleichtert PädagogInnen auf den Hinweis reagieren, dass die Verhaltensweisen der Kinder auf Grund ihrer Geschichte völlig normal sind und die Gefühle und Verstrickungen der PädagogInnen sehr wohl erklärbar. Die Kenntnis der Psychotraumatologie ist sowohl für die Professionellen in Einrichtungen der Erziehungshilfe als auch für die Kinder in hohem Maße erleichternd. Auch dieser Eindruck war Motivation für dieses Buch. Doch diese Arbeit ist sehr kräftezehrend. In einer qualitativen Studie (Weiß 1999) habe ich mit sieben PädagogInnen ihre Belastungsfaktoren in der Arbeit mit traumatisierten Mädchen und Jungen untersucht.

Die in diesem Buch zitierten Aussagen von PädagogInnen stammen aus dieser Arbeit.

Das Buch ist in drei Teile gegliedert. Im ersten Teil A geht es um die Existenz psychotraumatischer Erfahrungen. Obwohl die Gefahr eines inflationären Gebrauches des Wortes Trauma besteht, ist dies im Vergleich zu Begriffen wie Gefährdungslagen oder Risikofaktoren die genauere Bezeichnung. Die Traumaforschung hat wertvolle Erkenntnisse für die Hilfe für Mädchen und Jungen wie Philipp und Jana gebracht. Wenn Anna verzweifelt ist, weil sie immerzu Bilder sieht und Philipp die Flashbacks nicht mehr ertragen will, sind z.B. die Kategorie Posttraumatische Belastungsstörung (PTBS) und das Konzept der sekundären Traumasymptome (Levine/Kline 2004) hilfreich. Der pädagogische Umgang mit traumatisierten Mädchen und Jungen erfordert ein Grundwissen über die Dynamik der unterschiedlichen Traumata (Kap. 1) und die Kenntnis der Wirkfaktoren (Kap. 2). Für den Gegenstand des Buches, die Möglichkeiten der Pädagogik sind vor allem die Auswirkungen traumatischer Erfahrungen auf das Selbstkonzept, das Bindungsverhalten und die verschiedenen Erinnerungsebenen von Bedeutung (Kap. 3). Die Existenz traumatischer Erfahrungen wurde nicht schon immer akzeptiert. Es gab vehemente Auseinandersetzungen über die Ätiologie des Traumas seit der Beschäftigung der Medizin, der Psychiatrie und der Psychologie mit traumatisierten Menschen. Ein kurzer Überblick beschreibt diese Geschichte von Akzeptieren und Verleugnen (Kap. 4).

In Teil B geht es um die Aufgaben der Pädagogik bei der Verarbeitung der traumatischen Lebensumwelt. Alltagsgestaltung und Pädagogik in den Einrichtungen von Erziehungshilfen haben dabei eine zentrale Rolle. Die neue Fachdisziplin Traumapädagogik verbindet die Adaption psychotraumatologischen Grundwissens mit den guten Traditionen der Pädagogik und stellt neue Konzepte der Unterstützung traumatisierter Mädchen und Jungen zur Verfügung. Diese neue Disziplin ist nicht denkbar ohne eine Definition von Traumabearbeitung, die Beschreibung der traumapädagogischen Haltung und der Bezug auf die Reformpädagogik und die psychoanalytische

Pädagogik (Kap. 6). Durch eine geistige Neuorientierung kann die Pädagogik eine Grundlage zur Korrektur der beeinträchtigenden Erfahrungen bieten. Die Felder der Neuorientierung sind das Einordnen der bisherigen lebensgeschichtlichen Erfahrungen und die Sinnfindung für die Gestaltung von Gegenwart und Zukunft (Kap. 7), die Selbstbemächtigung (Kap. 9), die Geschlechtsrollenidentität, die Sexualität und die Korrektur der Folgen sexueller Gewalt (Kap. 10). Diese Auseinandersetzungen sind ohne eine sichere Grundlage durch eine oder mehrere exklusive Beziehungen nicht möglich (Kap. 8). Die Integration von therapeutischem Wissen in die Pädagogik und ein Konzept der Zusammenarbeit von Pädagogik und Therapie erleichtern den Kindern, aber auch den Bezugspersonen den Alltag. Die Reflexion des teilweise schwierigen Verhältnisses von Pädagogik und Therapie eröffnet neue Perspektiven der Zusammenarbeit (Kap. 11). Der Schutz vor erneuten Übergriffen bleibt ein zentrales Ziel (Kap. 12).

In Teil C beschreibe ich die besonderen Belastungen der PädagogInnen (Kap. 14). Sie können durch professionelle Grundkompetenzen (Kap. 15) wie Grundwissen, Selbstreflexion und Selbstfürsorge verringert werden. In Kapitel 16 werden Leitungsaufgaben in Zusammenhang mit der Hilfe für traumatisierte Kinder diskutiert, insbesondere der Unterstützung der PädagogInnen kommt eine zentrale Rolle zu. Das beinhaltet die Überprüfung von Normen in der Jugendhilfe. In aller fachlichen Bescheidenheit sollten wir die Ressourcen der Kinder und die Ressourcen der PädagogInnen nutzen, es ist nicht alles machbar, aber einiges schon. Traumaarbeit ist nicht denkbar ohne sozialpolitische Bezüge.

Seit Erscheinen der ersten Auflage dieses Buches habe ich gemeinsam mit meinen KollegInnen im Zentrum für Traumapädagogik die Möglichkeiten genutzt, im Rahmen von Fortbildungen und Supervisionen und Fachtagen mit PädagogInnen, Pflegeeltern und Menschen anderer Professionen pädagogische Möglichkeiten der Unterstützung von Traumabewältigung zu überprüfen und weiter zu entwickeln. Einige dieser Erfahrungen und Diskussionen sind nun berücksichtigt. Erfahren haben wir auch, dass die Frauen und Männer die

Mädchen und Jungen mit viel Kreativität unterstützen. Auch Leitungen von Einrichtungen wagen die Wege eines traumapädagogischen Konzeptes. An dieser Stelle herzlichen Dank für die Offenheit und die Bereitschaft, Neues zu probieren und dies gemeinsam zu reflektieren. Gerade in den letzten Jahren ist ein fruchtbarer Dialog von PraktikerInnen, Forschenden und Lehrenden zu traumapädagogischen Konzepten entstanden. Dieser Dialog ist fruchtbar, vor allem, weil er interdisziplinär und auf Augenhöhe geführt wird. Danken möchte ich hierfür Prof. Dr. Silke B. Gahleitner (Alice Salamon Hochschule Berlin), Thomas Hensel (Deutsche Gesellschaft für Psychotraumatologie) und Dr. Marc Schmid (Leitender Psychologie der Kinder- und Jugendpsychiatrischen Klinik der Universitären Kliniken Basel).

In diesem Buch wird die Elternarbeit nur am Rande behandelt. Es wäre ein eigenes – wichtiges – Thema gewesen. Zwar wird über Elternarbeit sehr viel diskutiert, in den letzten Jahren oft in sehr viel größerem Ausmaß als über Pädagogik. Dennoch hat Jugendhilfe wenig Erfahrung mit solcher Elternarbeit, die Eltern mit dem, was sie ihren Kindern angetan haben, konfrontiert und über die Konfrontation hinaus damit arbeitet. Jugendhilfe kann damit nicht zufrieden sein. Ziele und Möglichkeiten einer auch konfrontativen Elternarbeit müssen ausprobiert werden. Nur der offene Umgang mit dem Wissen über Kindeswohlgefährdungen kann verhindern, dass wir zu Kumpanen von Verleugnung werden.

Dieses Buch ist ein Buch aus der Praxis für die PraktikerInnen, wenngleich es nicht ohne Theorie auskommen kann. Jede Praxis ist auf wissenschaftlichem Boden begründet. Möglicherweise hat es theoretische Schwächen: Viele Befunde der Traumaforschung sind bislang noch nicht auf pädagogische Arbeitsfelder bezogen worden. Ein Standpunkt, der die Verwendung von Erkenntnissen von Traumatheorie und Traumaforschung therapeutischen SpezialistInnen und Wissenschaften vorbehält, muss im Interesse der betroffenen Mädchen und Jungen und der sie begleitenden PädagogInnen überprüft werden. Ich habe keinerlei Zweifel hinsichtlich der Notwendigkeit und Sinnhaftigkeit der therapeutischen Profession in der Unterstützung traumatisierter Menschen, bin allerdings der Auffassung, dass die Unterstützung traumatisierter Mädchen und Jungen außerhalb des individualisierten Rahmens von Therapie auch in der Pädagogik sehr wirksam sein kann.

Im Zentrum dieser Arbeit über den pädagogischen Umgang mit traumatisierten Mädchen und Jungen in den Erziehungshilfen stehen vor allem die Möglichkeiten von teilstationären, stationären Einrichtungen und Pflegefamilien. Sicherlich können auch PädagogInnen in anderen Berufsfeldern wie der Schule, der offenen Jugendarbeit und in Kindertagesstätten von diesen Überlegungen profitieren. Gerade in Bildungs- und Erziehungseinrichtungen entscheidet sich, ob traumatisierte Mädchen und Jungen eine reelle Chance auf soziale Teilhabe bekommen.

Wenn ich im Folgenden über „traumatisierte" Mädchen und Jungen schreibe, ist dies keine Reduzierung auf das Trauma. Kinder sind nicht nur traumatisiert, sie sind kreativ, sie sind intelligent, sie sind nervtötend. Sie sind eben Kinder. Ihnen werden Kinder mit schrecklichen Schicksalen begegnen. Nun haben nicht alle Mädchen und Jungen in den Erziehungshilfen solche Leidenswege hinter sich, und die Kinder, die sie hinter sich haben, haben auch Stärken, Kraft und Humor.

Mit dem Begriff PädagogInnen sind ErzieherInnen, HeilpädagogInnnen, SozialpädagogInnen/-arbeiterInnen, DiplompädagogInnen und andere Menschen, die Kinder und Jugendliche in Einrichtungen der Jugendhilfe pädagogisch betreuen, also pädagogische Fachkräfte, gemeint.

Dieses Zeichen → verweist auf eine Begriffserklärung im Glossar.

Seit 2007 kann ich mich in einem Zentrum für Traumapädagogik des Jugend- und Familienhilfevereins „Welle e.V." auf die Entwicklung pädagogischer Möglichkeiten zur Unterstützung traumatisierter Kinder konzentrieren. Im Mai 2008 gründeten Frauen und Männer unterschiedlicher Professionen auf Initiative von Martin Kühn und mir die Bundesarbeitsgemeinschaft für Traumapädagogik. Ziele der BAG sind z.B. die Entwicklung von fachlichen Standards für eine traumapädagogische Praxis in den verschiedenen pädagogischen Arbeitsfelder und die Vernetzung und Kooperation von Fachkräften in unterschiedlichen Arbeitsfeldern und mit unterschiedlichen Aufgaben (www.bag-traumapaedagogik.de). Zehn Jahre habe ich in einem Fachdienst „Hilfe gegen sexuelle Gewalt“ in einer Einrichtung der Erziehungshilfe gearbeitet, fast zwanzig Jahre war ich in der öffentlichen Jugendhilfe – in der sozialen Gruppenarbeit, als Mitarbeiterin des Allgemeines Sozialen Dienstes und als Beraterin in einer Erziehungsberatungsstelle – tätig. In den über dreißig Jahren meiner Tätigkeit hat sich das Wissen um Kinder wie Jana und Philipp vervielfältigt. Heute kommt es darauf an, dieses Wissen gezielter in die Praxis umzusetzen, ganz im Sinne Anne Frommanns: „Sozialpädagogische Theorie ist gar nicht denkbar ohne Unvollkommenheit, die wiederum Aufträge erteilt.“

A Das Trauma

Das griechische Wort „Trauma“ bedeutet so viel wie Wunde. Definitionen und Interpretationen von Traumata gibt es in verschiedenen Zusammenhängen und Inhalten, z. B. im medizinischen, biologischen und rechtlichen Kontext. Wir beschäftigen uns in diesem Buch mit psychischen Traumata. Die Weltgesundheitsorganisation (WHO) definiert Traumata im → ICD 10 als „… ein belastendes Ereignis oder eine Situation außergewöhnlicher Bedrohung oder katastrophenartigen Ausmaßes (kurz- oder langanhaltend), die bei fast jedem eine tiefe Verstörung hervorrufen würde.“ Traumata treten durch Ereignisse auf, die die normalen Anpassungsstrategien des Menschen überfordern. Sie sind eine Bedrohung für Leben und körperliche Unversehrtheit. Psychische Traumata sind immer von Gefühlen intensiver Angst, Hilflosigkeit und Kontrollverlust begleitet. Nach Freud ist ein Trauma „… ein Erlebnis, welches dem Seelenleben innerhalb kurzer Zeit einen so starken Reizzuwachs bringt, dass die Erledigung oder Aufarbeitung derselben in normal-gewohnter Weise missglückt, woraus dauernde Störungen im Energiebetrieb resultieren müssen“ (Freud 1917, GW XI, S. 284). Wenn Handeln keinen Sinn hat, weder Widerstand noch Flucht möglich sind, ist das Selbstverteidigungssystem des Menschen überfordert, die Folge sind traumatische Reaktionen (vgl. Herman 1994, S. 54 ff.).

Heute werden die beeinträchtigenden Auswirkungen von Traumata auf die Menschen nicht mehr infrage gestellt. Doch das war nicht immer so. Die gesellschaftliche Auseinandersetzung mit den Auswirkungen von Traumata auf die Psychologie und auf die Physiologie des Menschen ist die Geschichte von Wahrnehmen und Verleugnen. Sie ist auch eine Auseinandersetzung unterschiedlicher Schulen, z. B. der Psychoanalyse und der Humanistischen Psychologie. Es gab vehemente Auseinandersetzungen über die → Ätiologie des Traumas, seit sich Medizin, Psychiatrie und Psychologie mit traumatisierten Menschen beschäftigen.

In den letzten zwanzig Jahren ist durch die explosionsartige Zunahme von wissenschaftlichen Erkenntnissen und klinischem Wissen zu vielen Aspekten der Traumatisierung die Entwicklung eines integrierten Verständnisses der Traumaeffekte auf das soziale, psychologische und physiologische Erleben von Einzelpersonen vorangeschritten. Es ist den PraktikerInnen kaum möglich, die ständig neuen Erkenntnisse zu erfassen und zu berücksichtigen. Doch sind die Ergebnisse der Forschungen von PsychotraumatologInnen (vgl. van der Kolk/McFarlane/Weisaeth 2000) von großem Wert. Dies gilt auch für die nun endlich wieder in den Blickpunkt der Fachöffentlichkeit gelangten Ergebnisse der Bindungsforschung und -theorie und für die Erkenntnisse der Resilienzforschung, die sich mit Schutzfaktoren lebensgeschichtlicher Bewältigung von traumatischen Kindheiten befasst. Wenn die PädagogInnen über ein erhöhtes Verständnis der Auswirkungen traumatischer Erfahrungen auf Kinder wie Jana und Philipp verfügen, können die Belastungen von Jana und Philipp und auch die Belastungen der Bezugspersonen reduziert werden.

1. Was Kindern alles widerfahren kann – über die verschiedenen Traumata

Kinder wie Jana und Philipp haben viel Leid erlebt, sie haben verschiedene Traumata – oft zeitgleich – überstehen müssen. Die traumatischen Erfahrungen – zumindest bezogen auf Kinder wie Jana und Philipp – bedingen und ergänzen sich meist, sie kumulieren im Erleben der Kinder. Amerikanische und australische Untersuchungen bestätigen den Zusammenhang zwischen Kindesmisshandlung, sexueller Gewalt gegen Kinder und Frauenmisshandlung (vgl. Kavemann 2000). Bedauerlicherweise werden psychosoziale Belastungen von Kindern in stationären Einrichtungen der Jugendhilfe immer noch nicht ausreichend erhoben (vgl. hierzu Schmid 2007, S. 21 ff.). Es ist davon auszugehen, dass gerade auch Mädchen und Jungen in der Heimerziehung – wie Philipp und Jana – von Vernachlässigung, körperlicher, häuslicher und sexueller Gewalt betroffen sind. Trennungen haben sie alle hinter sich. Doch eine Subsumierung der verschiedenen Misshandlungsformen unter den Oberbegriff Kindesmisshandlung – wie sie einige Zeit in der Kinderschutzliteratur üblich war – vernachlässigt die unterschiedlichen Entstehungsbedingungen und Auswirkungen. Die Kenntnis der verschiedenen Traumata und der unterschiedlichen Wirkfaktoren ist eine Grundlage für eine angemessene Hilfe.

Die Ärzte und Psychologen Ulrich T. Egle, Sven O. Hoffmann und Peter Joraschky haben die folgenden gesicherten Risikofaktoren zusammengetragen:

Risikofaktoren

- Emotionale Misshandlung
- Körperliche Misshandlung
- Sexuelle Misshandlung
- Elterlicher Alkohol- und Drogenmissbrauch
- Ärmliche Verhältnisse
- Trennung/Scheidung
- Psychische und/oder körperliche Erkrankungen der Eltern
- Chronische familiäre Disharmonie
- Elterlicher Verlust der Arbeit
- Umzüge, Schulwechsel
- Wiederverheiratung eines Elternteiles
- Ernste Erkrankung in der Kindheit
- Väterliche Abwesenheit
- Mütterliche Berufstätigkeit im ersten Lebensjahr
- Kriminalität und Dissozialität eines Elternteils
- Schwere körperliche Erkrankungen eines Elternteiles
- Körperliche Gewalt in der Familie

(vgl. Egle, Hoffmann und Joraschky 2000, S. 14)

Als weitere Risikofaktoren gelten emotionale und körperliche Vernachlässigung, anhaltende Abweisung, häusliche Gewalt, ungebührliche elterliche Machtausübung wie z.B. Münchhausen by Proxy, Unfälle, schwere Krankheiten, Krankenhausaufenthalte, (gewaltsamer) Tod eines Familienangehörigen, Obdachlosigkeit, Flucht, Krieg, Naturkatastrophen usw. und körperliche und geistige Behinderung

Risikofaktoren sind nicht identisch mit traumatischen Erfahrungen, können jedoch zu Traumatisierungen beitragen. Dies gilt auch für die Augenzeugenschaft traumatischer Ereignisse. Risikofaktoren, Mittler- und Schutzfaktoren (vgl. Kap. 2) wirken zusammen und beeinflussen das Entstehen von Traumata; sie beeinflussen auch die Auswirkungen der Traumatisierungen auf die Entwicklung der Mädchen und Jungen.

Die nachfolgend dargestellten Risikofaktoren entsprechen den nach Alltagswissen am häufigsten anzutreffenden potenziellen Traumata. Eine Untersuchung über Gefährdungslagen von Kindern und Jugendlichen bei der Anrufung der Gerichte durch die Fachkräfte am Jugendamt (Münder/Mutke/Schone 2000) bestätigt diese Auswahl.

1.1 Die Vernachlässigung

Als die häufigste Form von Kindesmisshandlung mit potenziell schwerwiegenden Konsequenzen benennen Jugendämter die Vernachlässigung. In Deutschland werden 10 bis 12 Prozent aller Kinder klinisch relevant durch ihre Eltern abgelehnt oder vernachlässigt (vgl. Egle/Hoffmann/Joraschky 2000). Eine Untersuchung von bis zu dreijährigen Kindern in traditionellen Heimen des Landes Brandenburg (n = 53) weist mit 62 Prozent Vernachlässigung als häufigsten Einweisungsgrund bei kleinen Kindern aus (vgl. Hédervári 1996).[2]

Wir sprechen von Vernachlässigung, wenn „… über längere Zeit bestimmte Versorgungsleistungen materieller, emotionaler und kognitiver Art ausbleiben …“ (Schone u.a. 1997, S. 19). „Diese Unterlassung kann aktiv oder passiv (unbewusst) aufgrund unzureichender Einsicht oder unzureichenden Wissens erfolgen“, so weiter die Definition des Instituts für Soziale Arbeit e.V. (ISA) in Münster. Die Dynamik der Ver-

---

2 Auch die Untersuchung Münder/Mutke/Schone (2000) bestätigt dies; zwei Drittel dieser Kinder sind von Vernachlässigung betroffen.

nachlässigung unterscheidet sich von der Dynamik körperlicher und sexueller Gewalt. Kindern, die sexuelle oder körperliche Gewalt erdulden müssen, wird Aufmerksamkeit der Eltern zuteil, allerdings unangemessen, exzessiv und zerstörerisch. Vernachlässigte Kinder werden nicht wahrgenommen, sie erhalten kaum Anregungen. Sie werden körperlich durch unzureichende Pflege und Kleidung, mangelnde Ernährung, und gesundheitlicher Fürsorge, Unterlassen ärztlicher Behandlung und unzureichendem Schutz vor Risiken und Gefahren vernachlässigt. Sie werden emotional durch Mangel an Aufmerksamkeit und emotionaler Zuwendung, nicht hinreichendes oder ständig wechselndes Beziehungsangebot, nicht ausreichende Anregung und Förderung motorischer, geistiger, emotionaler und sozialer Fähigkeiten und einem Mangel an Entwicklungsimpulsen und schulischer Förderung vernachlässigt. Die Eltern nehmen selten körperlichen Kontakt mit den Kindern auf. Ihre Signale bleiben unbeachtet. Auf emotionale und körperliche Zuwendung und auf Ansprache warten sie vergebens. Wenn es in einem typischen Vernachlässigungsszenario zu Interaktionen zwischen Eltern und Kind kommt, dann oft so, dass Bedürfnisse falsch wahrgenommen werden und inadäquat reagiert wird, dass z. B. auf hungriges Weinen Schimpfen oder Einsperren erfolgt. Die Tatsache, dass die Elementarbedürfnisse der Kinder missachtet werden, beeinflusst die körperliche, kognitive, emotionale und soziale Entwicklung:

> Als Frau Müller für ein Jahr in eine Psychiatrie muss, werden ihre Kinder – Julia (fünf Jahre alt), Sabine (vier Jahre alt) und Michael (drei Jahre alt) – im Heim untergebracht. Alle drei sind auch für ihr Alter sehr klein, Julia nimmt Sabine und Michael immerzu an die Hand. Sabine schaut vorsichtig durch ihre dicke Brille, Michael schleicht ängstlich hinter seinen Schwestern her. Sie wissen nicht, wie man Suppe isst, sie kennen keinen Löffel. Sie sprechen eine Sprache, die nur die drei verstehen. Julia, Sabine und Michael waren häufig sich selbst überlassen. Sie sind in höchstem Maße körperlich, seelisch und geistig vernachlässigt.

Der Mangel an wirksamen Interaktionen, Gefühlsbeziehungen und Stimulationen führt bei jungen Kindern zu schweren Entwicklungsbeeinträchtigungen, zu erheblichen Rückständen in ihrer kognitiven und sozialemotionalen Entwicklung und zu Funktionslücken im Ich. So fielen dem Psychoanalytiker und Experimentalpsychologen René Spitz die deprivierten Kinder durch Inaktivität, Mattigkeit, leeren Gesichtsausdruck, verlangsamte und verzögerte motorische Reaktionen und eine verzögerte Entwicklung auf. Er kam zu dem Ergebnis, „... dass ein krasser Mangel an Objektbeziehungen die Entwicklung in allen Bereichen zum Stillstand bringt“ (Spitz 1967, S. 296). Auch die neuere Säuglingsforschung bestätigt den Zusammenhang zwischen Apathie und Vernachlässigung. Motorische Entwicklung und Sprachentwicklung der kleinen Mädchen und Jungen leiden unter der fehlenden Stimulation und dem ebenfalls fehlenden Feedback (vgl. Dornes 2000). Es ist anzunehmen, dass vernachlässigte Kinder keine bzw. geringere Möglichkeiten haben, sowohl Selbstreflexion als auch das Gefühl von Selbstwirksamkeit zu entwickeln, da das Fundament für die introspektive Auseinandersetzung mit der eigenen Person durch die primären Bezugspersonen gelegt wird. Diese bemühen sich zunächst stellvertretend für das Kind um die Einordnung und Klassifikation der psychischen Vorgänge des Kindes. Die Selbstbewertungsfähigkeiten der Mädchen und Jungen hängen von angemessenen Reaktionen der Erwachsenen bei Erfolg oder Misserfolg ihrer Handlungen (ab etwa zweitem Lebensjahr) ab. Bei vernachlässigten Kindern fehlen diese Instanzen bzw. Reaktionen.

Literaturtipp

Schone, R., u. a. (1997): Kinder in Not. Vernachlässigung im frühen Kindesalter und Perspektiven sozialer Arbeit. Münster

1.2 Die seelische Misshandlung

Seelische oder emotionale Misshandlung kann in subtiler Weise als integrale Komponente aller Misshandlungsformen und auch alleine auftreten. Erniedrigung, Entwürdigung, Zurückweisung, emotionale Unerreichbarkeit, Gebrauch des Kindes für die Bedürfnisse des Erwachsenen und Terrorisierung sind Kategorien emotionaler Kindesmisshandlung. Im Gegensatz zu anderen Misshandlungsformen ist die seelische

Misshandlung durch die Beziehung, nicht durch eine Tat definiert. „Bei emotionaler Misshandlung ist eine aktiv feindselige, entwürdigende, einschüchternde und verbal schädigende Interaktion ein durchgehendes Muster der Eltern-Kind-Beziehung“ (Herrmann 2006, S. 88). Seelische Misshandlungsbeziehungen sind Interaktionen und Formen unangemessener Behandlung von Kindern, die umfassend und charakteristisch für die Eltern-Kind-Beziehung sind. Nach den britischen Kinderpsychiater- und Kinderschützerinnen Glaser/Prior (1998, S. 39) ist die Schwelle zur erheblichen Schädigung bzw. zur Traumatisierung dann erreicht, wenn das Gleichgewicht zwischen guter Interaktion einerseits und inakzeptabler Interaktion andererseits so verschoben ist, dass die misshandelnden Interaktionsaspekte typisch für die Gesamtbeziehung werden. In den Kinderschutzregistern in Großbritannien betrug die Gesamtrate aller Registrierungen 1996 immerhin 15 Prozent. Danya Glaser und Vivien Prior verweisen darauf, dass seelische Misshandlung mit Ausnahme der aktuellen Lebensbedrohung ebenso schwerwiegende Folgen für die Zukunft des Kindes wie andere Formen von Misshandlung und Vernachlässigung hat. Bei Mischformen von Misshandlung gehe womöglich ein wesentlich größerer Anteil der langfristigen Folgen auf „das Konto“ der Vernachlässigung oder der emotionalen Misshandlung als auf das der aktiven Misshandlungsformen, so Herrmann (2006, S. 89). Glaser und Prior stellten Minderleistungen in der Entwicklung, Minderwuchs, körperliche Vernachlässigung, Isolation und Aggressivität, dissoziales Verhalten, geringes Selbstwertgefühl, Angst und Schreckhaftigkeit fest. Amerikanische Forscher fanden negative Weltsicht, ängstliche Anhänglichkeit an Eltern, Misstrauen, Kommunikationsarmut, geringes Selbstwertgefühl und selbstzerstörerische Verhaltensweisen sowie kriminelles Verhalten (vgl. Gil 1993, S. 20).

Literaturtipp

Herrmann, B. (2006): Vernachlässigung und emotionale Misshandlung von Kindern und Jugendlichen. In: DGgKV: Kindesmisshandlung und -vernachlässigung. Jahrgang 9, Heft 1, S. 88–107

1.3 Die körperliche Misshandlung

Die körperliche Misshandlung[3] ist die offensichtlichste aller Misshandlungsformen. Sie ist im Gegensatz zur Vernachlässigung durch eine überstimulierende und verletzende Beziehung geprägt. Anlass der Misshandlung sind oft wichtige körperliche und seelische Willens- und Bedürfnisäußerungen von Säuglingen und Kleinkindern. Körperlich misshandelte Kinder werden geschlagen, weil sie neugierig sind, weil sie fragen, weil sie sich über Dinge äußern, vielleicht beschweren. Folglich führt körperliche Misshandlung zu Störungen in der kognitiven, vor allem sprachlichen Entwicklung, zu geringer Kompetenz, zu geringer Ausdauer und Belastbarkeit in Leistung abfordernden Situationen. Misshandelte Kinder tendieren eher als nicht misshandelte Kinder zu negativem und hyperaktivem Verhalten, das primäre Aufmerksamkeit auf sich zieht (vgl. Kempe/Kempe 1978). Meist ergeben sich daraus Probleme in der Beziehung zu Gleichaltrigen. Im Unterschied zu den vernachlässigten Kindern sind misshandelte Kinder oft sehr viel aggressiver, sie werden von den Lehrkräften als am schwersten gestört eingeschätzt.

Misshandelte Kinder sind andererseits anpassungsfähig (Chamäleonverhalten). Sie haben gelernt genau zu beobachten, um einen eventuellen Gefahrenherd zu lokalisieren und ihm ausweichen zu können. Sie sind oft ängstlich bemüht, nicht aufzufallen und nichts falsch zu machen. So liegen sie auf der Lauer, sie ziehen sich zurück, sie haben Angst. Dann wiederum platzen sie, agieren aus und sind aggressiv. Sie halten sich für nicht liebenswert und dumm. Verzögerungen in der Sprachentwicklung und Ausstoßung infolge ihres aggressiven Verhaltens in der Schule bestätigen dann dieses Selbstbild.

Weitere langfristige Folgen sind eben jene erhöhte Aggressionsbereitschaft, autodestruktive Tendenzen, Alkohol- und

---

3 In einer Repräsentativstudie über die „Rate der Opfer elterlicher Gewalt in der Kindheit in München (Opfererfahrungen vor Vollendung des 12. Lebensjahres)" wurde festgestellt, dass lediglich 38,6 Prozent ohne elterliche Gewalt aufwachsen, 31,5 Prozent erleben leichte Züchtigung, 19,5 Prozent werden schwer gezüchtigt und weitere 10,4 Prozent misshandelt (vgl. Wetzels 1997).

Drogenmissbrauch, eine gestörte Körperwahrnehmung, emotionale Probleme bis hin zur Suizidneigung und psychogenen Schmerzsyndromen. Martin und Rodeheffer (1980, zit. n. Gil 1993, S. 18) benennen als Ergebnis einer Untersuchung des *National Center for Prevention of Child Abuse and Neglect* in Denver zu Folgen der körperlichen Misshandlung weitere Symptome:

- Mangel an Objektpermanenz oder Objektkonstanz (verzerrte Wahrnehmungen normaler Objektbeziehungen)
- Neigung, sich um das seelische und körperliche Wohl der Eltern zu kümmern
- Gelernte Hilflosigkeit (sich an einer Aufgabe nicht zu versuchen, ist ungefährlicher als es zu versuchen und zu scheitern)
- Frustration auf Grund der Unfähigkeit, den Erwartungen der anderen zu entsprechen
- Unfähigkeit, die eigene Umwelt so wahrzunehmen und so auf sie einzuwirken, dass ihre Beherrschung angestrebt wird

Misshandelte Kinder erleben überproportional häufig häusliche Gewalt. Sie haben ein höheres Risiko zu aktivem Gewalthandeln und späterer Straffälligkeit (Enzmann 2000, S. 48, 55).

Literaturtipp

Wetzels, P. (1997): Gewalterfahrungen in der Kindheit. Sexueller Missbrauch, körperliche Misshandlung und deren langfristige Folgen. Baden-Baden

1.4 Die häusliche Gewalt

Häusliche Gewalt bezeichnet die Gewalt zwischen erwachsenen Bezugspersonen – meist Männern gegen Frauen. Sind Mütter der Gewalt durch den Partner ausgesetzt, so sind in bis zu 90 Prozent der Fälle die Kinder während der Gewalttat anwesend oder im Nebenraum, ein Drittel der Kinder werden ebenfalls körperlich oder sexuell durch den Partner der Mutter misshandelt (vgl. Hanmer 1989, zit. nach Kavemann 2000, S. 109). Die Mutter-Kind-Beziehung zu Kindern, die durch eine Vergewaltigung gezeugt wurden, bleibt über Jahre stark beeinträchtigt, insbesondere die Jungen werden negativ mit dem Täter und der Tat verknüpft.

Das Miterleben dieser Gewalt hinterlässt Spuren in der Seele der Kinder. So verzichten Kinder darauf, ihre Gefühle auszudrücken, um die Mutter nicht noch mehr zu belasten. Sie übernehmen die Verantwortung und fühlen sich schuldig, da sie in die Vorfälle als Schlichter, Verbündete, Geschlagene oder Schiedsrichter hineingezogen werden. Sie haben Angst um die Mutter, Angst um sich und Angst vor der Zukunft. Vor allem in den vielen Fällen, in denen Kinder über lange Zeit der chronischen Gewalt des Vaters gegen die Mutter ausgesetzt waren, ist mit traumatischen Schädigungen zu rechnen. Es wurden unspezifische Auswirkungen wie Schlafstörungen, Aggressivität und Entwicklungsverzögerungen beobachtet.

Formen der Gewalt aus Sicht der Kinder

- Zeugung durch eine Vergewaltigung
- Misshandlung wegen der Schwangerschaft
- Direkte Gewalterfahrungen als Mitgeschlagene
- Verlust von mütterlicher Kompetenz und Sicherheit
- (Drohender) Verlust der Mutter durch Weggang, Selbstmord und Mord
- Bedrohung von Geschwistern
- Mittel zur Erpressung und Entscheidungsgrundlage, diese Kinder sind eigentlich Geiseln
- Stütze der misshandelten Mutter
- Übernahme der Verantwortung für die Versorgung der Geschwister
- ZeugInnen der Gewalt
- Gewalt nach einer Trennung
- Armut und soziale Benachteiligung

(nach Heynen 2000)

Studien belegen geschlechtsspezifische Auswirkungen (vgl. Heynen 2000): Mädchen, die sich in dieser Situation mit der Mutter identifizieren, sind eher gefährdet, später Gewalt in den eigenen Beziehungen zu dulden. Söhne, die sich in dieser Situation mit den Vätern identifizieren, sind eher gefährdet, später selbst Gewalt anzuwenden. Obwohl ein automatischer Gewaltkreislauf nicht angenommen werden kann, belegt die Forschung einen starken Zusammenhang zwischen den Kindheitserfahrungen und eigenem Gewalthandeln. Neben eigenen Gewalterfahrungen sind Inkonsistenz, Nichtvorhersagbarkeit und Nichtbeeinflussbarkeit der elterlichen Reaktionen als Erfahrung von Willkür und Kontrollverlust Ursachen für die Entstehung von Gewaltbereitschaft (vgl. Enzmann 2000, Mansel und Hurrelmann 1998). Wie gravierend diese Spuren sind, hängt auch von der Dramatik des Geschehens ab:

> Der zehnjährige Zeshan musste als Anderthalbjähriger zusehen, wie der Vater erst die Mutter und dann sich selbst erschoss. Erst sechsunddreißig Stunden später wurden er und die beiden Leichen von seinem Onkel entdeckt. Zeshan lebt heute in einer Einrichtung der Jugendhilfe. Sein intelligentes und charmantes Wesen öffnet ihm viele Herzen von Erwachsenen und auch von Gleichaltrigen. Doch manchmal ist er in Traurigkeit versunken. Gegenüber den anderen Jungen ist er oft aggressiv, hinterrücks und das mit langem Atem. Es bleibt die Hoffnung, dass es ihm mit Unterstützung der PädagogInnen gelingt, seine Lebensgeschichte zu verstehen und die Welt und sich in dieser Welt positiver zu betrachten.

Welches Bild von Würde, körperlicher Integrität und Sicherheit können Kinder wie Zeshan entwickeln? Was brauchen sie, um die miterlebte massive Gewalt zu verarbeiten, um irgendwann vertrauen zu können? Oder geht er davon aus, dass Todesgefahr überall lauert?

1.5 Die traumatische Sexualisierung

Über Hintergründe, Ausmaß und Folgen sexueller Gewalt gibt es mittlerweile zahlreiche Forschungsergebnisse und Veröffentlichungen.[4] Zwei Aussagen dieser Untersuchungen, eine

---

4 Einen umfassenden Überblick über bisherige Studien bieten Bange/Körner 2002, Roth 1997, Amann/Wipplinger 1997, Julius/Böhme 1994, Brockmann/Kolshorn 1993.

zur Kategorisierung der Traumata und eine über spezifische Folgen, sind notwendiges Grundwissen. Bereits 1936 – also lange vor dem Medienrummel um sexuelle Gewalt – stellte Anna Freud fest, dass sexueller Missbrauch von Eltern gegen ihre Kinder schädlicher und pathologischer wirkt als früheste → Deprivation, Vernachlässigung und Misshandlung. Er (ver-) stört die eigenständige sexuelle Entwicklung. Tatsächlich haben Untersuchungen ergeben, dass sexueller Missbrauch in der Kindheit nicht per se traumatisch ist. Der Grad der Schädigung hängt von den Mittlerfaktoren (vgl. Kap. 2) ab. Jedoch ist „… nicht daran zu rütteln, dass sexueller Missbrauch unabhängig von anderen Faktoren schädigend wirkt" (Bange 1992, S. 145).

Im Unterschied zu den anderen Traumatisierungen formt die sexuelle Traumatisierung die Sexualität des Kindes auf unangemessene Weise. Spezifisch ist auch die Verleugnung. Oft ist die Tat mit einem Geheimhaltungsgebot des Täters/der Täterin gekoppelt. In der Regel haben die Opfer dann den Eindruck, ihre Wahrnehmung stimme nicht, da sie nicht stimmen darf. Täter/Täterinnen bewegen sich gegenüber der Außenwelt – meist auch innerhalb und während des Geschehens – so, als gäbe es keinen sexuellen Missbrauch. Daraus entsteht eine *Dynamik von zwei Welten.* Auch die Kinder wollen den Missbrauch verleugnen und vor sich selbst geheim halten. Sie versetzen sich in Tagträume oder andere → dissoziative Zustände oder deuten das Erlebte psychisch um. Die amerikanische Psychiaterin und Professorin an der Harvard Medical School Judith Lewis Herman spricht von einem *Doppeldenk* (1994, S. 142); Kinder die nicht über Abwehrmechanismen wie Abspaltung verfügen, müssen „… ein Sinnsystem konstruieren, das die Tat rechtfertigt", das ist das Böse in ihnen, sie haben ein *doppeltes Selbst* (a. a. O., S. 145).

Die amerikanischen Forscher David Finkelhor und Angela Browne (1985) haben ein *‚Modell der vier traumatogenen Faktoren'* zur Erklärung und Vorhersage sexueller Missbrauchsfolgen entwickelt:

> „*Verrat*: Das Kind muss entdecken, dass eine Person, von der es emotional abhängig ist, und der es vertraut, ihm

Schaden zufügt. Das Kind wird in seinem Vertrauen zutiefst erschüttert.

Ohnmacht/Hilflosigkeit: Die grundlegende Missachtung seines Willens, seiner Bedürfnisse und Wünsche und die (fortgesetzte) Verletzung seiner körperlichen Integrität konfrontieren das Kind mit Gefühlen der Ohnmacht und Hilflosigkeit. Die Überzeugung der eigenen Kontrollfähigkeit wird ständig untergraben.

Stigmatisierung: Das missbrauchte Kind wird mit den negativen Bedeutungen und Implikationen von sexuellem Missbrauch und Opfersein konfrontiert.

Traumatische Sexualisierung: Die Sexualität (sexuelle Empfindungen und Einstellungen) des Kindes wird in einer Weise geprägt, die nicht dem Entwicklungsstand des Kindes entspricht und die zwischenmenschlich dysfunktional ist.“

Jeder dieser Faktoren hat eigene Dynamiken, Auswirkungen und Verhaltensmanifestationen. Der Verrat führt zu Misstrauen, zu Wut und Feindseligkeit, er kann zu tiefer Trauer und Depression führen. Im Verhalten kann der Verrat zur Manifestierung der Opferrolle führen:

> Die dreizehnjährige Laura lebt seit drei Jahren in der Wohngruppe. Sie ist unauffällig und zurückgezogen. Laura wurde von ihrem Stiefvater sexuell missbraucht. Laura hat Angst um ihre alkoholkranke Mutter und um ihren jüngeren Bruder. In der Hauptschule kommt sie gerade so mit. Laura hat keinen eigenen Standpunkt, sie passt sich allen an, sie hilft allen, sie will es allen recht machen, sie redet allen nach dem Mund. Laura geht mit allen mit, lässt alles geschehen.

Die erlebte Ohnmacht führt zur Hilflosigkeit, zu der Überzeugung, nichts bewirken zu können. Sie erklärt auch das Selbstbild. Angst- und Panikattacken, Dissoziationen, Zwänge und Phobien können aus der Ohnmacht resultieren. Die Stigmatisierung verstärkt den Zwang der Geheimhaltung, die Isolation, das Gefühl nicht dazuzugehören. Schuld und Scham prägen den Selbstwert. Daraus folgen häufig Verhaltensweisen wie Suchtentwicklungen und Autoaggression. Auf Grund der unangemessenen Einwirkungen auf die Sexualität entstehen spezifische Auswirkungen wie z.B. die Verwirrung der sexuellen Normen, der sexuellen Identität, die Verwechslung von Sexualität mit Liebe, die übermäßige Beschäftigung mit Sexualität und zwanghafte sowie aggressive sexuelle Verhaltensweisen (vgl. Browne/Finkelhor 1985). Sexuell missbrauchte Kinder können ein exzessives und abnormes Interesse an Sexualität entwickeln, dass sich in frühreifen sexuellen Aktivitäten und in als unangemessen betrachteten Verhaltensweisen wie exzessivem Masturbieren, Berührung des Geschlechtsteiles anderer, übertriebenem Interesse an sexuellen Dingen etc. ausdrückt. Kliniker haben von hochentwickelten und speziellen sexuellen Verhaltensweisen bei sexuell missbrauchten Kindern berichtet (vgl. Gil 1993, S. 25 ff.). Sexuell missbrauchte Mädchen zeigen im Elternurteil deutlich häufiger sexuelle Verhaltensauffälligkeiten (vgl. Fegert u.a. 2001, S. 119).

Sexuelle Verhaltensauffälligkeiten und auch andere Auffälligkeiten wie z.B. Esssucht, Wegträumen, Sprachlosigkeit sind Strategien, das Erlebte zu überleben. Egal wie ver-rückt diese Verhaltensweisen sind, damit schützen sich die Kinder vor Schlimmerem. So war lange Zeit unklar, warum die Eigenschuld sich so hartnäckig in der Seele festsetzte. Einerseits wird die reale Schuld des Täters zum Schuldgefühl des Opfers, es geschieht die → „Introjektion der Schuldgefühle des Erwachsenen“ (Ferenczi 1933, S. 308), andererseits nehmen wir heute an, dass Schuld – da sie aktiv ist – leichter auszuhalten ist als Ohnmacht. Vielleicht fühlen sich die Kinder auch schuldig, weil sie trotz Enttabuisierung immer noch glauben, sie sind allein betroffen; deshalb müssen sie selbst Anlass zu dem sexuellen Missbrauch gegeben haben (vgl. Enders 2001, S. 136).

Auf Grund des vorliegenden Beobachtungswissens ist davon auszugehen, dass sexueller Missbrauch zu schwerwiegenden Beeinträchtigungen der emotionalen, kognitiven und sozialen Entwicklung führen kann, zu spezifischen Schädigungen in der Entwicklung des → Körperschemas und der psychischen Identität. Die genaue Erforschung der psychosozialen Folgeschäden hat begonnen. Unangenehme Gefühle wie Ekel, Verwirrung, Hilflosigkeit und Scham findet der Erziehungswissenschaftler Dirk Bange (vgl. 1992, S. 149) bei 60 Prozent der missbrauchten Frauen. Besonders hohe Werte weisen die Gefühle Ekel und Hilflosigkeit bei innerfamiliär missbrauchten Frauen auf. Weitere Gefühle sind Wut, Sprachlosigkeit, Angst, Hass, Trauer und Schuld. Vermindertes Selbstwertgefühl und Misstrauen gegenüber anderen Menschen sind zu 60 Prozent verbreitet, 40 Prozent der sexuell missbrauchten Menschen lehnen ihren Körper ab. Ängste, Schlafstörungen und Albträume werden als weitere Folgen benannt (vgl. Teegen u. a. 1992, S. 17). Bei innerfamiliär missbrauchten Kindern sei ein positiveres Selbstkonzept als bei außerfamiliär missbrauchten Mädchen und Jungen vorhanden (vgl. Fegert u. a. 2001, S. 144). In der gleichen Untersuchung der ‚besonders belastete(n) Gruppe, die über eine Klinik und andere Institutionen erreicht wurde', zeigten nur knapp 16 Prozent der Kinder keine psychiatrischen Auffälligkeiten wie posttraumatische Stressstörungen, depressive Störungen, Angststörungen, soziale Phobien und reaktive Bindungsstörungen. Diese Kinder sind am ehesten mit den Mädchen und Jungen in der Heimerziehung vergleichbar.

Über geschlechtsspezifische Unterschiede in der Verarbeitung gibt es unterschiedliche Erkenntnisse. Während Bange (vgl. 1992, S. 146) sich über geringe Unterschiede in Bezug auf die bisherigen Untersuchungsergebnisse überrascht zeigt, werden einige Jahre später geschlechtsspezifische Kontraste wahrgenommen: Das zentrale Prinzip der ‚männlichen' Verarbeitung sei die Formel „Ich hatte immer alles unter Kontrolle", während „wenigstens für einen Teil von Frauen in unserer Gesellschaft eine Opferrolle durchaus als „identitätsstiftend erlebt" wird (Fegert 1995 c, S. 295).

Verzweiflung einerseits und Zuversicht andererseits stellen signifikante Prädikatoren für die Verarbeitung des sexuellen Missbrauchs – wie für die Verarbeitung von Traumata überhaupt – dar. Diese Erkenntnis verweist darauf, wie notwendig eine Veränderung des negativen Selbstbildes und darauf aufbauend die Erarbeitung von Zuversicht/Zukunftsplanung ist.

Literturtipps

Bange, D./Degener, G. (1996): Sexueller Missbrauch an Kindern. Weinheim
Enders, U. (2001): Zart war ich, bitter war's. Köln
Bange, D./Körner, W. (Hrsg.) (2002): Handwörterbuch Sexueller Missbrauch. Göttingen

1.6 Die traumatische Trennung

Trennungen gehören zur Lebenserfahrung jedes Menschen. Das Leben beginnt mit einer Trennung und zwischen Geburt und Tod liegen vielerlei Trennungen, mit denen wir uns auseinander setzen müssen. Trennungen können eine Voraussetzung für bessere Lebensqualität werden. Für Kinder – und hier gilt: je jünger, je schwerer – werden Trennungen eher zum Trauma. Ob dies so eintrifft, hängt von den Umständen ab. Die Trennung von den engsten Bezugspersonen, von den Menschen, zu denen das Kind – wie die Umstände auch immer waren – eine einzigartige Gefühlsbindung hatte, ist in der Regel traumatisch. Dies gilt auch dann, wenn Kinder – wie Philipp – extrem misshandelt wurden. Manche Trennungen sind durch die Umstände zusätzlich traumatisierend:

> Zum Beispiel Jana: Sie war fünf Jahre alt, als ihre Mutter zu Hause ins Koma fiel. Der Vater von Jana rief den Notarztwagen an, die Mama kam nie wieder. Jana hatte keinen Einfluss auf die Trennung, sie erlebte sie ohnmächtig. Jana fühlt sich schuldig am Tod ihrer Mutter.

Schuldgefühle begleiten viele Kinder, die die meist unumgänglichen Trennungen verarbeiten müssen. Weil sie selbst so „schlimm“ sind, so ihre subjektive Sicht, haben die Eltern sie weggegeben. Traumatische Trennungen wirken vor allem auf das Bindungsverhalten. Neben Beziehungslosigkeit und Beziehungssucht werden als weitere Folgen Passivität, Abstumpfung, Depression bis hin zur → Suizidalität, verfrühtes Autonomiestreben, Selbstverwahrlosung bis hin zu Prostitution beobachtet (vgl. Bowlby 1976; Maywald 1997).

Im Hinblick auf Heimkinder und Pflegekinder kommt der elterlichen Trennung, die meist der Fremdunterbringung vorausgeht, große Bedeutung zu. Nach der Jugendhilfestatistik

1999 waren 44,6 Prozent aller Kinder, die untergebracht waren, Kinder aus Ehen, deren Partner sich auseinander gelebt hatten.[5] Diese Kinder müssen neben der eigenen Trennung von den Eltern noch die Trennung der Eltern verarbeiten. Diepold findet in der Frühgenese der Borderline-Kinder bei 80 Prozent der betroffenen Kinder Traumata in Form von gestörten Beziehungen, „... wobei Trennungen von den Eltern, Krankheiten in der Familie, heftiger Streit zwischen den Eltern oder deren Trennung ...“ (Diepold 1995, S. 272) am häufigsten genannt werden. Die Bedeutung einer Trennung hängt davon ab, wie groß der reale Verlust ist und welche Ängste dadurch reaktiviert werden (vgl. Maywald 1997, S. 30, 190). Sie hängt auch davon ab, welches Bewusstsein die Mädchen und Jungen über die Umstände der Trennung gewinnen, welche notwendigen Dinge ausgesprochen werden und wie der Umgang der HelferInnen mit der betroffenen Familie aussieht.

Literaturtipp

Einen *Überblick über psychoanalytische Rekonstruktionen* von Trennung und über die Bindungstheorie gibt:

Maywald, J. (1997): Zwischen Trauma und Chance. Trennungen von Kindern im Familienkonflikt. Freiburg

1.7 Kinder psychisch kranker Eltern

In den letzten Jahren ist die Situation der Kinder psychisch kranker Eltern zu einem zentralen Thema der Fachöffentlichkeit von Psychiatrie und Jugendhilfe geworden. Die psychosozialen Belastungen der Kinder psychisch kranker Eltern sind zum Teil extrem. In der von Katja Beck herausgegebenen Broschüre „Ohne Netz und ohne Boden. Situation Kinder psychisch kranker Eltern“ (Beck 2004) beschreiben heute Erwachsene wahre Albträume aus ihrem Kinderleben: Elfjährige werden in den Verfolgungswahn der Mutter einbezogen; sie selbst werden bezichtigt, Gift in das Essen der Mutter zu mischen; sie verbringen ihre Kindheit am Krankenbett der Mut-

5 Berechnungen der Dortmunder Arbeitsstelle Kinder- und Jugendhilfestatistik auf Grundlage der Fachserie 13, Reihe 6.1.2 „Hilfen zur Erziehung außerhalb des Elternhauses des Statistischen Bundesamtes. Stuttgart 2001.

ter; sie sind daran schuld, wenn die Mama nach einem Suizidversuch wieder in das Krankenhaus muss; sie müssen sich und ggfs. ihre Geschwister selbst versorgen.

Kinder psychisch kranker Eltern haben ein hohes Risiko, selbst eine eigene psychische Störung zu entwickeln: 10 bis 15 Prozent bei einem erkrankten Elternteil, 35 bis 50 Prozent bei zwei erkrankten Elternteilen (Remschmidt/Mattejat 1994: Kinder psychotischer Eltern – Mit einer Anleitung zur Beratung von Eltern mit einer psychotischen Erkrankung). Die Kinder psychisch kranker Eltern, die in stationären Jugendhilfeeinrichtungen leben, sind nicht selten zusätzlich von Misshandlung betroffen. Vernachlässigung ist häufig eine Begleiterscheinung; entweder ist die psychisch kranke Mutter alleinerziehend oder der Partner hat kaum Zeit für die Kinder, da er/sie sich um die/den Kranken kümmert. Die Belastungen, denen diese Kinder ausgesetzt sind, variieren von Fall zu Fall erheblich. Folgende Faktoren können sich mehr oder minder stark auf die Lebenssituation der Kinder auswirken:

- Emotionale Vernachlässigung
- Materielle Vernachlässigung
- Misshandlung
- Permanente Grenzüberschreitungen
- Überforderung
- Parentifizierung
- Schuldgefühle
- Schamgefühle
- Isolation
- Geheimhaltung
- Ausgrenzungserfahrungen
- Soziale Isolation
- Loyalitätskonflikte
- Finanzielle Probleme

Sehr belastend bis traumatisierend können sich der Verlust an Sicherheit und der Verlust von Kontrolle auswirken. Kinder psychisch kranker Eltern haben vielerlei Ängste. Da ist die Angst vor dem erkrankten Elternteil: ihr wirres Tun ist nicht erklärlich. Sie haben Angst um das erkrankte Elternteil; nicht selten Angst vor einem Suizid von Mutter oder Vater. Dazu kommt die Angst, selbst an einer psychischen Störung zu erkranken, sie haben Existenzangst (vgl. Wagenblass 2005) und die Angst, das Geheimnis zu lüften. „Das Geheimnis der psychischen Erkrankung bindet Energie und öffnet das Tor für kindliche Phantasien“, so Sabine Wagenblass (Unsere Jugend, Heft 2, 2005, S. 67).

Mehr noch als in anderen belastenden Lebenssituationen werden die Kinder psychisch kranker Eltern in die Elternrolle gedrängt, sie werden als einzige Ansprechpartner und Verbindungsstück nach außen in die Rolle eines Dolmetschers oder Berater gedrängt. Möglicherweise übernehmen sie die Rolle Aufheiterung und Schuld. So führen sie den Haushalt. Sie werden verantwortlich (parentifiziert) und damit auch schuldig für den Zustand der Familie. Teilweise, so Katja Beck, finden Realitätsverschiebungen der kranken Eltern statt: „Die Kinder werden von den kranken Eltern selbst als krank, andersartig, komisch bezeichnet und sogar in ihre Wahnvorstellungen mit einbezogen“ (Beck 2004, S. 46 ff.).

Ein Teil der Kinder bewältigt diese Situationen mit den ihnen zur Verfügung stehenden Ressourcen (vgl. Kap. 2). Andere Kinder, die weniger Ressourcen zur Verfügung haben und vielleicht noch von anderen Belastungen betroffen sind, kommen in Krisen. Retrospektive Untersuchungen (Pretis/Dimova 2004) belegen Auswirkungen, die denen anderer Traumata ähneln, sie sind entwicklungsspezifisch (vgl. Kap. 3):

- Schuldgefühle
- Hilflosigkeit,
- Gefühl von Unkontrollierbarkeit
- Traumatische Erwartung
- Geringes Selbstwertgefühl
- Verlust von Normen und Werten

Kinder psychisch kranker Eltern brauchen spezifische Hilfe, wie z. B. die Aufklärung über die Krankheit ihre Eltern, Berichte über andere Kinder psychisch kranker Eltern und Hilfe bei ihren spezifischen Ängsten. Sie brauchen die an den entwicklungsspezifischen Auswirkungen von belasteten und traumatisierten Mädchen und Jungen orientierte Unterstützung.

Literaturtipps

Pretis, M.; Dimova, A. (2004): Frühförderung mit Kinder psychisch kranker Eltern. München

Eindrückliche Beschreibungen der Lebenssituationen von Kindern psychisch kranker Eltern und Handlungshinweise sind als Broschüren bei der Initiative für Kinder psychisch kranker Eltern „Netz und Boden" über *www.Netz-und-Boden.de* zu beziehen.

Allgemein über *Gewalt gegen Kinder:*

Helfer, M.E.; Kempe, R.S.; Krugmann, R.D. (2002): Das misshandelte Kind. Körperliche und psychische Gewalt. Sexueller Missbrauch. Gedeihstörungen. Münchhausen-by-proxy-Syndrom. Vernachlässigung. Frankfurt am Main

2. Die Mittlerfaktoren und die protektiven Faktoren

Kinder verarbeiten Traumata unterschiedlich. Die Chancen der Verarbeitung der traumatischen Ereignisse hängen von den Mittlerfaktoren und den protektiven Faktoren ab. Mittlerfaktoren sind die Umstände, unter denen sich das Geschehen abspielt. Protektive, d.h. schützende Faktoren, verbessern die Möglichkeiten der Anpassung an die traumatisierende Umgebung und der späteren Heilung. Alter und Entwicklungsstand der Ich-Funktion sind von wesentlicher Bedeutung für die Verarbeitung. Kindheitstraumata richten bei jüngeren Kindern den größten Schaden an. Eine frühe Traumatisierung beeinträchtigt das Kind in einer prägenden Zeit: Misshandlung in der frühen Kindheit gefährdet die Entwicklung der Bindungsbeziehungen, des Selbst und der Regulation und Integration des emotionalen, kognitiven, motivationalen und sozialen Verhaltens (vgl. Bender/Lösel 2002). So können z.B. Säuglinge und Kleinkinder, deren Ich-Funktion noch nicht vorhanden ist, Traumata nicht abspalten, verdrängen oder gegen andere Erfahrungen abgrenzen. Sehr frühe Traumatisierungen sind nicht psychisch präsent, sie werden körpernah als innere Spannung und Unruhe erlebt, man spricht dann von einer 'traumatischen Identitätsbildung' (vgl. Diepold 1996).

Auch die Chronizität der Ereignisse, d.h. ob es sich um eine einmalige traumatische Situation handelt oder ob sich die Traumata ständig wiederholen, die familiären Beziehungen und die

Bindung zu dem Täter, der Täterin bestimmen ausschlaggebend den Grad der Schädigung.

Sonja ist heute sechsundzwanzig Jahre alt. Sonja spielt mit Leidenschaft Fußball im Verein, sie ist eine aufgeschlossene junge Frau. Sonja wuchs bei ihrer Oma auf, dort fühlte sie sich sehr wohl. Nach deren Tod, als Sonja sechs Jahre alt war, zog sie zu Mutter und Stiefvater. Diese haben vier gemeinsame Kinder. Der Stiefvater missbrauchte Sonja von Anfang an. Mit fünfzehn Jahren vertraute sie sich ihrer Lehrerin an. Gemeinsam suchten sie Hilfe. Das zuständige Jugendamt glaubte Sonja und schützte sie sofort. Sonja kam – so wie sie es wollte – in ein Heim. Auch der Richter glaubte ihr. Auf ihren Antrag wurde das Sorgerecht dem Jugendamt übertragen. Sonja konnte über das Geschehene in einer Therapie und mit den Pädagoginnen im Heim reden. Zwei Jahre später sah sie sich in der Lage, den Stiefvater anzuzeigen. Der wurde zu fünf Jahren Haft verurteilt. Sonja absolvierte eine Berufsausbildung. Sie lebt heute mit ihrem Lebenspartner und zwei eigenen Kindern zusammen, kann ihre Grenzen formulieren und sich ihres Lebens freuen.

Die → Resilienz-Forschung verweist darauf, dass die Beziehung zu einer konstanten Bezugsperson, dies können Großeltern wie bei Sonja ihre Oma, Geschwister, PädagogInnen etc. sein, eine wesentliche protektive Bedeutung hat. Vor allem die Liebe von Sonjas Oma, aber auch die Berücksichtigung der Subjektstellung von Sonja im weiteren Hilfeprozess, die Tatsache, dass das gesamte Helfersystem einschließlich des Gerichtes Sonja glaubte und nicht zuletzt Sonjas Humor sind die Grundlagen für die gelungene Verarbeitung des traumatischen Geschehens.

Mittlerfaktoren und protektive Faktoren

- Prätraumatische psychische Ausgangslage
- Geschlechtszugehörigkeit, Mädchen sind resilienter als Jungen
- Alter des Kindes
- Stabilität und Ausgewogenheit der Ich-Funktionen
- Qualität der zwischenmenschlichen Beziehungen
- Chronizität und Schwere der Misshandlung
- Beziehung zu Täter/Täterin

- Stärke der geäußerten Drohungen
- Emotionales Klima in der Familie
- Schwere der Schuldgefühle
- Physische Konstitution
- Entlastung der Mutter
- Sekundärschädigungen/Begegnungsfehler
- Kultureller Hintergrund

☺ Großfamilie, kompensatorische Elternbeziehungen
☺ Verfügbarkeit über einen tragenden Halt
☺ Überdurchschnittliche Intelligenz, robustes, aktives und kontaktfreudiges Temperament
☺ Kreativität
☺ Sicheres Bindungsverhalten
☺ Soziale Förderung (Jugendgruppen, Schule, Kirche)
☺ Verlässlich unterstützende Bezugspersonen im Erwachsenenalter
☺ Dauerhafte gute Beziehung zu mindestens einer primären Bezugsperson
☺ Humor
☺ → Parentifizierung
☺ Möglichkeiten der Realitätsanerkennung

Der ungarische Psychiater Sandor Ferenczi (1933) schrieb der vom Täter unmöglich gemachten Klärung, Auseinandersetzung und Realitätsanerkennung traumatische Wirkung zu. Dornes (2000) verweist auf die Bedeutung der Interpretation der Ereignisse durch das Kind.

> Wenn Laura die Definition des Stiefvaters, sie sei seine Liebste, verteidigt, dann auch deshalb, weil diese Definition leichter auszuhalten ist als eine Sichtweise, die die Ohnmacht der damals Neunjährigen verdeutlicht.

Ergänzend zu den o.a. Faktoren benennen die amerikanischen Psychotraumatologen Pynoss, Steinberg und Goenjian spezifische objektive Merkmale der traumatischen Erfahrungen, die schwere posttraumatische Reaktionen zur Folge haben:

Spezifische Merkmale von traumatischen Erfahrungen

- Direkte Lebensbedrohung
- Verletzung der eigenen Person unter Berücksichtigung des Ausmaßes körperlicher Schmerzen
- Zeuge sein von Verstümmelungen oder ungewöhnlichen Todesarten
- Eigenes Begehen gewalttätiger Handlungen gegen andere
- Hören unbeantworteter Hilfe- und Verzweiflungsschreie, Riechen schädlicher Gerüche
- Gefangen oder ohne Hilfe zu sein
- Nähe zu gewaltsamer Bedrohung
- Unerwartetheit und Dauer der Erfahrung(en)
- Ausmaß der Gewalt und der Gebrauch einer Waffe oder eines verletzenden Gegenstandes
- Anzahl und Art der Drohungen während einer gewaltsamen Episode
- Augenzeuge von Gräueltaten zu sein
- Beziehung zum Täter und zu anderen Opfern
- Gebrauch körperlicher Nötigung
- Verletzung der körperlichen Integrität des Kindes
- Grad der Brutalität und Feindseligkeit

(vgl. Pynoss, Steinberg und Goenjian 2000, S. 271)

Art und Spezifik der Traumata, die Mittlerfaktoren und die protektiven Faktoren beeinflussen die Beeinträchtigungen, unter denen die Mädchen und Jungen leiden, die Schwierigkeiten, mit denen sie zu kämpfen haben. Die große Variationsbreite zwischen Individuen, traumatischen Ereignissen und den Kontextbedingungen lässt keine pauschalen Verallgemeinerungen zu. In der Hilfeplanung für Jana, Philipp und all die anderen Mädchen und Jungen kommt es auf eine sorgfältige Diagnostik der lebensgeschichtlichen Verletzungen, der Bindungen und der Ressourcen an, auf die qualifizierte Einschätzung, in welcher Weise dieses konkrete, individuelle Kind die traumatischen Ereignisse bewältigt hat.

Literaturtipp

DGgKV (2007): Themenheft Resilienz, Ressourcen, Schutzfaktoren – Kinder, Eltern und Familien stärken. In: Kindesmisshandlung und -vernachlässigung. Interdisziplinäre Fachzeitschrift

3. „Das Vergangene ist nicht tot, es ist nicht einmal vergangen"

Dieses Zitat von William Faulkner gilt in besonderem Ausmaße für Menschen, die Schweres erlebt haben. Auch wenn die Mädchen und Jungen erst einmal vor weiteren Traumata geschützt sind, so sind sie dennoch mit den Auswirkungen konfrontiert. Das vergangene Leid ist nicht vorbei, es manifestiert sich im Selbstbild, im Erleben und im Verhalten der Mädchen und Jungen. „Überwältigende Erfahrungen haben neurobiologische Spuren hinterlassen, die in hohem Ausmaß psychische Funktionen und Fähigkeiten bestimmen" (vgl. Besser 2006). Traumatische Lebensereignisse beeinflussen das Risiko für die Entwicklung körperlicher Krankheiten.

Ohne die Unterschiede der Auswirkungen unterschiedlicher Traumata (Kap. 1) nivellieren zu wollen, sind die Reaktionen der Kinder auf diese Traumata in erster Linie alters-, und nicht traumaspezifisch.

Entwicklungspsychologische Auswirkungen traumatischer Belastungen im Kindheitsalter

- *Auswirkungen auf die Identitätsbildung*
  Selbstwert, Selbstwirksamkeit, Selbstwahrnehmung, Selbstregulation
- *Das Körperschema*
  Die Wahrnehmung des Körperäußeren, der Körpergrenzen und des Körperinneren
- *Beeinträchtigte Bindungsfähigkeit*
- *Die Ausbildung traumabezogener Erwartungen*
- *Die moralische Entwicklung*
  Verwirrte kognitive Normen über Generation, Sexualität und Geschlechterrollen, potenzierte Übernahme von Geschlechtsrollen

- *Beeinträchtigte Entwicklungskompetenzen*
  Schwierigkeiten im Vollenden von Entwicklungsübergängen
  Schwierigkeiten im Entwickeln von sozialen und anderen Fertigkeiten
- *Die Entwicklung traumaspezifischer Erinnerungen*
  Rückblenden, Alpträume
  Die traumatische Übertragung

Die Auswirkungen berühren wesentlich das Selbstbild der Kinder: *„Wer bin ich eigentlich?"*, ihre Beziehungsfähigkeit: *„Was schwer zu lösen ist"* und ihr Verhalten und die Erinnerungsebenen: *„Jedes Verhalten hat seinen Grund."*

3.1 Wer bin ich eigentlich?

„Wer ein chronisches Trauma erlitten hat, fühlt sich unwiderruflich anders oder verliert jegliches Gefühl für sich selbst", so Herman (1994, S. 122). Traumatische Erfahrungen beeinflussen die Herausbildung von Stilen im Umgang mit sich selbst, anderen und der Umwelt, sie beeinflussen den Entwicklungsprozess des Selbst-Konzeptes der Mädchen und Jungen. Genau das fühlt Philipp, als er seine Bezugserzieherin Anja fragt: „*Wer bin ich eigentlich*?"

Wenn Mädchen und Jungen massive Angriffe auf den Körper und auf ihre Seele überstehen müssen, können sie weder ein positives Selbstbild noch den Glauben an ein eigenständiges Selbst entwickeln. Ihnen fehlt weitgehend die Erfahrung von Kompetenz und Akzeptanz. Sie haben es schwer, ein Gefühl des inneren Zusammenhaltes zu entwickeln. Möglicherweise sind sie gezwungen, sich durch dissoziieren vor zu viel an Emotionen und Köperwahrnehmungen zu schützen. Durch die Aufspaltung verschiedener Selbstanteile schaffen sie sich dann eine innere Wirklichkeit, in der trotz anhaltender Traumatisierung ein emotionales Überleben möglich ist. Wenn sich die dissoziative Reaktion verfestigt und einschleift, entwickeln sie ein zersplittertes Selbst, sie haben kein zusammenhängendes kohärentes Selbsterleben. (vgl. hierzu Ursula Gast 2005). „Je durchschlagender jedoch das Trauma war" –

so Annette Streeck-Fischer (2006, S. 108) – umso mehr wird aufgespalten, aufgebrochen bzw. dissoziiert.

Traumatisierte Kinder erleben Elternpersonen weder als vertrauenswürdige, fördernde und helfende Gegenüber noch sich selbst als liebenswerte und kompetente Personen. „Wenn das Selbstbild durch elterliche Gleichgültigkeit oder Inkonsistenz zwischen liebenden und ärgerlichen Reaktionen verzerrt ist, oder wenn es durch Zurückweisung und Bestrafung bedroht ist, hat das Kind wenige Erfahrungsgrundlagen für die Entwicklung eines Selbstbildnisses als kompetente und liebenswerte Person“ (Ruth Kempe 1998, S. 9). Traumatisierte Kinder halten sich oft – egal wie sie im Alltag auch immer auftreten – für böse, dumm und nicht liebenswert. Man kann sagen, sie sehen sich mit den Augen der traumatisierenden Person:

> Jana und Philipp waren Objekte für die Bedürfnisse Erwachsener, ihrer Eltern, der wichtigsten Bezugspersonen. Um diese Primärbeziehungen erhalten zu können, fanden sie eine Erklärung, die ihre Eltern von jeglicher Schuld freispricht. Jana fühlte sich noch lange schuldig, wenn Menschen starben. Jana ist nach wie vor der Meinung, sie hätte die Schläge verdient, da sie beim Essen zum Fernseher geschaut hat. Sie legitimierte ihren Vater, der sie bei jedem Wetter um 7.00 Uhr morgens vor dem Hort abstellte: Er habe seine Ruhe gebraucht – vor ihr.

Kinder wie Jana und Philipp verinnerlichen die Sichtweise und die Schuldgefühle der missbrauchenden Elternteile, um sich die Eltern als gute Eltern zu erhalten und auch um Subjekt des traumatischen Geschehens zu werden. Diese Selbstbezichtigung entspricht der für die frühe Kindheit typischen Denkweise, der Ichbezogenheit aller Ereignisse und sie entspricht auch der Denkweise traumatisierter Menschen jeden Alters. Die Selbstbezichtigung wird in der Regel auch noch von den traumatisierenden Bezugspersonen durch Schuldumkehr bewusst verstärkt. Philipp und Jana gehen heute noch und wahrscheinlich auch noch lange tief in ihrer Seele von der eigenen Mitverantwortung für die Gräueltaten, die sie überleben mussten, aus. Die Übernahme von Schuld hat lange, oft lebenslange Bedeutung:

Mit achtzehn Jahren beginnt Anna, Schülerin einer Fachschule für Sozialpädagogik und gerade von zu Hause ausgezogen, eine Therapie. Sie wurde von ihrem Opa vom sechsten bis zum zehnten Lebensjahr sexuell missbraucht. Im Alter von sieben Jahren wurde sie auch noch von einem Fremden missbraucht. Voller Selbstanklage glaubt sie heute: „Der hat mir angesehen, dass er das mit mir machen konnte."

Sabine, Michael und Julia mussten sich – weil sie so klein waren – dauerhaft an den Willen ihrer Mutter und ihres Vaters anpassen. Ihr Selbst war ausgerichtet an den Erwartungen der teilweise psychotischen Mutter und des sie sexuell missbrauchenden Vaters. Es dominierte die Gefügigkeit. Diese Gefügigkeit ist zeitweise notwendig zum Überleben, notwendig, um nicht massiver körperlicher Gewalt ausgesetzt zu sein. Der Psychoanalytiker Donald Winnicott (1974) prägte hierzu den Begriff eines „falschen Selbst". Sie müssen geradezu zum Eigenschutz ein Chamäleonverhalten entwickeln, das als negative Folge die Aufrechterhaltung des ‚falschen Selbst' stützt.

Julia, Sabine und Michael vollbrachten ungeheure Anpassungsleistungen. Sie durften trotz der unberechenbaren und ängstigenden Umgebung, trotz der elterlichen Willkür die Kontrolle nicht verlieren. Sie mussten zusehen, wie sie – alleine gelassen – zu dritt nicht verhungern. Sie durften nicht aggressiv werden, sich nicht behaupten und durchsetzen. Die Autonomieentwicklung von Sabine, Michael und Julia ist heute extrem gefährdet.

Kinder in solchen Lebenssituationen sind gezwungen, sich „… automatisch dem Willen des Angreifers unterzuordnen, jede seiner Wunschregungen zu erraten und zu befolgen, sich selbst ganz vergessend sich mit dem Angreifer vollauf zu identifizieren" (Ferenczi 1972, S. 308, 1933).

Die Mädchen und Jungen überdecken das unerträgliche Gefühl schlecht zu sein mit großen Anpassungsleistungen. Sie wollen brav sein, nicht auffallen oder besonders gut sein. Wenn sie dann für besondere Leistungen, das ‚Brav-sein', gelobt werden, fühlen sie sich schlecht, weil sie gelogen haben, weil sie glauben, dass die Menschen nicht sehen, wie schlecht sie wirklich sind. Ein Teufelskreis! Missbrauchte Mädchen und Jungen können kein angemessenes Selbstbild mit entschuldbaren Fehlern und Vorzügen entwickeln. Sie sind in ihrer Selbstwahrnehmung, in der Wahrnehmung von anderen und der Umwelt beeinträchtigt. Ihre Selbstregulation ist auf das Notwendigste, das Überleben, beschränkt. Das nicht angemessene Selbstbild macht anfällig für Anpassung, Scham und Zweifel. Es ist eine Ursache von selbstschädigendem Verhalten etc.

Widersprüchliche Selbstbilder können zu Bewusstseinsspaltungen führen, in extremen Fällen zu neuen Persönlichkeiten (vgl. Herman 1994, S. 149). Ferenczi beschrieb diesen Prozess als „Atomisierung" der Persönlichkeit bei missbrauchten Kindern. Dieser Prozess ist eine Anpassungsstrategie und erlaubt es den Mädchen und Jungen, Hoffnung und Bindungen zu retten:

> Laura, in der Rolle des überhöhten Kindes, sorgte für die Familie. Laura, das erniedrigte Kind, wurde vom Stiefvater sexuell missbraucht. Laura kann diese unterschiedlichen Erfahrungen nicht in ihr Selbstbild integrieren. Sie muss spalten.

Laura, Philipp und Jana fällt es auch heute noch schwer, sich selbst als aktiv, einflussreich und wirkmächtig zu erfahren. Trotz großer Kreativität – Philipp malt und kocht fantastisch, Jana hält die Kindergruppe mit Witz und Ideenvielfalt in Schwung – halten sich beide für hilflos und abhängig von mit Macht ausgestatteten Bezugspersonen (vgl. Zitelmann 2001, S. 235 ff.). Allerdings sieht Philipp sich nicht mehr mit den Augen der traumatisierenden Personen, er fragt bereits „Wer bin ich?".

3.2 Was schwer zu lösen ist

Die bisherigen Bindungserfahrungen der Mädchen und Jungen beeinträchtigen die Entwicklung des eigenen Bindungsverhaltens. Und sie beeinträchtigen die Offenheit für neue, korrektive Erfahrungen. Nach vorliegenden Studien der → Bindungstheorie (vgl. Bowlby 1974, Maywald 1997, Dornes 2000) liegen sichere und unsichere Bindungsqualitäten im Rahmen durchschnittlich normaler Eltern-Kind-Beziehungen. Traumatisierte Kinder aber haben erhebliche Beeinträchtigungen in ihrem Bindungsverhalten.

Philipp, Jana, Sabine, Julia und Michael kennen die Geborgenheit oder das Urvertrauen nicht, das Menschen ein Leben lang tragen kann und sollte. Sie kennen das Urvertrauen als Basis aller Beziehungen und Werte nicht. Sie sind *unsicher, unsicher ambivalent und unsicher-vermeidend gebundene* (vgl. Ainsworth 1978) Kinder. Sie entwickeln ihrerseits innere Arbeitsmodelle von Bindung, Bindungsrepräsentationen, die diesen Erfahrungen entsprechen.

Die Ergebnisse einer empirischen Untersuchung über Bindungsrepräsentationen von Jugendlichen (n = 72) im Heim bestätigen die Annahme, dass den Jugendlichen in Heimen fast ausschließlich eine unsichere oder gar eine hochunsichere Bindungsrepräsentation zur Verfügung steht (vgl. Schleiffer 2001, S. 120 ff.).

Die „hochunsichere" Bindungsrepräsentation wird in der Fachöffentlichkeit auch als „desorganisiert" „unresolved" oder „cc: cannot classify" bezeichnet. Diese Klassifikation ist den drei Hauptklassifikationen vorgelagert und wird als Ergänzung zu diesen vergeben. Sie kann alle Hauptklassifikationen überlagern. Sie ist häufig ein Hinweis auf unbewältigte Traumata oder unverarbeiteter Objektverlust (vgl. Grenn/Goldwyn 2003) und scheint eher an eine bestimmte Beziehung gebunden. Misshandelte und/oder vernachlässigte Kinder haben ein großes Risiko, desorganisierte Bindungsmuster zu entwickeln. 48 bis 77 Prozent der Kinder (klinische Stichproben), die desorganisierte Bindungsmuster zeigten, hatten misshandelnde Eltern, 35 Prozent waren Kinder alkohol- oder drogenabhängiger Mütter, so die Ergebnisse einer Metaanalyse aus 80 Studien (van IJzendoorn et al. 1999).

Der Kinder- und Jugendpsychiater Jörg M. Fegert spricht bei frühen Bindungsstörungen von massiven Beeinträchtigungen, „… die selbst bei hohem persönlichen helferischen Einsatz jahrelang problematische Verläufe, die einer seelischen Behinderung gleichkommen, erwarten lassen" (Fegert 1996,

S. 149). Im ICD 10 wird diese Beeinträchtigung als „reaktive Bindungsstörung des Kindesalters“ (F 94.1) und als „Bindungsstörung des Kindesalters mit Enthemmung“ (F 94.2) benannt. Der Kinder- und Jugendpsychiater Karl Heinz Brisch unterscheidet sechs Formen von Bindungsstörungen:

- Kein Bindungsverhalten (Typ I),
- Undifferenziertes Bindungsverhalten (Typ II a), Unfallrisikoverhalten (Typ II b),
- Übermäßiges Klammern Typ III),
- Gehemmt (Typ IV),
- Aggressiv (Typ V) und
- Rollenumkehr (Typ VI) (vgl. Brisch 2006, S. 229 ff.).

Misshandelte und/oder vernachlässigte Kinder neigen zu unsicheren, vermeidenden und desorganisierten Bindungsmustern, zu einer Mischung von Vermeidung und Ambivalenz. Der massive Vertrauensverlust macht ihnen das Eingehen von Beziehungen fast unmöglich. Bei Kindern kann man ein gewisses Maß an Vertrauen voraussetzen, bei chronisch traumatisierten Mädchen und Jungen niemals.

Hochunsicheres oder auch desorganisiertes Bindungsverhalten zeichnet sich im Kleinkindalter durch widersprüchliche Verhaltensweisen wie Schwanken zwischen Annähern und Vermeiden aus. Die Kinder sind in einem inneren Konflikt von Angst und Suche nach Nähe gefangen, die einzige Quelle möglicher Sicherheit ist die Quelle ihrer Angst. Sie entwickeln Fähigkeiten um Beziehungen zu kontrollieren. In Gegenwart ihrer Eltern verhalten sie sich ängstlich oder wachsam. In Kindergärten sind sie nicht selten aggressiv und feindselig. Desorganisierte, hochunsichere Bindungsrepräsentationen bedeuten einen nicht zu unterschätzenden Risikofaktor für das weitere Leben (vgl. Grossmann/Grossmann 2002, Suess 2003).

Lieblosigkeit und inkonstante Beziehungen sind die Ursachen, die die Entwicklung einer zuverlässigen inneren Sicherheit unmöglich machen. So fehlt den Kindern die im Laufe der Entwicklung zunehmend differenter werdende Regulation von Nähe und Distanz. Wir erleben sie als anhänglich, sie haben viele kurzlebige Beziehungen Später werden sie sich schwer aus schädlichen Bindungen befreien können, sie werden versuchen, zu ihren Lasten und zu Lasten des Partners, der Partnerin die Kontrolle über die Beziehung durch übertriebene Fürsorge oder Aggression zu erreichen. Heute reagieren sie mit großer Furcht, starken Hemmungen und Ambivalenz auf fremde Personen und neue Möglichkeiten von Beziehungen, oder sie zeigen ein entgegengesetztes Verhalten mit enthemmter distanzloser Kontaktbereitschaft gegenüber vollkommen fremden Personen:

> Julia, Sabine und Michael entwickeln im Heim hochidealisierte Bilder von den Eltern. Alle drei hängen verzweifelt – wie so viele traumatisierte Kinder – an den sie misshandelnden Eltern. Schon kurze Zeit später reagiert Julia völlig distanzlos auf Besucher der Wohngruppe. Sabine und Michael dagegen zeigen Angst und starke Hemmungen gegenüber den PädagogInnen.

Darüber hinaus können behindernde Bindungen (vgl. Nienstedt/Westermann 1989) die Entwicklungschancen der Mädchen und Jungen sehr beeinträchtigen. Die Idealisierung der Eltern und die Identifizierung mit dem Erziehungsverhalten der Eltern sind bei den Mädchen und Jungen am stärksten ausgeprägt, die die intensivsten Gewalterfahrungen gemacht haben:

> Martin ist elf Jahre alt. Nachdem eine Unterbringung in der Pflegefamilie fehlgeschlagen ist, kam er in eine Wohngruppe. Martins Vater schlägt ihn bei Wochenendbesuchen brutal zusammen. Martin käme sowieso schon bald in den Jugendknast, so seine feste Überzeugung, die er Martin bei jedem Besuch und bei jedem Kontakt präsentiert. Der kleine schmächtige Martin versucht verzweifelt, diesem das Gegenteil zu beweisen. Er liebt seinen Vater über alles, dieser ist sein Held.

In allen Familien, in denen Kinder misshandelt werden, beobachten wir eine geradezu klassische Rollenumkehr bzw. die Verschiebung der Generationsgrenzen. Die Kinder übernehmen Verantwortung für ihre Geschwister, die trinkende Mutter, den schlagenden oder abwesenden Vater. Im Heim angekommen, will Julia weiterhin die Versorgung der Geschwister organisieren, sie kann noch nicht genießen, dass sich nun Erwachsene um ihre und um die Versorgung ihrer Geschwister kümmern.

> Als Fünfjährige hat Julia ihre Geschwister Michael und Sabine zeitweise ernährt und versorgt. Im Heim angekommen will Julia weiterhin die Versorgung der Geschwister organisieren, sie kann noch nicht genießen, dass sich nun Erwachsene um ihre und um die Versorgung ihrer Geschwister kümmern.

Bindungen können auch durch Angst geprägt sein: Angst, was passiert mit Mama oder den Geschwistern, wenn ich nicht mehr zu Hause bin. Angst, was passiert mit mir. Diese Bindungen wirken wie ein Verschluss, der korrektive Erfahrungen nicht hindurch lässt. Die zum Überleben in der traumatisierenden Umwelt erlernten Rollenmuster wie Rollenumkehr und Parentifizierung werden auch in der nicht gefährlichen Umgebung beibehalten. Sie verhindern noch in der geschützten Umgebung, dass kindliche Bedürfnisse und Entwicklungsziele im Mittelpunkt stehen. Die Einbindung in das Geschehen durch die Übernahme von Schuld und Verantwortung kann zu einer lebenslangen Verstrickung der Kinder führen, die verhindert, dass sie selbstbestimmte Beziehungen und eine selbstbestimmte Lebensplanung entwickeln. Auch die Beziehung zu ihren sie traumatisierenden Eltern sollte im Bewusstsein dieser Bindungsinhalte neu bewertet werden.

Bei Kindern, die sehr extrem von ihren Bezugspersonen bedroht wurden, beschreiben Praxis und Forschung immer wieder eine Art innerer Emigration als Reaktion auf die Traumatisierung. Sie leben, als benötigten sie keine Bindungsperson. In sehr schwierigen und bedrohlichen Situationen versuchen sie, pseudoautark, diese Bedrohung alleine zu überstehen.

Auch die Kontrolle von Beziehung gegenüber den Bezugspersonen, die viele der Kinder auszuüben versuchen, hatte lange ihren Überlebenssinn. Heute soll sie vor neuem Verrat und vor Verlassenheitsängsten schützen:

> Jana – die mittlerweile vier Jahre in der Wohngruppe lebt – hat immerzu Angst, sie würde zurückgelassen und sie sei nicht wert-

voll für die Gruppenleiterin. Sie überträgt alte Gefühle von Angst, Misstrauen, vielleicht auch Unterwürfigkeit etc. und alte Erlebnisinhalte auf die neuen Bezugspersonen. Jana steht misstrauisch der offenen Herzlichkeit ihrer Gruppenleiterin gegenüber, sie kann sich hierüber noch nicht freuen. Philipp hat Angst, der Pädagoge sei nur deshalb so freundlich, um ihn dann zu zwingen, seinen Penis in den Mund zu nehmen.

Die alltägliche Erfahrung, das Verhalten der beschriebenen Mädchen und Jungen wirft die Frage auf, ob ihr Bindungsverhalten so klar in die sechs Formen der Bindungsstörungen (siehe S. 54) einzuordnen ist: Manche sind mal Typ VI, ein andermal Typ II b, manche sind mal Typ I, ein andermal oder in anderen Beziehungen Typ III. Wie auch immer, die Bindungsmodelle, die die belasteten Mädchen und Jungen in ihrem bisherigen Leben gelernt und erfahren haben, sind nicht gut für ihre Gegenwart, sind nicht gut für ihre Zukunft; Karl Heinz Brisch spricht von einer „erheblichen Gefährdung des Kindeswohls".

Die Mädchen und Jungen transformieren ihre frühen Bindungserfahrungen in andere Beziehungen, z.B. in die Beziehungen zu den Gleichaltrigen in der Wohngruppe, in der Schule, der Kindertagesstätte und den Peergroups und in die Beziehung zu den PädagogInnen. Sie treten den neuen Bezugspersonen mit starkem Misstrauen gegenüber. Sie zeigen häufiger aggressives und weniger soziales Verhalten schon im Kindergarten. Hinter diesem aggressiven Verhalten können sich durchaus Bindungswünsche verstecken. Die Angst vor Zurückweisung kann in aggressivem Verhalten ausgedrückt werden. Aber welcher Erwachsene oder gar welche Gleichaltrigen können so versteckte Bindungswünsche und Näheängste verstehen? Wenn Kinder nach einer anfänglich ruhigen Phase in einer Wohngruppe oder Pflegefamilie beginnen, traumatische Erfahrungen zu inszenieren und zu übertragen, kann dies für beide Seiten sehr belastend sein (vgl. Kap. 11). Die Beziehungen zwischen beiden werden auf eine harte Probe gestellt. Gerade hierdurch aber zeigt das Kind, das es sich in einen Prozess der Bindungsentwicklung begeben hat, dass es beginnt zu vertrauen. Dass ist manchmal schwer zu verstehen: Der Beginn von Vertrauen, von Bindung ist gekennzeichnet durch aggressive Handlungen, suizidale Verhaltensweisen, Lügen, Stehlen u.v.a. mehr. So kann es zu einer Spirale von Suchen, Ablehnung und Aggression kommen.

Kinder wie Philipp und Laura haben häufiger Konflikte mit Gleichaltrigen. In der Konsequenz suchen die Mädchen und Jungen ihre Beziehungen in der Einrichtung, hier haben sie mehr Sicherheit. Ihre Neugier und ihr Interesse, die Umwelt zu erkunden und andere Beziehungen einzugehen, sind deswegen sehr eingeschränkt. Sie geraten in die Isolation – wie früher auch.

Die Intensität der Bindungen von Kindern wie Jana und Philipp sagt nichts über deren positive Qualität aus. Die Bindungen bedürfen einer genauen Beschreibung. Dies gilt auch für die Bindungsmodelle, die sie entwickelt haben. Meist bedürfen diese einer Verbesserung. Schon John Bowlby betonte ausdrücklich die relative Offenheit der internalen Repräsentation gegenüber veränderten Bedingungen. Die Bearbeitung und die heutige Sicht der Dinge sind ausschlaggebender als die Bindungsmodelle der Eltern; Bei bearbeiteten negativen Erfahrungen und Bindungssicherheit reden wir von „erworbener Sicherheit“.

Es gibt viele Hinweise auf seelische Gesundung und Bindungssicherheit nach traumatischen, auch chronischen und kumulativen, traumatischen Erfahrungen. In Wohngruppen, Tagesgruppen, Pflegefamilien und professionellen Pflegefamilien ist die Arbeit mit den traumatisch bedingten Bindungsstörungen der Kinder im pädagogischen Alltag (vgl. Kap. 8), in der Hilfeplanung, Elternarbeit und Therapie unerlässlich.

Literaturtipps

Brisch, K.-H./Hellbrügge, T. (Hrsg.) (2006): Kinder ohne Bindung. Deprivation, Adoption und Psychotherapie. Stuttgart

Brisch, K.-H., Hellbrügge, T. (2009): Bindung und Trauma: Entwicklung und Schutzfaktoren für die Entwicklung von Kindern. Stuttgart

Schleiffer, R. (2007): Der heimliche Wunsch nach Nähe. Bindungstheorie und Heimerziehung. Weinheim und München

Neuere *Ergebnisse der Bindungsforschung* sind auch zu finden in:

Persönlichkeitsstörungen. Theorie und Therapie, Heft 2/2001: Bindungsforschung und Persönlichkeitsstörungen. Schattauer Verlag

Gebauer, K./Hüther, G. (Hrsg.) (2002): Kinder brauchen Wurzeln: neue Perspektiven für eine gelingende Entwicklung. Düsseldorf, Zürich. 2. Aufl.

Wichtige *Hinweise zu desorganisierten Bindungsmustern* sind zu finden bei:

Grenn, J./Goldwyn, R.: Desorganisierte Bindung und Psychopathologie. In: Kindesmisshandlung und -vernachlässigung. Interdisziplinäre Fachzeitschrift. DGgKV e.V. (Hrsg.), Jg. 6, H. 1/2, 2003.

3.3 Jedes Verhalten hat einen Grund

Psychobiologische Erkenntnisse

Ein Trauma beeinflusst Verstand, Gehirn und das körperliche System auf vielfältigen Ebenen des physiologischen Funktionierens, da Gehirn, Verstand und Körper untrennbar miteinander verbunden sind. Traumata sind Einflüsse, die die Integrität der inneren Struktur und Organisation des Gehirns bedrohen: „Wird die Aktivierung der emotionalen Zentren [durch Aktivierung z.B. von Angst und Stress, Anm.d.Verf.] überstark und lässt sie sich nicht durch den Rückgriff auf eine geeignete Bewältigungsstrategie abstellen … so reagiert das Gehirn mit der Aktivierung einer archaischen, sehr früh angelegten … Notfallreaktion (Erstarrung, Hilflosigkeit)“ so der Neurobiologe an der Psychiatrischen Klinik der Universität Göttingen Gerald Hüther (Hüther 2002a, S. 24). Das Gehirn greift auf ältere Hirnbereiche – direkt und ohne Einbezug der Bewusstseinsebene auf → kortikaler Ebene – zurück, die Reaktion ist unmittelbar ohne weitere Wahrnehmungsprozesse. Eine differenzierte Wahrnehmung der Stresssituation ist nicht möglich:

> Maria ist heute sechzehn Jahre. Sie hat ein nettes Lachen und geht offen auf alle Menschen zu. Das Jugendamt brachte sie im Alter von fünf Jahren in einer Einrichtung der Erziehungshilfe unter. Sie hat wohl die ganze Bandbreite der Traumatisierungen in massiver Form überlebt. Nach zehn Jahren arrangiert das Jugendamt einen Kontakt zur Mutter, die wiederum mit ihrer Herkunftsfamilie, deren Beteiligung an dem massiven Missbrauch der Kinder letzten Endes ungeklärt bleibt, in Verbindung steht. Maria kann sich vor den negativen Erinnerungen und Bedrohungen nicht schützen. Viel später erzählt sie, dass ihre Gefühle bei dem Besuch wie betäubt waren. Sie hatte, trotz des sehr bedrohlichen Umfeldes, keine Angst um sich. Sie war nicht in der Lage, über

die Bedrohung zu reden und Hilfe – von der sie weiß, dass sie sie bekommen hätte zu holen. Maria macht einen Suizidversuch mit allen möglichen greifbaren Tabletten.

Eine große Anzahl von Untersuchungen bestätigen, dass Menschen auf belastende Erinnerungen mit signifikant erhöhter Herzfrequenz, erhöhter Leitfähigkeit der Haut und erhöhtem Blutdruck reagieren. Die exzessive Stimulation des zentralen Nervensystems zum Zeitpunkt der Traumatisierung kann zu permanenten neuronalen Veränderungen – wie z.B. dauerhafte und diffuse Ängste – führen. Chronische physiologische Erregung beeinträchtigt die Fähigkeit, Emotionen wie z.B. Angst als Signal zu nutzen, sodass sinnvolle Handlungen ausgeführt werden können. Auch die Unterscheidungsfähigkeit von relevanten und irrelevanten Stimuli ist beeinträchtigt. Affektiv neutrale, aber existenziell relevante Geschehnisse werden weniger beachtet. Als Konsequenz dieses relativen Mangels an Reaktionsbereitschaft benötigen traumatisierte Kinder mehr Anstrengung, um auf die gewöhnlichen Erlebnisse zu reagieren, ihre Reaktionszeit ist verzögert. Weiterhin gibt es einen Verlust der normalen Synchronisation der elektrischen Aktivität der verschiedenen kortikalen Gebiete. Die Zusammenarbeit von rechter und linker Hirnhemisphäre scheint unterbrochen. Störungen im EEG der linken Hemisphäre waren besonders auffällig (vgl. van der Kolk u.a. 2000, S. 195ff.; Besser 2006 mit einer Zusammenfassung von neurobiologischen Aspekten psychotraumatischer Lebenserfahrungen). Die linke Gehirnhälfte ist zuständig für die Speicherung von Informationen, die dann Worte und Sprache erzeugt, die rechte Gehirnhälfte dient der prozesshaften Wahrnehmung, Gefühlsgenerierung, emotionalen Kommunikation und ganzheitlichen Wahrnehmungsabbildung.

Im Hinblick auf die kindliche Entwicklung scheinen vor allem Defizite in der Frontalhirnentwicklung bedeutend. Das Frontalhirn ist zuständig für die Entwicklung des Selbstbildes, die Fähigkeit zur Impulskontrolle und die soziale und emotionale Kompetenz. Hier sind nach Hüther auch die das Trauma korrigierende Erfahrungen anzusiedeln: die moderate Aktivierung der emotionalen Zentren durch verlässliche Beziehung, durch

Neugierde, Spiel, Erfahrungen von Selbstkompetenz etc. (vgl. Hüther 2002a). Weil strukturelle Veränderungen im Gehirn aufgrund spezifischer Erfahrungen bis ins hohe Lebensalter möglich sind (Hüther 2002b), ist eine pädagogische Unterstützung in obigem Sinne eine Chance für Kinder wie Jana und Philipp.

Erhöhtes Risiko für die Entwicklung körperlicher Krankheiten

Bei sexuell missbrauchten Mädchen wurden grundlegende → neuroendokrine Störungen, insbesondere der Schilddrüsenfunktion festgestellt. Es scheint zudem ein Zusammenhang von traumatischen Lebenserfahrungen und Krankheiten des Herzen, Diabetes und Osteoporose aufgrund endokriner Anpassungsprozesse zu bestehen.

Wissenschaftler, die 1.000 Menschen in Neuseeland begleiteten, fanden einen Zusammenhang von seelischem Stress in der Kindheit und entzündlichen Vorgängen im Blut. Sie kommen zu dem Ergebnis, dass die überhöhte Belastung in der Kindheit (körperlicher und sexueller Missbrauch, Ablehnung durch die Mutter) Auswirkungen auf den erwachsenen Menschen haben. Diese verfügten doppelt so oft über deutlich erhöhte → CRP-Werte: „Entzündung ist eine natürliche Reaktion auf ein körperliches Trauma. Psychologischer Stress kann genauso eine Entzündung hervorrufen, da mit diesem Stress die Erwartung von Schmerzen verbunden ist“ (Studie des King’s College London, Details der Studie vgl. www.pnas.org, Quelle: www.aktivverbund-berlin.de).

Das Körpergedächtnis

Kinder, die unter chronischen Traumata leiden und keine unterstützenden Bezugspersonen haben, können die leidvollen Erfahrungen nicht integrieren, zumal sie noch keine ausreichenden Selbstschutzmöglichkeiten haben. Die traumatischen Ereignisse setzen sich – in Fragmenten – in der Seele, im Körpergedächtnis fest und führen ein Eigenleben. Man geht davon aus, dass nicht assimilierte traumatische Erfahrungen in einem besonderen aktiven Gedächtnis gespeichert werden, das dazu neigt, die Darstellung der Inhalte zu wiederholen.[6] Entweder wird das Trauma als ein Unglück in das Gedächtnis integriert oder die Empfindungen und Gefühle, die zum Erlebten gehören, führen ein Eigenleben. Wie Kinder traumatische Situationen abspeichern und sich wieder in das Gedächtnis rufen, wird entwicklungsentsprechend variieren (vgl. Pynoss u. a. 2000). So ist anzunehmen, dass je jünger die Kinder sind, desto mehr die Erinnerung auf eine einzige Wahrnehmung, sei es ein Bild, ein Geräusch, ein Geruch etc. konzentriert ist. Man geht davon aus, dass die nachfolgend aufgeführten Erinnerungsebenen als komplexe und unabhängige Gedächtnissysteme, als Körpergedächtnis außerhalb des Bewusstseins funktionieren:

Das Körpergedächtnis

- Die vom Menschen abgespaltene Geschichte
- Das von Menschen unabhängige Bild
- Geräusche
- Gerüche
- Das Körpergefühl
- Die Emotionen

Menschen, die einem Trauma ausgesetzt waren, können unter Schlafstörungen, plötzlichen Erinnerungen an das Ereignis, Konzentrationsschwierigkeiten, Albträumen usw. leiden. Philipp und Jana haben darüber keine Kontrolle. Sie leiden unter einer → posttraumatischen Belastungsstörung (PTBS[7]).[8] Wenn

---

6 Über die Authentizität von Erinnerungen an traumatische Ereignisse wird kontrovers diskutiert. Eine Gruppe bewertet solche Erinnerungen als Hirngespinste von verwirrten Menschen oder Suggestionen schlecht ausgebildeter Therapeuten (Loftus 1994). Auf der anderen Seite stehen ForscherInnen, die diese Erinnerungen, zumindest den Kern der Erinnerung, für authentisch halten (Elliot 1997, van der Kolk 2000). Bange beleuchtet diese unterschiedlichen Positionen und begründet weiteren Forschungsbedarf (Bange 2002, S. 61 ff.).

7 Die englischsprachige Schreibweise lautet PTSD = Post Traumatic Stress Disorder.

8 Die Kindertherapeutin Dorothea Weinberg (2005, S. 105) ordnet die Besonderheiten bei Kinder den Symptomgruppen der PTBS Kinder

z. B. Rückblenden auftreten, werden sie die gleichen Gefühle von Angst, Panik, Selbstwert- und Vertrauensverlust etc. auslösen:

> Maria kann nachts nicht einschlafen. Oft hat sie Albträume. Philipp dreht eines Abends (er hatte auch zu viele Biere getrunken) völlig ab. Apathisch sitzt er in einer Ecke, dann schreit er „Ich will die vielen Schwänze nicht mehr sehen", er weint und schreit. Philipp kann erst Stunden später wieder beruhigt werden. Laura kommt aus der S-Bahn, völlig durcheinander und voller Angst. Ein Mann sah aus wie ihr Stiefvater. Maria wimmert, als die Betreuerin aus dem Aufklärungsbuch für Kinder „Peter, Ida und Minimum" vorliest und Geschlechtsteile thematisiert werden. Maria kann sich danach nicht erinnern.

Philipp, Maria und Laura haben einen Flashback. Auslöser sind innere oder reaktivierende Reize in der Gegenwart, von denen aus assoziative Verbindungen zu Flashbacks bestehen, so genannte Trigger.

Der Flashback

Ein Flashback ist ein psychischer Zustand, in welchem Gedächtnisinhalte aus einer vergangenen Stresssituation Macht über Erleben und Verhalten in der Gegenwart bekommen:
- Bilder, Stimmen, Gerüche, Geschmacks- und Körperempfindungen von damals sind die Gegenwart.
- Überzeugungen über sich, andere Menschen und die Welt von damals gelten wieder.
- Die gleichen Gefühle sind wieder zu spüren.
- Die gleichen Verhaltensmuster werden wieder aktiviert, und/ oder

---

wie folgt zu: *Übererregung*: Nächtliches Aufwachen, Angst vor dem Zubettgehen, Hyperaktivität, Ungehorsam und schnelle Stimmungswechsel, Provokation von körperlichen Strafen und anderen Schmerzen. *Wiedererleben*: Posttraumatisches Spiel, Wiederinszenierung im Spiel, Albträume mit/ohne spezifischen Inhalt. *Vermeiden*: Abflachung des allgemeinen Reagibilität, Eingeschränkte Spielfähigkeit, Vermeiden von Ruhephasen, Sozialer Rückzug, Verlust von Entwicklungsfähigkeiten, Regression, Leben in heilen Fantasiewelten, Gefühle ständiger Langeweile und Leere.

– eine körperliche Stressreaktion wird ausgelöst, die den körperlichen Veränderungen in der vergangenen Stresssituation gleicht.

Auch eine allgemeine physiologische Erregung kann traumagebundene Erinnerungen auslösen. Auslöser warnen den Organismus so frühzeitig vor möglichen Gefahren psychischer Überlastung, dass sie ohne erkennbaren Grund zu Flashbacks mit starken Stressreaktionen und zum Rückgriff auf alte Verhaltensmuster (z. B. zu posttraumatischen Re-Inszenierungen) führen können. Die Konfrontation mit dem Trauma durch Auslöser kann zur signifikanten Verminderung des Sauerstoffverbrauchs führen. Das bedeutet wahrscheinlich, dass während der Aktivierung das Gehirn die Erfahrung in vollem Ausmaße wieder erlebt. Die Person kann auch physiologisch daran gehindert sein, die Erlebnisse in Sprache zu übersetzen (vgl. van der Kolk 2000, S. 216; Besser 2006, S. 141).
(Nach Schubbe 1996)

Gefühle plötzlicher Ohnmacht, extreme Ängste, Depressionen, Suizidimpulse, Schmerzempfindungen tauchen kontextentglitten wieder auf. Nicht konkrete Erinnerungen können lange Zeit unbewusst bleiben und plötzlich oder auch langsamer nach Jahren wieder auftauchen und erneut Stressreaktionen und Stresssymptome hervorrufen. Wahrscheinlich kommen Flashbacks häufiger vor, als wir annehmen und begleiten können.

Die Re-Inszenierung

Philipp und Jana haben in einer Situation fortwährender Störungen des inneren Gleichgewichtes Verhaltensstrategien entwickelt, mit denen sie in der traumatisierenden Umwelt überleben konnten. Heute drücken sie ihre Geschichten in Verhaltensweisen aus, eben jenen Verhaltensweisen, die von den Bezugspersonen und PädagogInnen mitunter kaum zu verstehen und schwer zu ertragen sind, sie re-inszenieren:

Philipp missbraucht im Heim jüngere Jungen, Jana macht den Pädagogen an, mischt pausenlos die Gruppe auf. Michael legt überall Feuer, Julia kotet ein, Sabine wäscht sich nicht. Laura will nach Hause, obwohl dort die Hölle ist. Martin findet am Hauptbahnhof jeden zweiten Tag neue Freier.

Jedes Verhalten dieser Mädchen und Jungen hat seine eigene Bedeutung:

> Philipp missbraucht kleinere Jungen, um Subjekt, um der Bestimmer zu sein. Jana sexualisiert die Beziehung zu dem Pädagogen, weil sie Beziehung so erfahren hat. Sie mischt die Gruppe auf, um die Standfestigkeit ihrer Pädagogin zu testen, um herauszufinden, wie lange sie zu ihr hält. Michael legt Feuer, um damit seine Angst, zum Teil Todesangst, zu bekämpfen. Julia kotet ein, weil sie Angst hat. Sabine wäscht sich nicht, weil sie gelernt hat, dass ihr Körper nichts wert ist. Laura will nach Hause, weil sie Angst um ihre alkoholkranke Mutter hat. Martin will Geld verdienen, um seinem Vater seine Lebenstauglichkeit zu beweisen.

Menschen re-inszenieren alle möglichen Erfahrungen, nicht nur die sexuelle Traumatisierung. Sie re-inszenieren auch, indem sie durch fortwährende Provokationen die PädagogInnen zu aggressivem Verhalten provozieren, zu einem Verhalten, das sie kennen und ihnen insofern ein Gefühl des Bekannten, von Sicherheit vermittelt. Re-Inszenierungen sollen das Erlebte darstellen, sie beinhalten die Hoffnung auf eine gute Wendung.

Die Re-Inszenierung der sexuellen Traumatisierung

> Der heute, zwei Jahre nach Beginn der Unterbringung, fünfjährige Michael nötigt ein vierjähriges Mädchen, seinen Penis in den Mund zu nehmen und sich dann auf ihn zu legen. Michael arbeitet dabei mit einem Geheimnis und einer Drohung. Auch Philipp missbraucht – fünfzehnjährig – einen elfjährigen Jungen seiner Gruppe. Er gibt zu, dass er dies früher schon mal gemacht hat. Philipp wird möglicherweise irgendwann wieder sexuelle Übergriffe starten. Wenn er keine kompetente Hilfe bekommt, besteht die Gefahr, dass er weiter in die Rolle des Misshandlers hineinwachsen wird.[9] Philipp kann formulieren, dass es ein Gefühl von

9 Die Mehrzahl jugendlicher Täter ist bereits als Kind durch sexuelle Übergriffe gegenüber Gleichaltrigen aufgefallen (vgl. Heiliger 1999). Viele erwachsene Missbraucher zeigten bereits im Jugendalter sexuell deviante Interessen oder Handlungen. Bullens spricht von 50 Prozent (Bullens 1998, Deegener 1999). 1996 waren nach der Polizeilichen Kriminalstatistik unter den Tatverdächtigen 16 Prozent unter 18, davon rund ein Viertel unter 14 Jahren (Landesregierung Schleswig-Holstein: Bericht sexuelle Misshandlung 1999, S. 15).

Macht war, das er gesucht und genossen hat. Laura prostituiert sich. Sie fühlt sich dabei schlecht, tut es aber immer wieder. Jana sexualisiert die Beziehungen zu ihren Pädagoginnen.

Die Re-Inszenierung der sexuellen Traumatisierung kann – als Gegensatz zu einem Flashback – als ein durch das Trauma erlerntes Rollenverhalten beschrieben werden. Re-Inszenierungen sind unvermeidbar: „Die Erfahrungen, die noch nicht verarbeitet sind, drängen nach Erledigung, damit die Gegenwart nicht von ihnen überlagert und verfälscht wird" (Reddemann/Sachsse 1997, S. 114). Die erlernten Verhaltensweisen und die gespeicherten Gefühle führen ein Eigenleben: „… jedes Element des komplexen Reaktionsgefüges besteht fort, meist in veränderter und übersteigerter Form, noch lange nachdem die akute Gefahr vorüber ist" (Herman 1994, S. 55). Manchmal sind die Erinnerungen an die traumatischen Erfahrungen verdrängt, die Gefühle ohne das Geschehen gespeichert. Manchmal bringen die Mädchen und Jungen ihr Verhalten damit selbst in Verbindung.

Über Abwehrmechanismen[10]

Um sich zu schützen, sind Erleben, die Gefühle und das Handeln der traumatisierten Mädchen und Jungen von spezifischen Abwehrmechanismen geprägt. Wenn man nicht physisch fliehen kann, wird man versuchen, psychisch zu fliehen. → Dissoziation, Fühllosigkeit einzelner Körperteile, Schmerzabwehr, Lähmung und Müdigkeit bis hin zur Persönlichkeitsspaltung sind als Überlebensmechanismen bekannt. Traumatisierte Menschen kompensieren chronische Übererregung durch „Abschalten". Sie vermeiden Stimuli auf der Verhaltensebene und betäuben sich emotional auf der psychophysiologischen Ebene. Dieses Verhalten wenden sie sowohl traumagebundenen als auch alltäglichen Erfahrungen gegenüber an:

Maria fühlte nichts bei heißem oder kaltem Wasser. Maria kann belastende Gefühle per Knopfdruck abschalten. Sie spürt keine Trauer, keinen Ärger. Maria ritzt ihre Arme und spürt nichts. An-

10 Im Kontext der PTBS sind Abwehrmechanismen der Symptombereich Vermeidung.

na weiß über einige Unternehmungen von sich nicht Bescheid, „das war ich nicht!“ Sie geht selten aus dem Haus und flieht vor allem Unbekannten.

Damals waren diese Abwehrmechanismen lebensnotwendig, heute können sie neues Leid produzieren. Was damals vorm Verrücktwerden schützte, kann heute verrückt machen.

Flashbacks, Re-Inszenierungen und die Abwehrmechanismen verstärken die Belastungen der Kinder. Sie erleben und handeln dann weiterhin in der emotionalen Umwelt des Traumas. Ihre für andere nicht nachvollziehbaren Handlungen belasten die aktuellen Beziehungen. Die Wiederholungen können neue und mehr Schrecken schaffen, sie verhindern korrektive Erfahrungen und das Erlernen von nichtschädigendem Verhalten. Das negative Selbstkonzept, die Beeinträchtigungen der Bindungsrepräsentationen und die Schrecken der Erinnerungsebenen lösen sich nicht von selbst auf. Im Gegenteil, die traumatischen Erfahrungen haben oft *Traumatische Erwartungen* zur Folge: „Im allgemeinen tragen traumatische Erfahrungen in der Kindheit zu einer Schematisierung der Welt bei, insbesondere was Sicherheit, Geborgenheit, Risiko, Verletzungen, Verlust, Schutz und helfendes Eingreifen angeht“ (Pynoss 2000, S. 285). Auch diese Schematisierung beeinträchtigt die Fähigkeit der Kinder Beziehungen aufzunehmen, sie schränkt ihren Erfahrungshorizont ein und behindert die Entwicklung eines positiven Selbstbildes. Offensichtlich beinhaltet eine Unterstützung zur Bewältigung der traumatischen Erfahrungen die Minimierung der Schäden durch Flashbacks, Re-Inszenierungen und schädlichen Abwehrmechanismen. Das Körpergedächtnis und die Abwehrmechanismen verweisen auch auf die Notwendigkeit einer kognitven Bewältigung – wann auch immer: *Das Trauma* (und damit auch die verschiedenen Erinnerungsebenen) *könne erst dann überwunden werden, wenn das Opfer in die Lage kommt, ein neues geistiges Muster zu entwerfen und es dann das Geschehene versteht* (vgl. Herman 1994).

Literaturtipps

Besser, L. (2006): Psychotraumata, Gehirn und Suchtentwicklung. In: Möller, C. (Hrsg.): Drogenmissbrauch im Jugendalter. Ursachen und Auswirkungen. Göttingen

Endres, M./Biermann, G. (Hrsg.): Traumatisierung in Kindheit und Jugend. München

Hüther, G. (2000): Die Folgen traumatischer Kindheitserfahrungen für die weitere Hirnentwicklung.
Hier finden Sie eine umfassende Aufzählung von relevanten Forschungsergebnissen. Dieser Artikel steht im Internet unter www. agsp.de/UB_ Veroeffentlichungen/Aufsatze/Aufsatz_34/hauptteil_ aufsatz_4html.

Hüther, G. (2002): und nichts wird fortan sein wie bisher. Die Folgen traumatischer Kindheitserfahrungen für die weitere Hirnentwicklung. In: PAN Pflege- und Adoptivfamilien NRW e.V: (Hrsg.): Traumatisierte Kinder in Pflege- und Adoptivfamilien. Ratingen

Streeck-Fischer, A. (2006): Trauma und Entwicklung. Frühe Traumatisierungen und ihre Folgen in der Adoleszenz. Stuttgart, New York

4. Exkurs: Das Trauma – eine Geschichte von Akzeptanz und Verleugnung

Eigentlich ist die Scheu, Traumata wahrzunehmen natürlich. Die meisten Menschen wollen Gewalttaten aus ihrem Bewusstsein verbannen. Professionelle HelferInnen, die durch ihren Beruf mit Traumata konfrontiert werden, werden mit der eigenen Verwundbarkeit in ihrer natürlichen Umgebung konfrontiert. Sie müssen sich mit der Fähigkeit des Menschen zum Bösen auseinander setzen. Das ist gerade dann, wenn Kinder betroffen sind, eine besonders schmerzhafte Auseinandersetzung. So ist die Geschichte der Wahrnehmung von Traumata auch die Geschichte einer periodischen Tabuisierung. Die gesellschaftlichen Reaktionen sind „... selten Ergebnis objektiver und rationaler Einschätzungen. Sie sind eher hauptsächlich Folge konservativer Impulse im Dienste der Aufrechterhaltung der Annahme, dass die Welt im Wesentlichen gerecht ist, dass ‚gute' Menschen ihr Leben im Griff haben und dass nur ‚schlechten' Menschen Schlimmes zustößt" (van der Kolk u. a. 2000, S. 51).

Die traumatische Realität kann nur dann im Bewusstsein bleiben und erforscht werden, wenn die gesellschaftliche Wirklichkeit dies zulässt. Wenn die Unterordnung von Frauen und

Kindern in einer patriarchalen Gesellschaft infrage gestellt wird, wenn Kriegsveteranen keine Helden sein müssen, wenn Folteropfer gehört werden, wenn Eltern nicht als Eigentümer ihrer Kinder gelten etc. und wenn Einzelne oder Gruppen von Betroffenen – wie z. B. von dem eigenen Vater sexuell missbrauchte Frauen – den Mut haben, auf sich aufmerksam zu machen.

Traumata werden seit Ende des 19. Jahrhunderts im Zusammenhang mit Kriegserlebnissen und sexueller Gewalt wahrgenommen. Im republikanischen und antiklerikal geprägten Frankreich im letzten Jahrzehnt des 19. Jahrhunderts wurde als das wahrscheinlich wichtigste Vermächtnis der Psychiatrie die Entdeckung des traumatischen Ursprungs der Hysterie durch den Arzt und Neurologen Jean-Martin Charcot (1887) in der Salpetrière (Krankenhausgelände in Paris) und seinem Nachfolger Pierre Janet möglich. Janet verdanken wir die erste umfassende Beschreibung der Wirkungen eines Traumas auf die Psyche. Er war der Auffassung, dass furchterregende Ereignisse und die dazugehörigen heftigen Emotionen dazu führen können, dass Menschen die Erinnerungen an diese Erfahrungen nicht in das Bewusstsein integrieren können. Janet beobachtete auch, dass seine Patienten durch Erinnerungen an die überlebten Traumata Reaktionen zeigten, die bei der ursprünglichen Reaktion eine Rolle gespielt hatten. Janet prägte den Begriff ‚Unterbewusstsein' als Ansammlung von Erinnerungen, die die Interaktionen von Menschen beeinflussen (Janet 1904).

Auch der Vater der Psychoanalyse, Sigmund Freud, begann hier seine Auseinandersetzung mit der Hysterie.

4.1 Freuds Entdeckung

Ende des 19. Jahrhunderts stellte Sigmund Freud bei weiblichen Patientinnen schwerwiegende traumatische Ereignisse, oft sexuelle Übergriffe, Misshandlungen und Inzest fest. In seinem Bericht über achtzehn Fallstudien *Zur Ätiologie der Hysterie* schrieb er 1896: „Ich stelle also die Behauptung auf, zugrunde jedes Falles von Hysterie befinden sich – durch die analytische Arbeit reproduzierbar, trotz des Dezennien umfassenden Zeitintervalls – ein oder mehrere Erlebnisse von vorzeitiger sexueller Erfahrung, die der frühesten Jugend angehören. Ich halte dies für eine wichtige Enthüllung, für die Auffindung eines *caput nili* der Neuropathologie“ (Freud GW I, S. 439). Freud wurde damit konfrontiert, dass sexuelle Gewalt gegen Frauen und Kinder auch in geachteten bürgerlichen Familien, in denen er in Wien praktizierte, vorkam und eine Ursache der damals weit verbreiteten Hysterie war. Seine Entdeckung konnte allerdings in einer patriarchalen Gesellschaft und in den Wiener Analytikerkreisen keine Anerkennung finden. Freud hatte mit der Veröffentlichung über sexuelle Gewalt als Ursache von Hysterie damals die äußersten Grenzen gesellschaftlicher Glaubwürdigkeit überschritten. Das ist wahrscheinlich einer der Gründe, warum er in den „Drei Abhandlungen zur Sexualtheorie“ (Freud 1904–1905, GW V) die Verführungstheorie öffentlich widerrief und Konzepte wie die ödipale Theorie und die ‚Abwehrhysterie’ entwarf: Die Frauen wünschten sich die sexuellen Begegnungen. Nicht die Abspaltung der nicht zu verarbeitenden Erinnerungen, wie Freud noch in seiner Schrift über die Ätiologie der Hysterie feststellte, sondern die Verdrängung inakzeptabler Triebwünsche, die bedrohlich auf das Ich wirken und die Abwehr gegen das Bewusstwerden dieser Wünsche mobilisieren, sei der zentrale pathologische Prozess des Traumas; sexuelle Gewalt gegen Kinder käme zwar vor, aber selten. Das neurotische junge Mädchen aber will seine eigenen sexuellen Wünsche nicht akzeptieren und erfindet sexuelle Gewalt in der Kindheit, um diese Wünsche zu verdecken.

Freud glaubte den Frauen nicht mehr die reale Erfahrung des Missbrauchs: „Als ich dann doch erkennen musste, diese Verführungsszenen seien niemals vorgefallen, seien nur Phantasien, die meine Patienten erdichtet, die ich ihnen vielleicht selbst aufgedrängt hatte, war ich eine Zeitlang ratlos“ (Freud 1925, GW XIV, S. 59). Zwar sei es nicht angemessen – so Judith Lewis Herman – diesen Widerruf als Akt persönlicher Feigheit und Skandal zu kritisieren, allerdings „nahm Freuds Zurückweisung der Traumatheorie immer mehr eine seltsam dogmatische Qualität an. … Mit unbeirrbarer Hartnäckigkeit, die ihn zu immer verwickelteren Theorien zwang, bestand er darauf, dass Frauen sich die missbräuchlichen sexuellen Begegnungen, über die sie klagten, einbildeten und wünschten" (Herman 1994, S. 32).

Später zweifelte Sigmund Freud an dem Widerruf,[11] dennoch prägte dieser lange Zeit die psychoanalytische Theoriebildung (vgl. Masson 1986). Mit seinem Widerruf brach die Hysterieforschung, die erste Traumaforschung, zusammen. Zu Gunsten der pathogenen Wirkungen von Fantasien wurden die pathogenen Wirkungen des realen Traumas vernachlässigt, Frauen als unter- oder fehlentwickelt bezeichnet. In Folge scheiterte auch der ungarische Psychiater Sandor Ferenczi 1932 auf dem Psychoanalytischen Kongress in Wiesbaden mit der These vom realen Ursprung des Traumas. In seinem Vortrag „Die Sprachverwirrung zwischen dem Erwachsenen und dem Kind. Die Sprache der Zärtlichkeit und die Sprache der Leidenschaft" berichtete er über die Hilflosigkeit des Kindes angesichts der Konfrontation mit einem Erwachsenen, der die Verletzlichkeit des Kindes und sein Bedürfnis nach Zuneigung missbraucht. Kinder erfahren Hilflosigkeit und Terror, ihr hauptsächlicher Abwehrmechanismus sei die „Identifikation mit dem Aggressor" (Ferenczi 1972 [1933], S. 308 f.). Dies kostete ihn seine Freundschaft mit Sigmund Freud, er wurde geschnitten, isoliert und lächerlich gemacht (vgl. Masson 1986). Die Doktrin des intrapsychischen Konflikts und der kindlichen Sexualverdrängung hatten – so van der Kolk u. a. (2000, S. 77) – alle anderen psychoanalytischen Denkrichtungen bis auf weiteres aus dem Feld geschlagen.

Die psychoanalytische Auffassung vom Trauma wurde in der Zeit nach Freud um die Psychologie der Objektbeziehungen, um den Aspekt der Beziehung, erweitert: Das Trauma liegt im

---

11 Der Kölner Psychotraumatologe Fischer hält den Vorwurf an Freud, dieser „habe mit der Hinwendung zu den Sexualphantasien der Kinder und ihrer eignen sexuellen Neugierde und Aktivität die Verführungstheorie außer Kraft gesetzt" für wenig überzeugend (vgl. Fischer/Riedesser 1999, S. 35). Freud habe diese Entdeckung weder dem gängigen Vorurteil opfern wollen, noch sie später als pauschal irrtümlich bezeichnet.

Beziehungsfeld und verändert die Beziehung zu den äußeren Objekten sowie den inneren Repräsentanten derselben. Die frühen Beziehungserfahrungen erhalten eine zentrale Rolle in der Entwicklung des Kindes als die ‚stützende Umwelt' (vgl. Winnicott 1974, Balint 1966). Ein Entwicklungstrauma entstehe, wenn die angemessenen Reaktionen auf die phasenadäquaten Bedürfnisse des Kindes durch die Bezugspersonen unterbleiben.

In der Zwischenzeit hat die Psychoanalyse obige Erklärung revidiert, sie weiß „... reale Angriffe von der Symbolik des Ödipuskomplexes zu unterscheiden" (Hirsch 1987). Vertreter der Psychoanalyse halten jedoch weiterhin an der ödipalen Rivalität von Tochter zur Mutter als Bestandteil eines Erklärungsversuches sexueller Gewalt fest.

Psychoanalytikerinnen beeinflussen die Theoriebildung des psychoanalytischen Frauenbildes, indem sie sich kritisch mit der überkommenen Sicht der Frau in der Psychoanalyse auseinander setzten (vgl. Chassequet-Smirgel 1974, Rohde-Dachser 1991). Die Analytikerin Alice Miller kritisierte in ihrem Buch *Du sollst nicht merken* Freuds Triebtheorie und seine Beschreibung der infantilen Sexualität (vgl. Miller 1981, S. 154). Sie distanzierte sich von Freuds Triebtheorie, da auf Grund ihrer Erfahrungen „ihre Funktion im ganzen Gefüge der gesellschaftlichen Verdrängung hervorzutreten scheint, ..." (Miller 1981, S. 67). Andere Psychoanalytikerinnen wie z.B. Ursula Wirtz in *Seelenmord. Inzest und Therapie* (1989) setzten sich mit den Folgen sexueller Gewalt, Inzest als Trauma und den Möglichkeiten der Bewältigung im Rahmen einer analytischen Therapie auseinander.

Literaturtipp

Die o. a. Kritik an Sigmund Freud ist nachzulesen u. a. bei:

Masson, J. M. (1986): Was hat man dir, du armes Kind, getan? Sigmund Freuds Unterdrückung der Verführungstheorie. Hamburg

4.2 Traumata in Folge von Krieg und Faschismus

Angesichts der aus den Weltkriegen heimgekehrten Soldaten wurde die Traumaforschung jeweils intensiviert. Nach dem Ersten Weltkrieg brachen in erschreckend hoher Zahl Männer zusammen, Krankenhäuser mussten rasch auf ihre Unterbringung vorbereitet werden. Kurze Zeit stritten sich konservative und fortschrittliche Psychiater über die Ursachen der ‚Kriegsneurose'. Dann schwanden das gesellschaftliche und das medizinische Interesse für psychische Traumata wieder. Der amerikanische Psychiater und Traumataforscher Abram Kardiner verfolgte weiterhin die Theorie der Kriegsneurose. Nach seiner Theorie bestand das traumatische Syndrom aus einer veränderten Vorstellung von der eigenen Person im Bezug zur Welt, die auf dem Fixiertsein auf das Trauma und auf dem Vorhandensein eines untypischen Traumlebens mit chronischer Reizbarkeit, Schreckreaktionen und explosiven aggressiven Reaktionen basiere. Dies sei Ergebnis der Tatsache, dass das Ich die Sicherheit des Organismus durch den Schutz vor Erinnerungen an das Trauma gewährleisten will. Er beobachtete ein Gefühl von Sinnlosigkeit, Rückzug und Isolation. Kardiner warnte in Abgrenzung zu Freud vor der Theorie des → ‚sekundären Krankheitsgewinns' als einzige Erklärung der Symptome. Einig mit Freud und Janet war er in der Annahme der Tatsache, dass die Menschen sich auch nach der traumatischen Situation so verhalten, als wäre diese Situation noch gegeben (vgl. Kardiner 1941).

Vor und nach dem Zweiten Weltkrieg konzentrierten sich amerikanische Forscher auf die stützende Kraft der emotionalen Bindungen zwischen den Soldaten und auf die Bedeutung der veränderten Bewusstseinszustände als vermittelnde Instanz. Hypnose, → Narkosynthese und → *talking cure* sollten durch ein nochmaliges Durchleben der traumatischen Erfahrungen mit den dazugehörigen Gefühlen schnell heilend wirken. Nach Kriegsende setzte die gesellschaftliche Amnesie wieder ein, die langfristigen Folgen von Traumata fanden weder medizinisches noch militärisches Interesse.

In einigen wenigen Studien wurden Langzeiteffekte traumatischer Erinnerungen bei Überlebenden des Holocausts und bei Menschen mit anderen Traumata, die mit dem Krieg zusammenhingen, untersucht. Die Untersuchungen von Menschen, die die Gefangenschaft im Konzentrationslager überlebt hatten, zeigten erneut schwere soziale, psychische, physische und existenzielle Folgen der überlebten Traumata und die Verminderung der Fähigkeit mit psychischen und physiologischen Belastungen umgehen zu können (vgl. Eitinger 1964, Krystal 1968). Der Psychoanalytiker Bruno Bettelheim war ein Jahr in den Konzentrationslagern Dachau und Buchenwald interniert.In der Abhandlung über „Individuelles und Massenverhalten in Extremsituationen“ beschrieb er 1940 bis 1942 das Verhalten von Menschen in extremen Situationen und verwandt den Begriff *Extremtraumatisierung*. „Die extreme Traumatisierung ist ein Erlebnis, dass … derart traumatisch war, dass es die Persönlichkeitsintegration entweder ganz oder zu einem erheblichen Grad erschütterte“ (Bettelheim 1982, S. 37). Das Extreme der Traumatisierung ist die Unausweichlichkeit, eine sozialpolitische Struktur, die sich auf die Zerstörung und Auslöschung einiger Mitglieder dieser Gesellschaft durch andere Mitglieder derselben Gesellschaft gründet. Bislang erfasse der Begriff Trauma nicht die bewusste Zerstörung von Menschen durch Menschen durch Kriegssituationen und politische Repression (vgl. Bettelheim 1982, Becker 2000). Die Beschädigungen können ohne ausreichende Berücksichtigung des äußeren Kontextes nicht verstanden werden (vgl. Becker 2000, der hiermit insbesondere das Konzept PTBS kritisiert).

Der Psychoanalytiker Keilson prägte im Zusammenhang mit den Folgen der Verfolgung der Juden den Begriff der „traumatischen Sequenzen“ bzw. der *sequenziellen Traumatisierung*. Er unterschied drei traumatische Sequenzen:

1. Die deutsche Besetzung der Niederlande mit dem beginnenden Terror
2. Die direkte Verfolgung
3. Die Nachkriegszeit, d. h. die Zeit nach den unmittelbaren traumatischen Ereignissen.

In der heutigen Misshandlungsforschung spielt diese „sequenzielle Traumatisierung“ (vgl. Keilson 1979) für das Verständnis der Kinder, die von körperlicher, sexueller und häuslicher Gewalt betroffen sind, eine bedeutende Rolle.

1970 machten Soldaten gegen den Vietnamkrieg, an dem sie selbst teilgenommen hatten, mobil. Sie gründeten eine Organisation ‚Vietnamveteranen gegen den Krieg‘, gaben ihre Medaillen zurück und boten an, öffentlich über Kriegsverbrechen auszusagen. In organisierten Selbsthilfegruppen konnten die Vietnamveteranen ihre traumatischen Erlebnisse erzählen. In beharrlichen Kampagnen schufen sie Unterstützungssysteme, die auch staatlich bezuschusst werden mussten. Psychische Traumata wurden erstmals als dauerhafte und unvermeidliche Spätfolgen des Krieges anerkannt. 1980 wurde das *posttraumatische Syndrom* in das offizielle amerikanische Handbuch seelischer Erkrankungen „Diagnostisches und Statistisches Manual Psychischer Störungen → DSM-III“ aufgenommen.

4.3 Sexuelle Gewalt gegen Frauen

Mitte der 1970er-Jahre wurden in den USA unter dem Einfluss der Frauenbewegung viele Forschungsarbeiten über sexuellen Missbrauch gegen Frauen verfasst. Die Frauenbewegung brachte das Thema, das Freud und das Patriarchat siebzig Jahre verdrängen konnten, wieder ins Bewusstsein. Die Soziologin Diana Russell kam in einer epidemiologischen Umfrage von 930 nach dem Zufallsprinzip ausgewählten Frauen zu erschreckenden Ergebnissen: Jede vierte Frau war vergewaltigt worden, jede dritte Frau war in der Kindheit sexuell missbraucht worden (vgl. Russell 1984). Untersuchungen zu den psychologischen Folgen von Vergewaltigungen zeigten die gleichen Symptome, die man bereits bei Kriegsveteranen beobachtet hatte. Judith L. Herman kommt 1992 als Resümee von zwanzig Jahren Forschung und therapeutischer Arbeit mit Opfern sexueller, häuslicher und politischer Gewalt in ihrem Buch *Die Narben der Gewalt* (dt. 1994) zu dem Ergebnis, dass diese eine große Anzahl identischer Symptome aufweisen.

In Deutschland thematisierten Frauen der neuen Frauenbewegung „Männergewalt gegen Frauen“. Frauenhäuser für misshandelte Frauen und Notrufstellen für vergewaltigte Frauen wurden eingerichtet. In der Bundesrepublik veröffentlichte 1982 die Psychoanalytikerin Alice Miller in der Frauenzeitschrift *Brigitte* „Die Töchter schweigen nicht mehr“, ein Artikel über sexuelle Gewalt von Vätern gegen Töchter. In Berlin entstand das erste Projekt gegen sexuelle Gewalt gegen Mädchen, *Wildwasser Berlin*. Betroffene Frauen organisierten Selbsthilfegruppen für Frauen, die als Mädchen sexuell missbraucht wurden.

4.4 Traumatische Erfahrungen von Mädchen und Jungen

In der Wahrnehmung der historischen Entwicklung spielt die Geschichte von Kindheit nur eine untergeordnete Rolle. In der historischen Perspektive wissen wir wenig über lebensgeschichtliche Risiken und Traumatisierungen von Kindern und darüber, wie dies in der Gesellschaft jeweils wahrgenommen wurde. Im Vergleich dazu spielten die Ausbeutung durch Arbeit und die Durchsetzung des totalen Gehorsams in der Geschichte der Pädagogik bereits recht früh eine Rolle. Die Sorge um Kinder jedoch war bis in das 20. Jahrhundert hinein auf verwaiste und ausgesetzte Kinder beschränkt. Charles Dickens z. B. beschrieb das Schicksal armer und ausgebeuteter Kinder. Erste Gesellschaften, die die Grausamkeit gegen Kinder bekämpften, wurden in England und Amerika in der zweiten Hälfte des 19. Jahrhunderts gegründet. In Frankreich veröffentlichte 1860 der Professor für Gerichtsmedizin an der Universität Paris Ambroise Auguste Tardieu eine gerichtsmedizinische Studie über Misshandlung und schlechte Behandlung von Kindern. Darin beschreibt er das ganze Spektrum sexueller und körperlicher Misshandlung hilfloser Kinder durch Erwachsene, oft durch die eigenen Eltern als Albtraum von Kindheit. Auch in Frankreich wurden Kinderschutzvereine gegründet.

Hundert Jahre später erwachte das Interesse am Kinderschutz neu. In einzelnen Kinderkliniken wurde vorsichtig diskutiert, dass Blutergüsse und multiple Knochenfrakturen von Kindern selten ohne Vorgeschichte körperlicher Traumatisierung möglich sind. Bis in die Sechzigerjahre des 20. Jahrhunderts wurde angenommen, dass körperliche Misshandlung von Kindern durch ihre Eltern selten sei. Vorsichtig wurde thematisiert, dass Eltern ihren Kindern gegenüber aggressiv oder nachlässig sein können, dass sie Alkoholprobleme haben können oder nicht in der Lage sind, ihre Kinder zu versorgen. 1962 veröffentlichte der amerikanische Arzt und Professor für Kinderheilkunde Henry Kempe gemeinsam mit anderen Kinderärzten den epochemachenden Artikel „The Battered Child-Syndrom" (wörtlich „Das Syndrom des zusammengeschlagenen oder verletztgeschlagenen Kindes"). Auch andere Formen von Traumatisierungen, z.B. Kindesvernachlässigung und ihre Ursachen, wurden wahrgenommen, ihre Verbreitung sowie Auswirkungen erforscht. Der britische Psychiater John Bowlby und das Ehepaar Robertson, im kinderpsychiatrischen Bereich spezialisierte Sozialarbeiter, beschäftigten sich mit der Bedeutung von Trennungen für die kindliche Entwicklung. J. Bowlby entwickelte in London die Bindungstheorie (Bowlby 1975).

Erst Mitte der 1970er-Jahre wurde Kindesmisshandlung in den meisten Ländern als ernstes Problem anerkannt. Der Psychohistoriker Lloyd De Mause (1974, dt. 1977) stellte die Leidensgeschichten von Kindern in einer Sammlung von Untersuchungen über das Leben von Kindern in verschiedenen Epochen der Geschichte unter dem Titel „Hört Ihr die Kinder weinen" dar. Die Juristin und Analytikerin Gisela Zenz (1979) erörterte im Kontext einer Auseinandersetzung mit der Entscheidungspraxis von Vormundschaftsgerichten zum Kindeswohl Erscheinungsformen von Kindesmisshandlung.

Ungefähr zur gleichen Zeit rückte der systemtheoretische Ansatz in den Mittelpunkt des Interesses. Er beschäftigt sich mit den gestörten Familienbeziehungen: Ein Familiensystem ist mehr als die Summe aller seiner Mitglieder, ein komplexes Gefüge. Das Verhalten der Einzelnen gegenüber den anderen Mitgliedern ist nicht in linearen Ursache-Wirkungszusammenhängen zu erklären. Es ist vielmehr eine komplexe „Antwort" auf das gesamte System und wirkt auch immer auf das gesamte System und somit nie nur auf ein einzelnes Mitglied, sondern auf alle ein. Interaktionsprozesse verlaufen nicht linear, sondern zirkulär. Diese Sichtweise führt zu weitreichenden Konsequenzen bezüglich der Vorstellungen über Entwicklungsprozesse und Veränderungsstrategien, auch z.B. über Verantwortlichkeit und Schuld.

Mehrere Ansätze einer Theorie familialer Gewalt (vgl. Wolff 1983; Faltermeier 1983; Honig 1986) erklärten Familienstrukturen, die zur Kindesmisshandlung führen. Die Erziehungswissenschaftler Wolff und Faltermeier deuteten Gewalt in der Familie als Folge einer unterprivilegierten sozialen Lage. Michael-Sebastian Honig definierte Geschlechterhierarchie und Generationskonflikt als wichtige Dimensionen familialer Gewalt, Gewalthandeln in der Familie sei Ausdruck des Wunsches nach Überwindung dieser Widersprüche kleinfamilialer Intimität. Die Folgen und Spätfolgen für die traumatisierten Kinder spielten in diesen Konzepten eine geringere Rolle.

Die Anerkennung des Ausmaßes von sexueller Gewalt gegen Mädchen und Jungen verlief in Deutschland als ein zuerst von der Kinderschutzbewegung abgetrennter gesellschaftlicher Erkenntnisprozess. Voraussetzung für die Enttabuisierung waren die Aktivitäten der Frauenbewegung der 1970er-Jahre, vor allem das Auftreten betroffener Frauen und die feministischen Projekte gegen sexuelle Gewalt. Im Zuge dieser Enttabuisierung sexueller Gewalt gegen Mädchen und Jungen beschäftigte sich die Fachöffentlichkeit dann relativ schnell mit den Auswirkungen der sexuellen Traumata auf die betroffenen Mädchen und Jungen. Die individuelle Perspektive, die Perspektive der Opfer gelangte in den Mittelpunkt des Interesses.

Wiederum aus den USA kamen wichtige Erkenntnisse über die Auswirkungen dieses und anderer traumatischer Ereignisse auf die Entwicklung der Kinder: Eliana Gil (1993) unterscheidet zwischen den Konzepten des gequälten Opfers und der unter einem Trauma leidenden Person. Ein Mensch wird während der traumatischen Erlebnisse auch zum Opfer. Ein Mensch kann Opfer sein, ohne unter einem Trauma zu leiden. Nicht jedes Trauma führt zu anhaltenden psychischen Störungen, zur Traumatisierung oder zu posttraumatischen Belastungsstörungen.

Amerikanische Psychiater und Vertreter der Humanistischen Psychologie kritisieren deterministische und mechanistische Vorstellungen, in denen die menschliche Psyche in beobachtbare bzw. zu deutende krankhafte Funktionsniveaus zerlegt wird. Sie erarbeiten ein Entwicklungskonzept (vgl. Judith

Lewis Herman 1994; Lenore Terr 1991; Mardi J. Horowitz 1978), das vor allem den Einfluss eines oder mehrerer Traumata auf die psychische Struktur und die Blockaden in der Entwicklung des traumatisierten Menschen erfasst. Sie schlagen die Verwendung von Begriffen wie ‚komplexe posttraumatische Belastungsstörung‘ vor. Auch der Kölner Universitätsprofessor und Psychotraumatologe G. Fischer spricht von ‚psychotraumatischer Belastungsstörung’ (Fischer/Riedesser 1999) anstelle von Posttraumatischer Belastungsstörung, um zu verdeutlichen, dass dies keine Störung ist, die nach einer Situation zurückbleibt, sondern eine Einwirkung, die ohne Hilfe bleibend in der Psyche fortwirkt. Fischer/Riedesser schlagen vor, zwischen allgemeinen und spezifischen psychotraumatischen Syndromen zu unterscheiden, um der Bandbreite möglicher Folgeerscheinungen des Traumas zu entsprechen (ebd., S. 41 ff.). Um den durch dauerhaften traumatischen Stress durch multi- und sequenzielle Traumata verursachten Veränderungen vieler Bereiche der Persönlichkeit Rechnung zu tragen, wird in der neueren Psychotraumatologie-Literatur diagnostisch häufig der Begriff DESNOS (*D*isorder of *E*xtreme *S*tress *N*on *O*therwise *S*pecified) verwandt, so Besser (2006, S. 151). Herman u. a. betonen die Bedeutung der zwischenmenschlichen Beziehung als zentrale Bedingung für Krankheit und Gesundung und die ganzheitliche systemische Selbstregulation. Zu ihren Grundannahmen gehört die Ressourcenorientierung, die an gesundheitsfördernde Prozesse anknüpft, um die Fixierung auf die durch den Schock erlittenen Defizite, die Fixierung auf die Opferrolle zu vermeiden.

Durch dieses neue Entwicklungskonzept werden frühere Konzeptionen, in deren Mittelpunkt Definitionen wie akute Traumata, chronische traumatische Umstände und Trauma-Typ I und Typ II standen, ergänzt. Dieses Konzept rückt die wechselseitigen Beziehungen zwischen Trauma und Entwicklung ins Zentrum und bezieht sich auf das gesamte Spektrum traumatischer Belastungen und gleicht auch die Beschränkungen der Diagnose PTBS (Posttraumatischen Belastungsstörung), die gerade die Belastungen der Kinder extrem unzureichend beschreibt, aus. Die Diagnose PTBS ist nicht entwicklungssensibel. Die meisten traumatisierten Kinder erfüllen nicht die diagnostischen Kriterien einer PTBS. Das bedeutet, dass die Diagnose einer PTBS die Vielzahl von Belastungen über kritische Entwicklungszeiträume hinweg nicht erfasst.

Neuere Fragestellungen und Kontroversen werden gerade im Hinblick auf die Wirkung traumatischer Erfahrungen auf Kinder zu einem fundierteren Verständnis führen (vgl. Herman 1994, S. 166; van der Kolk u. a. 2000):

Neuere Fragestellungen der Forschung zu kindlichen Traumata

- Die Auswirkungen der subjektiven kindlichen Wahrnehmung auf die Schwere des Syndroms
- Die Wirkungen kindtypischer Widerstands-, Belastbarkeits- und Anpassungsfaktoren
- Spezifische Entwicklungskonsequenzen wie z. B. erhöhtes Risiko für eine erneute Traumatisierung
- Der Einfluss von traumabezogener Vermeidung der Bezugspersonen
- Transgenerationale Aspekte
- Die Beziehungen unter Gleichaltrigen sowie das schulische Umfeld
- Die verstärkte kindliche posttraumatische Belastung
- Strategien zur Prävention und Intervention

2005 schlägt Bessel van der Kolk eine neue diagnostische Betrachtungsweise vor, die diese entwicklungsbezogenen Aspekte komplex traumatisierter Kinder berücksichtigt und nennt diese „Developmental Trauma Disorder“, Entwicklungstrauma-Störung. Möglicherweise wird dieses Konzept Bestandteil des → DSM V werden.

> „Das Trauma liegt nicht im Ereignis; es ist vielmehr so, dass sich das Trauma im Nervensystem befindet.“ (Levine/Frederick 1998: Trauma – Heilung)

Mit dieser Aussage begründet Peter Levine eine neue Sichtweise zum Thema Heilung. Er entwickelt eine körperpsychotherapeutische Form der Trauma-Heilung, Somatic Experiencing. Peter Levine und Maggie Kline (2004) unterscheiden anfängliche Traumasymptomgruppen wie Übererregung, Kontraktion, Dissoziation und Bewegungsunfähigkeit und → Sekundäre Traumasymptome. Dieses Konzept ist sehr gut geeignet, im Kontakt mit Kindern den Zugang zur Selbstbemächtigung herzustellen (vgl. Levine/Kline 2004, S. 105 ff, Weiß 2009 b).

Möglicherweise entwickelt sich aus all diesen Ansätzen eine Traumata-Theorie mit völlig neuem Erklärungswert für viele psychische/psychiatrische Störungen und in Folge auch mit weitreichenden Konsequenzen für die therapeutische und pädagogische Arbeit. Fast schon selbstverständlich sind in den letzten Jahren die Bemühungen geworden, bei Katastrophen traumatisierten Beteiligten und Helfern unmittelbar therapeutische Hilfe zukommen zu lassen.

In der Pädagogik zeigte sich über die Adaption therapeutischer Module in pädagogisches Handeln hinaus die Notwendigkeit zur Entwicklung eigener fachlicher Lösungsansätze: Wie kann der Umgang mit traumatisch belasteten Mädchen und Jungen in pädagogischen Arbeitsfeldern methodisch gestaltet werden? Wie können PädagogInnen z.B. in der Jugendhilfe auf die Bindungsmodelle der Mädchen und Jungen und die Übertragungen traumatischer Erfahrungen reagieren und sie in ihrer Entwicklung gut unterstützen? Mittlerweile sind unterschiedliche Konzeptionen entstanden, die in ihrer Komplexität heute als eigenständige Fachrichtung der Traumapädagogik verstanden werden.

5. Schlussfolgerungen

Traumatisierte Kinder, dies gilt umso mehr für chronisch und mehrfach traumatisierte Kinder, sind massiven Beeinträchtigungen ausgesetzt. Diese betreffen das Selbstbild, die Selbstwahrnehmung, die Fähigkeit zur Selbstregulation und die Beziehungsmuster. Traumatische Erfahrungen beeinflussen die Erwartungen der Mädchen und Jungen an sich, an das Leben und manifestieren sich in unterschiedlichen Erinnerungsebenen. Die Beeinträchtigungen beeinflussen die Persönlichkeitsentwicklung massiv. In Folge können sich Zukunftschancen und Lebensqualität von Kindern wie Jana und Philip entscheidend verringern.

Für Kinder wie Philipp und Jana ist es von Bedeutung, ob das Leben in Einrichtungen der Erziehungshilfe, in Pflegefamilien ein protektiver Faktor sein kann. Mit ihrer Unterbringung im Heim wurden die sexuelle und die körperliche Gewalt gegen sie erst einmal gestoppt. Julia, Sabine und Michael bekommen jetzt zu essen und haben ein anständiges Bett. Sie werden ausreichend versorgt, werden angesprochen und wahrgenommen. Die Erziehungswissenschaftlerin Luise Hartwig (1990) befragte zwölf Mädchen – alle waren sexuell missbraucht – nach den Vorteilen der Heimunterbringung. Sie betonen die Sicherheit vor weiterem Missbrauch durch Vater, Stiefvater oder Bruder, die Rückzugsmöglichkeit in ein eigenes Zimmer, Taschengeld und den Austausch mit anderen Mädchen. Das Leben im Heim ist für sie verlässlicher und strukturierter. Also, schon einmal ein Fortschritt. Doch dies wird nicht ausreichen.

Untersuchungen von Langzeitfolgen bei sexueller Gewalt verweisen auf Faktoren, die die Traumabewältigung fördern: „Teilnehmerinnen (der Untersuchung, Anm.d. Verf.), die heute eher unbelastet wirken, geben bedeutsam häufiger an, dass sie sich von der Ursprungsfamilie getrennt haben, Hilfe durch Gespräche mit nahestehenden Menschen gesucht haben und in einer guten Partnerschaft leben“ (Teegen u.a. 1992, S. 25). Die Unterstützung in den Erziehungshilfen ist also dann ein protektiver Faktor, wenn es gelingt, die Hinweise der Kinder auf Traumatisierungen wahrzunehmen, diese so früh wie möglich zu unterbinden und sie besprechbar zu machen. Heimerziehung kann eher als die traumatisierende Familie die Mädchen und Jungen bei Verstehens- und Bewältigungsversuchen unterstützen. Wenn im Rahmen der „Fremd“unterbringung gute, transparente und zuverlässige Beziehungen entstehen und Selbstermächtigungsprozesse unterstützt werden, dient dies der Korrektur der beschriebenen Beeinträchtigungen.

Auch Therapieerfahrungen, das Nachholen eines Schulabschlusses und ein positives sozial-emotionales und zugleich normorientiert-strukturierendes Erziehungsklima im Heim u.v.a. helfen den traumatisierten Kindern. Wenn dann die PädagogInnen die anstrengenden bis manchmal kaum aushaltbaren Verhaltensweisen auch als Reaktionen auf die traumatischen Erfahrungen, als Überlebensstrategien verstehen, nicht erneut diskriminieren und posttraumatische Stressstörungen der Mädchen und Jungen erkennen können, ist das ein wichtiger Beitrag zu einer positiven Entwicklung. Das Wissen um die unterschiedlichen Traumata und seine Auswirkungen wird diese Herangehensweise erleichtern. Dazu dienen auch Erkenntnisse der Bindungsforschung, der Neurobiologie und Wissen über Schutzfaktoren. Das Leben in stationären Einrichtungen der Jugendhilfe und in Pflegefamilien wird umso mehr zum protektiven Faktor, je mehr es gelingt, dieses Wissen in Sozialpädagogik, Pädagogik und Therapie zur Traumabewältigung zu nutzen.

Wenn auch klare Prognosen unmöglich sind und das Konzept der fachlichen Bescheidenheit Anwendung finden muss, bedeutet dies dennoch, dass Jugendhilfe Verantwortung hat, die für das Mädchen und den Jungen *weniger schädliche Alternative* zu finden. Das Wissen über die Beeinträchtigungen und die Berücksichtigung dessen im pädagogischen Handeln kann negative Auswirkungen wesentlich minimieren. *Kinder besitzen erstaunliche Kräfte, sich zu entwickeln. Sie brauchen Verbündete, die sie stärken, Verbündete, die sie schützen, und Verbündete, die sie auf ihrem Weg in eine selbstbestimmte Zukunft begleiten.*

Literaturtipps

Zur Vertiefung eignen sich folgende Standardwerke:

Herman, J. L. (1994): Die Narben der Gewalt. Traumatische Erfahrungen verstehen und überwinden. München

Egle, U. T.; Hoffmann, S. O.; Joraschky, P. (Hrsg.) (2000): Sexueller Missbrauch, Misshandlung, Vernachlässigung. Erkennung und Therapie psychischer und psychosomatischer Folgen früher Traumatisierungen. Stuttgart

Einen umfassenden Überblick über z. B. geschichtliche Dimensionen, Folgen von Traumatisierungen, differenzierte Traumadiagnostik, Psychophysiologie und mehr geben:

Van der Kolk, B.; McFarlane, C. A.; Weissaeth, L. (Hrsg.) (2000): Traumatic Stress. Grundlagen und Behandlungsansätze. Theorie, Praxis und Forschung zu posttraumatischen Stress sowie Traumatherapie. Paderborn

B Die Aufgaben der Pädagogik

Noch immer wird, wenn es um die Bewältigung von traumatischen Ereignissen geht, auf die Psychotherapie fokussiert, während die Möglichkeiten der Pädagogik nicht weiter in Betracht gezogen werden. Eine Pädagogin sprach dies in einer vor mir durchgeführten Befragung (vgl. Weiß 1999) offen aus: Die traumatischen Erlebnisse der Kinder an das therapeutische Setting zu delegieren sei eine Möglichkeit das eigene Entsetzen zu verdrängen. Die grundsätzlichen Fragen nach den Ursachen der Gewalt von Männern gegen Frauen, Mädchen und Jungen, von Gewalt Erwachsener gegen Kinder werden noch immer in den geschlossenen Raum der Therapie verlegt und damit auch verleugnet. Psychotraumatische Belastungen werden zu „reinen" Krankheitsphänomenen gemacht. Nicht zum ersten Mal werden so Phänomene aus dem gesellschaftspolitischen und dem allgemeinpädagogischen Bereich herausgegliedert: „Zappelphilippe" werden zu ADS-Fällen, Kinder, bei denen die Grundschulpädagogik scheitert zu Legasthenikern oder - in früheren Zeiten - traumatisierte Frauen zu Hysterikerinnen.

Für die Mädchen und Jungen hat dies zum Teil tragische Folgen. Anstatt die Möglichkeiten von Pädagogik und Therapie zur Korrektur der Folgen traumatischer Lebensumstände zu nutzen, wird zum Teil hilflos an den Symptomen der Mädchen und Jungen herumgedoktert. Traumaspezifische Re-Inszenierungen, Anlässe für Retraumatisierungen und Sekundärschädigungen werden aufgrund fehlenden Fachwissens und anderen Widrigkeiten nicht erkannt. Therapien werden nur in die Wege geleitet, wenn die Kosten von der Krankenkasse übernommen werden, Methode und Inhalt spielen eine untergeordnete, manchmal keine Rolle. Die spezifischen Belastungen der HelferInnen im Umgang mit traumatisierten Mädchen und Jungen werden nicht ausreichend wahrgenommen (Eberhard/ Eberhard 2000; Weiß 1999). Im Gegensatz zu der Annahme, nur durch therapeutische Hilfestellung seien traumatische Erfahrungen zu korrigieren (vgl. Krieger/Fath 1995), stellt die pädagogische Hilfestellung eine große Chance zur Unterstützung der Mädchen und Jungen dar. Die Beeinträchtigungen durch traumatische Erfahrungen wirken im Alltag. Die traumatisierten Menschen versuchen dies auch im Alltag zu bewältigen. Hier kann die Pädagogik wirksam unterstützen (vgl. AK der Therapeutischen Jugendwohngruppen 2009, Baur/Finkel/Hamberger 1998 u. a.)

Warum wir eine traumabezogene Pädagogik brauchen

Laut Untersuchen aus Deutschland und der Schweiz, sind über 75 % der Mädchen und Jungen in der stationären Jugendhilfe traumatisiert (vgl. Schmid et. all 2010, S. 238). Ihre Überlebensstrategien, ihre Art auf Beziehungsangebote der Pädagoginnen zu reagieren, die Übertragung traumatischer Erfahrungen auf heute und ihre Stressregulation überfordern zum Teil die PädagogInnen und Pädagogen in den Einrichtungen und auch soziale Fachkräfte in Bildungseinrichtungen wie Kindertagesstätten und Schulen. Durch die Ausbildung wurden und werden soziale Fachkräfte bisher nicht auf die Konfrontation mit traumatischen Erinnerungsebenen vorbereitet (Weiß, Kap. C). Die Überforderung führt auch dazu, dass „schwierige“ Kinder nicht gehalten werden und diese – unverstanden – unverhältnismäßig oft ihren Lebensmittelpunkt wechseln müssen. Spätestens seit der Enttabuisierung sexueller Gewalt beschäftigen sich Pädagoginnen und Pädagogen in Einrichtungen der Jugendhilfe und Pflegeeltern und ihre Beraterinnen mit der Frage, wie sie traumatisierte Kinder und Jugendliche – damals sexuell traumatisierte – im pädagogischen Alltag effizienter unterstützen können (Eberhard/ Eberhard 2002, Weiß 1996 u. a.). Ohne die Bedeutung der therapeutischen Bearbeitung schmälern zu wollen, bietet die pädagogische Unterstützung der Traumabearbeitung viele Chancen. Die PädagogInnen können den Betroffenen zur kognitiven Neuordnung ihrer Geschichte verhelfen, die Pädagogik bietet Möglichkeiten zur Unterstützung bei der Korrektur behindernder Selbstbilder und Verhaltensweisen und kann eine Orientierungshilfe für eine relativ selbstbestimmte Zukunft sein. Es geht um pädagogische Interventionen, die der psychischen und sozialen Stabilisierung traumatisierter Kinder dienen, ihre Eigeninitiative fördern, Isolation aufheben, den Zugang zu Bildung ermöglichen und ihnen „Spielräume“ zur Selbstfindung (Probehandeln, Lösungsstrategien, Rollenspiele etc.) anbieten. Traumapädagogische Interventionen sind „Interventionen vor Generalisierung und Chronifizierung der dissozialen Erlebnis- und Verhaltensstörungen“ (Eberhard/Malter 2000). In Bildungs- und Erziehungseinrichtungen, in denen traumatisierte Mädchen und Jungen lernen und leben, ist ein stabilisierender Umgang mit traumatischen Erinnerungsebenen wie z. B. Rückblenden und traumatischen Übertragungen ein wichtiger Beitrag. Ein von Fachkenntnis geleiteter Umgang der PädagogInnen und LehrerInnen trägt zur Beruhigung des Kindes und seiner Interaktion bei. Sein Sicherheitsgefühl und sein Selbstverständnis werden erhöht, die Möglichkeiten der sozialen Teilhabe gesteigert und seine Entwicklungsmöglichkeiten erweitert.

Eine Vermeidung von traumabezogenem Material (vgl. Denner 2003) ist in der stationären Jugendhilfe nicht möglich. Traumatisierte Kinder inszenieren ihre Geschichten, sie leiden unter nicht kontrollierbaren Erinnerungen (Flashbacks) und sie übertragen traumatische Bindungserfahrungen. Zusätzlich negiert eine strikte Trennung „Betreuen, Erziehen, Beschützen und Begleiten“ (Weinberg, S. 250) als pädagogische Aufgabe einerseits und Traumabearbeitung als therapeutische Aufgabe andererseits die vielen Möglichkeiten der Pädagogik und verzögert so eine umfassendere Korrektur z. B. von behindernden traumaspezifischen Einstellungen und Erwartungen der Mädchen und Jungen. Wenn – wie von Fachleuten immer wieder geäußert – als unabdingbare Voraussetzung für Traumabearbeitung „Geborgenheit, sichere Perspektive und stabile Zukunftsplanung“ (Denner 2003, S. 242) als notwendig erachtet werden, kann Jugendhilfe so lange keine Unterstützung zur Bearbeitung biografischer Traumen bieten. Was bedeutet die Delegation der Traumabearbeitung allein in das therapeutische Setting für betroffene Kinder wie Jana und Philipp? Lassen wir sie mit ihren Geschichten, ihren Überlebensstrategien, ihren durch das traumatische Lebensumfeld entstandenen Ängsten allein? Verweigern wir ein Gespräch über ihre Herkunft? Natürlich besteht eine Gefahr der Überforderung der PädagogInnen. Gerade deswegen sollte die Hilfe traumatisierte Kinder und Jugendliche von Beginn an von Kenntnissen aus der Psychotraumatologie geleitet sein und die Ziele der Selbstbemächtigung fördern. Ein noch so sorgsamer Umgang kann die Gefahr einer „Überflutung" von negativen Erinnerungen nur relativieren, aber nicht ausschließen. Sie kann jederzeit und überall passieren. Die PädagogInnen – und sicher auch die Mädchen und Jungen – müssen wissen, wie sie damit umgehen. Es geht um einen angemessenen Umgang mit diesen Ausdrucksformen der Not von Mädchen und Jungen. Die Berücksichtigung traumabezogener Bestandteile in der sozialpädagogischen Diagnostik ist zwingend.

Folgende Fragen dienen dazu:

Wie war das emotionale Umfeld des Kindes (Eltern, andere Bezugspersonen, Geschwister)?

- Was ist passiert?
- Wann ist es passiert? Was waren die Umstände (Drohungen, Einbindungen, Ängste etc.) der traumatischen Erfahrungen?
- Was waren/sind die Ressourcen des Kindes?
- Wie bewertet das Kind die Geschehnisse?
- Für wen hat das Kind Verantwortung übernommen?
- Welche Auswirkungen haben diese Erfahrungen auf das Selbstkonzept des Kindes? Welche traumabezogenen Erwartungen hat es entwickelt?
- Welche Bindungsrepräsentationen hat das Mädchen, der Junge entwickelt?
- Welche Normen über Geschlechter, Sexualität und Generationsgrenzen bringen sie mit?
- Welche Mechanismen des Selbstschutzes hat das Kind angewandt?
- Welche Symptome, z. B. Depression, schwere Trauerreaktionen, Phobien, selbst- und fremdschädigende Verhaltensweisen, Symptome der Übererregung, Dissoziation oder Erstarrung etc. hat das Kind, der Jugendliche entwickelt?
- Welche Erinnerungsebenen sind beeinträchtigend?

- Welche traumatischen Übertragungen sind im Alltag wirksam?
- Welche Gegenreaktionen spüren die Bezugspersonen?
- Einfluss der Kultur, der Gruppe bei Migrationshintergrund

Pädagogische Erörterungen heute kommen mit Blick auf die Auflösung sozialer Strukturen und die fortschreitende Individualisierung nicht umhin, die Anforderungen an die Identitätsarbeit als Zukunftsinvestition mitzudenken. Gelingende Identität unter diesen Vorzeichen bedeutet die innere Schöpfung von Lebenssinn, die Fähigkeit zur Selbstorganisation und Möglichkeit zur Selbsteinbettung (vgl. Keupp 2000) in soziale Bezüge, letzten Endes Ziele, die eine Traumabearbeitung voraussetzen bzw. beinhalten, Ziele, die auch auf eine gelungene Traumabewältigung hinweisen.

6. Die Traumapädagogik

Die aus oben dargestellten Überlegungen in Einrichtungen der Kinder- und Jugendhilfe, in Fortbildungen und auf Fachtagungen etc. entstandenen Begriffe wie traumabezogene Pädagogik, pädagogischer Umgang mit Traumata etc. werden 2008 ersetzt durch „Traumapädagogik“ Und so finden wir im 13. Kinder- und Jugendhilfebericht der Bundesregierung die Forderung nach mehr Traumasensibilität, d.h. die Einschätzung, dass „Erkenntnisse über Trauma“ expliziter als bisher für die Förderung von Kindern und Jugendlichen genutzt werden könnten. Dies hätte zu dem neuen Fachbegriff Traumapädagogik geführt (13. Kinder- und Jugendbericht, 2009, S. 239). Martin Kühn schlägt vor, „Traumapädagogik als Sammlungsbegriff für die im Besonderen entwickelten pädagogischen Konzepte zur Arbeit mit traumatisierten Kindern und Jugendlichen in den verschiedenen Arbeitsfeldern zu verstehen“ (Kühn 2008, S. 322), Konzepte wie z.B.

- die „traumazentrierte Pädagogik“ nach Uttendörfer 2008,
- Pädagogik des sicheren Ortes nach Kühn 2007,
- Konzept der Selbstbemächtigung nach Weiß 2009,
- Traumapädagogische Gruppenarbeit nach Bausum 2009,

- Stabilisierung und (Selbst-)Fürsorge für PädagogInnen als institutioneller Auftrag (Lang 2009),
- milieutherapeutische Konzepte (Gahleitner 2010).

Traumapädagogische Konzepte berühren alle Ebenen der Einrichtung. Ein sicherer[12] Ort für Kinder setzt die Sicherheit aller Akteure voraus, die Unterstützung von Selbstbemächtigung setzt selbstbemächtigte Pädagoginnen voraus. Deshalb plädieren Lang, Kühn u. a. dafür, die Mitarbeiterinnen und die strukturellen Abläufe mit in das traumapädagogische Konzept aufzunehmen (vgl. Kap. C, Lang 2011). Traumapädagogik ist nicht denkbar ohne Bezugswissenschaften wie Psychotraumatologie, Bindungs- und Resilienzforschung, Psychoanalyse und die therapeutischen Disziplinen. Traumapädagogik ist Bestandteil von Traumabearbeitung, eine umfassende Definition dieses Begriffes erweitert Handlungsspielräume (6.1). Zentrales Element ist die Haltung der erwachsenen Bezugspersonen gegenüber den lebensgeschichtlich belasteten Mädchen und Jungen (6.2). Traumapädagogik hat viele – vor allem pädagogische und psychoanalytische – Wurzeln (6.3). Erste Erfahrungen mit der Umsetzung von traumapädagogischen Konzepten beweisen die Wirksamkeit (6.4).

6.1 Eine Definition von Traumabearbeitung

Traumabearbeitung erfordert z.B. bei Naturkatastrophen nicht nur Erinnerungsarbeit, sondern auch – und vielleicht vor allem –, die Wiederherstellung von materieller Lebensqualität. Traumabewältigung bei politischen Repressionen erfordert auch eine politische, eine gesellschaftliche Bewältigung.[13] Für chronisch traumatisierte Mädchen und Jungen bedeutet Traumabewältigung den Wechsel aus der Opferrolle. Gerald Hüther bezeichnet als vielleicht wichtigstes Ziel die Veränderung der als Folge der Traumatisierung entstandenen Haltungen. Dazu

12 Die Begrifflichkeit „Sicherer Ort“ hat sich als Arbeitsbegriff mittlerweile eingebürgert. Ich möchte dennoch darauf hinweisen, dass es nur den „so weit als möglich sicheren Ort“ gibt.

13 Lesenswert hierzu: Medico International: Die Gewalt überleben. Psychosoziale Arbeit im Kontext von Krieg, Diktatur und Armut. Frankfurt am Main 2001.

zählt der Verlust von Vertrauen in und die Ablehnung von Sicherheit bietenden Beziehungen, die Abwertung von erworbenen Kompetenzen und von Sinn-bietenden Orientierungen (vgl. Hüther 2002a). Im Paradigma der Resilienzforschung z.B. steht nicht die pathogene Wirksamkeit von erfahrenen Traumata im Fokus der Aufmerksamkeit, sondern die Möglichkeiten gelingender Auseinandersetzung mit erschwerten Lebensbedingungen. Heilende Kräfte in der Persönlichkeit des Kindes oder der sozialen Umwelt werden gesucht und genutzt, um den Risiken langfristiger Schädigung bereits im Kindesalter etwas Positives entgegensetzen zu können (Fooken, Zinneker 2007). Maggie Kline und Peter Levine beschreiben in ihrem leider noch nicht übersetzten Buch „Trauma Through a Child's Eyes“ die Möglichkeiten Empfindungen im Körper zu verändern als die tiefste Ressource: „„… the best resource of all ist the ability of your body's sensations to change“ (2007, S. 137). Sie unterstützen seit vielen Jahren traumatisierte Kinder dabei, Körperempfindungen zu erkennen und so zu verändern, dass sie sich sicherer, wirkmächtiger und in Beziehungen aufgehoben fühlen. Die Erkenntnis des amerikanischen Gesundheitssoziologen Aaron Antonovsky (1999) bestätigen alte Weisheiten. Aaron Antonovsky untersuchte, was es Menschen ermöglicht in schwerem Leid und unter großem Stress eher gesund zu bleiben als andere. Dabei entdeckte er „eine gewisse Art in der Welt zu stehen“, und nannte diese Art „Sense of Coherence (SOC), das Kohärenzgefühl. Die innerliche Wahrnehmung und das Gefühl, dass die gegebene Situation eine Struktur und Bedeutung hat und es Möglichkeiten des Handeln gibt (Kohärenz-Sinn), kann die Mobilisierung innerer Kräfte anschieben bzw. stärken. Wenn dies dann noch in einer hilfreichen und stabilen Umgebung geschieht, haben traumatisierte Mädchen und Jungen möglicherweise das Erleben in einer kontrollierbaren Welt zu sein. Letztendlich verfügen wir über immer mehr Wissen über die Auswirkungen traumatischer Lebensumstände auf die Neurobiologie des Menschen. Diese betreffen sowohl die Entwicklung des Gehirnes als auch die Einwirkungen der Stresssituationen auf den Stoffwechsel etc. (vgl. Kap. 3). Auch dieses Wissen hat die Definition von Traumabearbeitung verändert. Aufarbeitung ist mehr als Aufdeckung und auch mehr als Traumaexposition. Traumabearbeitung beinhaltet.

- Die Veränderungen von dysfunktionalen Einstellungen und Überzeugungen
- Die Möglichkeit, das Geschehene in die eigene Lebensgeschichte einzuordnen
- Im Leben, im „Jetzt“ einen Sinn zu finden
- Körpergewahrsein und Körperfürsorge zu entwickeln
- Die Selbstregulation von traumatischen Erinnerungsebenen und traumatischem Stress
- Vertrauen in Beziehungen fassen
- Die Entwicklung einer respektierenden Haltung den eigenen Wunden/Schwierigkeiten/Beeinträchtigungen gegenüber
- Chancen für soziale Teilhabe erwirken

6.2 Die Haltung

Jeder Ansatz, jeder pädagogische, therapeutische, sozialpädagogische und auch sozialpolitische Ansatz muss von Respekt, Verständnis und der Bereitschaft zur Beziehung geprägt sein, soll er wirksam werden. Im Kontakt mit den lebensgeschichtlich belasteten Mädchen und Jungen bedeutet dies konkret:

- Ihre Verhaltensweisen sind normale Reaktionen auf eine extreme Stressbelastung.
- Sie haben für ihre Vorannahmen, Reaktionen und Verhaltensweisen einen guten Grund.
- Sie haben in ihrem Leben bislang viel überstanden und geleistet.
- Wir unterstützen sie bei der Entwicklung eines guten Lebens.
- Wir stellen unser Fachwissen zur Verfügung (Profis), sie sind die Experten für ihr Leben.

In der pädagogischen Praxis stellt sich die Umsetzung dieser Haltung als das schwierigste heraus. Neben dem psychotraumatologischem Wissen setzt diese Haltung die Reflexion des eigenen Menschenbildes voraus und ist letztendlich nur in einer Institution zu halten, die sich die Implementierung und

Pflege dieser traumapädagogischen Haltung durch die größtmögliche Unterstützung der PädagogInnen als ein wichtiges Ziel gesetzt hat (vgl. Kap. 16.2).

6.3 Die Wurzeln

Wenige Inhalte der Traumapädagogik sind neu. Wir finden sie z. B. in der Reformpädagogik, der Heilpädagogik und der psychoanalytischen Pädagogik. Ansätze einer *Reformpädagogik*, die „Erziehung vom Kinde aus" gehen bis ins 19. Jahrhundert zurück. In Zentrum der *Reformpädagogik* steht z.B. das Bemühen, durch erfahrungsgeleitete Erziehung demokratische Werte erlebbar zu machen. Pestalozzi benennt Vertrauen und Bindung als Voraussetzung allen erzieherischen Handelns. Janusz Korczak (1878–1942) betonte vor allem die Eigenwelt und das Eigenrecht des Kindes, d.h. die Beachtung der Individualität. „Hilf mit es selbst zu tun", die Maxime von Maria Montessori, stellt die Unterstützung des Pädagogen zur Selbstbemächtigung der Mädchen und Jungen in den Vordergrund. Andreas Mehringer, der ehemalige Leiter des Münchner Waisenhauses und Heilpädagoge bewertet vor 50 Jahren die Möglichkeiten der Pädagogik im Verhältnis zur Therapie: Problemkinder brauchen vor allem eins: „den therapeutischen Alltag von morgens bis abends" (Mehringer 1979, S. 6). Er entwirft *eine kleine Heilpädagogik* mit sieben Regeln. Die große *Heilpädagogik* ist die Therapie, ihre Grenze sei die Zeit: „Wenn Zeit mit das Wertvollste ist, was den Menschen gegeben ist, was ihnen gehört, so gilt das auch für die Kinder und ganz besonders für diese Kinder: zu ihrer Zeit, zur rechten Zeit brauchen sie die Hilfe" (a. a. O., S. 17). Die kleine Heilpädagogik sei nicht den Fachheilpädagogen vorbehalten, sie sei eben noch ein bisschen mehr Pädagogik, Pädagogik bei Kindern mit erschwerten Gewordenheiten, mit besonderen Erziehungsbedürfnissen.

Ansätze einer traumapädagogischen Unterstützung lebensgeschichtlich belasteter Mädchen und Jungen, die sich z. B. aus den Erkenntnissen der Psychoanalyse speist, reichen fast hundert Jahre zurück. August Aichhorn (1878–1949) entwickelte ein erstes Konzept *psychoanalytischer Pädagogik*. Er integrierte Freuds Übertragungskonzept in seine pädagogische Arbeit mit „verwahrlosten" Jugendlichen und Heranwachsenden. Die Berücksichtigung von Übertragungen, positiven als auch negativen und traumatischen Übertragungen ist zentraler Bestandteil psychoanalytischer Pädagogik. Auch Anna Freud widmete sich der Entwicklung einer psychoanalytisch orientierten Pädagogik (A. Freud 1971, Erstauflage 1935). Bruno Bettelheim ist wohl der bekannteste Vertreter psychoanalytischer Pädagogik. Nach seiner Emigration in die USA errichtete er die Orthogenic School der Universität Chicago für hochgradig emotional auffällige Kinder und entwickelte unter Berücksichtigung psychoanalytischer Erkenntnisse ein *Milieutherapeutisches Konzept:* „Emotional gestörte Kinder" brauchen „... eine ganz spezifische Umwelt ..., einen ganz besonderen sozialen Organismus, der die Matrix sein sollte, in der die Kinder anfangen konnten, ein neues Leben zu entwickeln." (Bettelheim 1991, S. 8) Ziel hierbei sei nicht, die Pädagogik durch die Therapie zu ersetzen, sondern alltägliche Situationen „heilsam" zu gestalten. Bettelheim verwendet die Begriffe „unkompliziertes" und „beschützendes" Milieu. Bruno Bettelheims zentrales Anliegen war es, den Kindern Beziehung und Strukturen anzubieten, die ihnen helfen, ihre gegenwärtige Welt neu zu ordnen und ein stärkeres Ich zu entwickeln. Fritz Redl, der in Wien zunächst mit August Aichhorn zusammenarbeitete und David Winemann führten ihr „pädagogisch-therapeutisches Konzept" 1946 im „Pioneer House", einem kleinen Erziehungsheim in einem Elendsviertel von Detroit ein. Langzeittherapie und die Gestaltung des alltäglichen Lebens haben einen gleichwertigen Stellenwert. In ihrem Konzept steht der absolute Schutz vor erneuter Traumatisierung im Vordergrund. Die Grundbedürfnisse nach Versorgung, Aktivität und Anerkennung müssen erfüllt werden. Zunächst treten die Pädagoginnen an die Stelle der noch nicht ausreichend entwickelten Ich-Funktionen, dann wird „Ich-Unterstützung" planmäßig gefördert. Sie stellen einen Lebensraum bereit, in dem das Kind es sich leisten kann, schädigende Abwehrhaltungen aufzugeben und heilsamere emotionale Bindungen einzugehen, „... ein echtes therapeutisches Milieu solle in ausreichendem Maße Bestandteile enthalten, die über das augenblickliche Niveau der von Pathologie her bestimmten Behandlungsmaßnahmen hinaus Wachstum und Wandlung unterstützen" (Redl 1987, 1971, S. 84). In allen diesen Konzepten spielt die Bezugsperson, die professionelle Bindung eine große Rolle, sodass unbedingt die Bindungstheorie als eine der Wurzeln von Traumapädagogik gelten muss. Die von Bowlby formulierten therapeutischen Aufgaben zur Bindungsgestaltung, die ich in Anlehnung an Mary Ainsworth als *professionelle Feinfühligkeit* bezeichnen möchte, gelten umso mehr für die Traumapädagogen (Bowlby 1995; Weiß 2009).

6.4 Die Wirksamkeit der Traumapädagogik

Die Fachdisziplin Traumapädagogik erfährt in der pädagogischen Fachöffentlichkeit zunehmende Aufmerksamkeit. Auf dem Hintergrund psychotraumatologischem Wissen gelingt es, das Verständnis für Mädchen und Jungen wie Philipp und Jana, ihren Verhaltensweisen und Vorannahmen, zu verbreitern. Die Bereitschaft und die Möglichkeiten extrem traumatisierte Kinder und Jugendlichen in Einrichtungen der Kinder- und Jugendhilfe zu halten, werden mehr. Einrichtungen, die sich mit dem Thema auseinandergesetzt und traumapädagogische Konzepte implementiert haben, berichten von einer höheren pädagogischen Wirksamkeit (vgl. Krautkämer-Oberhoff, Haaser 2011). Das professionelle Selbstverständnis der PädagogInnen erfährt eine angemessene Aufwertung. Die Erkenntnis, dass sie einen Hauptteil der Traumaarbeit leisten, erhöht ihr Selbstbewusstsein. Bleibt die Hoffnung, dass sich dies auch eines Tages in der Bezahlung und berufspolitischen und gesellschaftlichen Anerkennung niederschlägt. Traumapädagogik ist sowohl Bestandteil der Pädagogik als auch der Psychotraumatologie. Diese Fachdisziplin ist auch eine Grundlage der Diskussion mit den angrenzenden psychotraumatologischen Fachbereichen wie Kinder- und Jugendpsychiatrien etc. Vor diesem Hintergrund setzt sich immer mehr die Kenntnis durch, wie wichtig die Arbeit der und die Zusammenarbeit mit den PädagogInnen ist. Traumapädagogisches Wissen und traumapädagogische Methoden nutzen allen Kindern. In allen Einrichtungen der Kinder- und Jugendhilfe sollten dieses Wissen und die Methoden benutzt werden. Darüber hinaus wird es immer Gruppen für besondere Kinder und Jugendliche geben müssen, die einem spezialisierten Unterstützungsbedarf gerecht werden. Der Fachbegriff Traumapädagogik ist auch eine aktuelle Möglichkeit, die sozialpolitische Diskussion um die Verantwortung der Gesellschaft für ihre belasteten Mädchen und Jungen erneut zu führen und ihre Unterstützung angemessener zu leisten.

Es gibt weder Wunder noch Patentrezepte. Ich bin allerdings davon überzeugt, dass traumapädagogische Unterstützung, eine geistige Neuordnung des Geschehenen und die Korrektur von beeinträchtigenden Entwicklungsverläufen Teil von Traumabearbeitung und Unterstützung zu gelingender Lebensbewältigung sein kann und sein sollte. Ob und inwieweit Jana und Philipp dies nutzen können oder wollen, muss ihnen, ihrer Autonomie überlassen bleiben.

Literaturtipps

Aichhorn, August (1951): Verwahrloste Jugend. Ein Buch mit interessanten Einblicken in die Diskussion des Verhältnisses von Pädagogik und Psychoanalyse in den zwanziger Jahren und den Möglichkeiten einer psychoanalytischen Pädagogik.

Dörr, M. (2011): Psychoanalytische Pädagogik. In: Otto, H.-U./Thiersch, H. (Hrsg.): Handbuch Soziale Arbeit. Grundlagen der Sozialarbeit und Sozialpädagogik, 4. vollständig neu bearbeitete Auflage. München.

Hanstein-Moldenhauer, K./Moldenhauer, B./Wunsch, R. (2004): Pädagogik und Psychoanalyse. Von Bettelheim lernen.

Mehringer, Andreas (1979): Eine kleine Heilpädagogik. 6., überarb. Auflage

Redl, F./Wineman, D. (1951). Kinder, die hassen. Ein Buch mit diskussionswürdigen Konzepten zum Umgang mit aggressiven Kindern und Jugendlichen.

7. Im Wissen der Herkunft die Zukunft gestalten

Der Weg jedes Menschen in die Zukunft ist untrennbar mit der Herkunft verbunden. Je belasteter die Herkunft, desto eingeschränkter sind die Möglichkeiten und Vorstellungen der jungen Menschen über ihre Zukunft. Eine qualitative Untersuchung der Lebensentwürfe von sieben heimentlassenen jungen

Erwachsenen (vgl. Wieland u.a. 1992) macht dies eindrücklich deutlich. Die Lebensentwürfe der jungen Menschen kreisen im Wesentlichen um die Familie. Der Wunsch nach Anpassung und sozialer Integration prägt ihre Zukunftsvorstellungen. Sie wollen Kinder, um diesen zu ersparen, was sie erleben mussten. Ihre Geschlechtsrollen füllen sie herkunftsspezifisch aus. Die beruflichen Perspektivvorstellungen sind vorwiegend getragen vom Wunsch nach Anerkennung und sozialer Integration. Alle haben sie Zukunftsvorstellungen, die direkt die Herkunft berühren:

> Laura sucht eine Lebensperspektive, die auch die Rettung ihres jüngeren Bruders beinhaltet. Martin will schnell viel Geld verdienen, um nie mehr von irgendjemand abhängig zu sein. Sonja will den Stiefvater nicht anzeigen, damit die vier Geschwister ihren Vater nicht verlieren. Philipp (sechzehnjährig) will nach Hause, dort trinken alle, dort wird das Trinken nicht reglementiert.

Damit die Kinder nicht die Lebens- und Leidensgeschichte ihrer Eltern wiederholen und ihre Lebensplanung selbstbestimmter werden kann, benötigen sie Bewusstheit über diese Zusammenhänge. Eine Chance auf eine selbstbestimmte Zukunft haben Mädchen und Jungen, wenn es ihnen gelingt, sich von den Erwartungen der Eltern und von dem eigenen Anpassungsverhalten zu lösen. Wenn es z.B. gelingt, Bindungsmuster wie Angstbindungen (vgl. Nienstedt/Westermann 1989, S. 233 ff.) und → Parentifizierungen zu lösen, haben die Mädchen und Jungen freie Kapazität, sich auf das Hier und Heute zu konzentrieren.

> Julia (heute zehn Jahre alt) versorgte und schützte die Geschwister. Sie durfte nicht Kind sein, musste Leistung bringen um dazuzugehören, um etwas „wert“ zu sein. Im Heim übernimmt sie Arbeiten für die Gruppe und besteht darauf, die jüngeren Geschwister weiterhin zu versorgen. Ihr Wunsch, Kind zu sein, die Möglichkeit, sich entlastet auf altersentsprechende Entwicklungsaufgaben zu konzentrieren, ist auch im Heim in Gefahr. Jana, Laura und Philipp sind gebunden in Sorge um das Wohlergehen der Eltern. Sie fühlen sich schuldig für das, was sie erleben mussten.

Wenn sie über die unterschiedlichen Aufgaben und Verantwortungen der Generationen erfahren und damit von Schuld und Sorge entlastet werden, können sie eher neue Beziehungen aufnehmen. Sie können diese Beziehungen freier gestalten. Sie haben den Rücken frei für die Entwicklung selbstbestimmter Interessen. Berufliche Perspektiven, die Entwicklung der Geschlechtsrolle und der Sexualität können – da bewusster – *selbst*bestimmter gewählt werden. Verdrängung und Nichtwissen führen in der Regel zu Fantasien des Kindes, zu unrealistischen Halbwahrheiten. Es ist anzunehmen, dass viele Mädchen und Jungen die Trennung von ihren Eltern als Ausstoßung, als Beweis für das eigene Schuldigsein und ihren geringen Wert empfinden. Möglicherweise kommen Kinder und Jugendliche im Vergleich zwischen dem eigenen Zuhause und dem Heim zu dem Schluss, dass ihre Vergangenheit, ihr Herkunftsmilieu schlecht gewesen sei und dass dies bedeutet, dass sie selbst „schlecht“ gewesen sind (vgl. Conen 1996).

Gemessen an der großen Bedeutung, die die ursprünglichen Familienerfahrungen für die Gegenwart und die Zukunft der Kinder haben, kommt diese Vergangenheit in der Pädagogik nur unzureichend vor: „In der Heimerziehung kommt Vergangenheit regelmäßig nur als Material für den Therapeuten, Zukunft aber überhaupt nicht vor“ (Winkler 1988, S. 6). Die PädagogInnen begründen diesen Mangel mit der Angst vor Stigmatisierung: „Ich möchte das Kind kennen lernen ohne Vorwissen und wehre mich gegen Festschreibung“ und „Dann kann ich auch den Mädchen einen Vertrauensvorschuss geben“. Aber warum soll ein Aktenstudium einen Vertrauensvorschuss verhindern oder das Interesse an der Sichtweise der Beteiligten beeinträchtigen? Es muss andere Beweggründe für die Abwehr geben:

> „Je mehr ich von der Vorgeschichte der Kinder kannte, desto gespaltener war ich. Ich wollte die Missbrauchserlebnisse von Christian nicht wissen, um mit ihm frei und unbelastet umgehen zu können. In Wahrheit ist es mir aber nicht gelungen. Gerade beim Christian passierte es mir häufig,

dass ich ihm Sachen habe durchgehen lassen, einfach weil ich dachte: Was hat dieses Kind alles durchgemacht."[14]

Die Lebensgeschichten sind sehr belastend. Die PädagogInnen wollen sie vergessen:

„Was mir hilft, ist, dass ich das im Umgang mit dem Kind auch sehr schnell wieder vergessen kann."

Obwohl die Lebensgeschichten der Kinder in der Heimerziehung und die theoretischen Kenntnisse und Ergebnisse aus der Forschung wertvolle Hinweise für die Unterstützung der traumatisierten Mädchen und Jungen in der Pädagogik geben und – das beweist die Praxis – die Bezugspersonen damit entlasten (vgl. Weiß 1999), wird das „Furchtbare" immer wieder an die Therapie delegiert. Der Erziehungswissenschaftler Klaus Wolf (2000, S. 20) wertet die Tatsache, dass Kinder und Jugendliche in der Heimerziehung sein Interesse an ihrer Lebensgeschichte ungewöhnlich fanden, als einen Hinweis auf eine Mangelsituation. Eine Sichtweise, die Vergangenheit ausblendet, bedarf einer Korrektur. Die Bearbeitung der Trennung und der Blick auf die lebensgeschichtlichen Erfahrungen sind für Kinder wie Jana und Philipp direkte Bindeglieder zu einer möglichst selbstbestimmten Zukunft.

7.1 Trennung als Chance

Oft ist die Trennung von einem gewalttätigen und vernachlässigenden Elternhaus eine notwendige Bedingung für viele Mädchen und Jungen, um unter günstigeren Bedingungen aufzuwachsen, frühe Traumatisierungen zu verarbeiten und die Behinderungen in der Persönlichkeitsentwicklung zu korrigieren. Ob diese Trennung zur Chance wird, hängt auch von der Berücksichtigung folgender Punkte ab:

1. Wenn die Existenz bestehender psychischer Bindungen, die Existenz von Angstbindungen, Parentifizierungen und die Geschichte der Kinder nicht berücksichtigt werden, stehen

14 Dieses Zitat und folgende Aussagen von PädagogInnen stammen aus meiner Studie (Weiß 1999).

dieser Chance neue Gefährdungen bzw. Behinderungen entgegen.

2. Retrospektive Nachfragen belegen, dass die Bewertung der Heimerziehung auch davon abhängig ist, ob die Mädchen und Jungen die Trennung als Unglück, Unrecht oder Rettung bewerten.

Gelingt es Philipp und Jana, sich für den Zusammenhang von altem und neuem Zustand einen lebensgeschichtlichen Sinn zu erschließen? Ein lebensgeschichtlicher Sinn, der Jana und Philipp nicht noch mehr mit Schuldgefühlen und Schamgefühlen belastet: „Je mehr Kinder und Eltern in Trennungskonflikten in der Lage sind, das Geschehen nach der eigenen wie der fremden Beteiligung hin zu verstehen, und je mehr es ihnen gelingt, diesem Sinn einen symbolischen Ausdruck zu geben, in dem Wunsch und Realität balanciert werden können, desto geringer sind die Gefahren einer Traumatisierung und desto größer die Chancen, dass Trennungen zu einem reiferen und kohärenteren Selbst- und Objektkonzept führen.“ (Maywald 1997, S. 30) Die Kinder und Jugendlichen mühen sich meist intensiv um eine Klärung der Trennung. Sie möchten wissen, was sie den Eltern eigentlich bedeuten. Auch die Bedeutung des neuen Lebensmittelpunktes, die Möglichkeit neue, die negativen Erfahrungen korrigierenden Beziehungen eingehen zu können, hängt davon ab, ob es gelingt, sich einen Sinn der Trennung zu erschließen.

Gelingt es Philipp und Jana ein Kohärenzgefühl zu entwickeln, das Gefühl, dass die gegebene Situation Bedeutung und eine Struktur hat, dass es Sinn macht, jetzt in dieser Einrichtung zu leben? Ein Sinn, der Zukunft ermöglicht, weil er Vergangenheit bewältigt?

Der Schutz vor weiteren Bedrohungen und die Gelegenheit für ein selbstbestimmteres Leben ist ein solcher Sinn. Er kann aber nur dann erfasst werden, wenn für die Mädchen und Jungen die Möglichkeit besteht, von ihrer Welt zu berichten, „… einer Welt, in der verschiedenste Gefahren lauern und in der Vorstellungen von Gewalt und Verlust und Trennung dominieren“ (Kempe/Kempe, zit. n. Zitelmann 2001, S. 254). Nicht umsonst zählt die Möglichkeit der Realitätsanerkennung als Resilienzfaktor.

Die Gewalterfahrungen dürfen, ja sie sollen von den PädagogInnen angesprochen werden. Alltagserfahrungen zeigen, dass Kinder häufiger das Gespräch über diese Gewalterfahrungen suchen. Allerdings müssen die Grenzen und die Dilemmata des Redens oder Schweigens beachtet werden. Die Argumentation, die Mädchen und Jungen sollen jetzt erst mal in Ruhe gelassen werden, sie sollen in ihrer neuen Umgebung unbelastet sein, vergibt diese Möglichkeit. Gerade diesen Inhalten sollte im Aufnahmeverfahren – unter Beachtung der Grenzen der Mädchen und Jungen – eine besondere Bedeutung zukommen. Und es bedarf der Gelegenheit, über Sehnsucht nach Familie, nach Geborgenheit, über Enttäuschungen, über Schuld, Scham und Ambivalenzen zu reden und zu trauern.

Die erste Zeit in der Einrichtung bedarf einer besonderen Sorgfalt. Julia, Sabine und Michael haben Angst. Sie wissen nicht, was geschehen ist. Andere, fremde Menschen maßen sich an, Autorität über sie auszuüben. Das ist äußerst verwirrend. Julia, Sabine und Michael fragen sich, warum sie hier sind. Wenn sie doch nur etwas lieber zu Mama gewesen wären? Sie suchen die Schuld in ihrem Verhalten. Für ihren weiteren Lebensweg hat das Aufnahmeverfahren eine Schlüsselfunktion.

Das Mädchen, der Junge im Aufnahmeverfahren

1. Die Verarbeitung der Trennung
Sie brauchen Unterstützung bei der Sinnfindung der Trennung und der Verarbeitung und Klärung der unterschiedlichen Gefühle und Ambivalenzen. Vor allem aber müssen die Schuldgefühle thematisiert werden. Die Klärung folgender Fragen sollte altersentsprechend relativ zeitnah erfolgen:

- Warum bin ich hier?
- Welche Bilder haben die Mädchen und Jungen über das, was nun in der Familie geschieht?
- Wie bin ich an Zuhause gebunden, bzw. warum nicht?
- Welchen Sinn hat die Trennung von Zuhause?
- Was möchte ich von meinem Leben?

- Wie kann ich hier dazu profitieren?
- Was brauche ich hier, damit es mir gut geht?
- Was sind meine Rechte?
- Gibt es ein Symbol, vielleicht ein Lieblingsspielzeug etc., das eine Verbindung zwischen dem alten und dem neuen Lebensort darstellen kann?

2. Für die zielgerichtete Hilfe ist eine umfassende, differenzierte, traumabezogene und handlungsorientierte Diagnostik nötig.
In der ersten Hilfeplanung geht es auch darum herauszufinden, welche „Merkmale das von ihnen zu arrangierende Lernfeld auf keinen Fall haben darf, weil es an extrem belastenden Lebenserfahrungen des Kindes anknüpft …" (Wolf 1998, S. 51). Es geht dabei auch darum, individuelle Auslöser (vgl. Kap. 3.3, 10.1) von belastenden Erinnerungen zu erfragen.

3. Die Wahl der BezugserzieherIn sollte sorgfältig – der Bedeutung einer ‚exklusiven Beziehung' (vgl. Kap. 7) entsprechend – vonstattengehen:
Als Optimierung der Wahlmöglichkeiten schlagen Wieland u. a. vor, dass die ersten Kontakte im bisherigen Umfeld des Kindes stattfinden (1992, S. 116), danach ein Besuch oder Probewohnen stattfindet, bevor es zu einer endgültigen Entscheidung über die Aufnahme des Kindes in eine Einrichtung, in eine Gruppe kommt. Dies ist dann möglich, wenn die Kinder nicht akut bedroht sind. Vielleicht kann das Kind sich zu Beginn für eine BezugsbetreuerIn entscheiden, vielleicht ist es am Anfang überfordert. Dann muss eine spätere Entscheidung oder Korrektur möglich sein.

Neben Einzelkontakten bietet auch die Gruppenpädagogik Möglichkeiten, den Sinn dieser Trennung zu erschließen:

Zeshan lebt in einer Schichtgruppe mit acht anderen Jungen im Alter von sechs bis dreizehn Jahren. So ganz genau wissen die Jungen nicht, warum sie nicht zu Hause leben und wie sie sich im Heim fühlen sollen. Die Rede ist oft vom Scheißheim, obwohl sie sich dort offensichtlich auch wohlfühlen. Die PädagogInnen beschließen, mit den Jungen den Sinn der Trennung zu thematisieren. In vier Gruppenbesprechungen reden sie über Plus und Minus der Heimunterbringung, über Familie und über den realen Verlust. Die Jungen erzählen von ihren Wunschvorstellungen und ihren inneren Bildern über Familie, die PädagogInnen informieren

> über Familienrealitäten. Um den realen Verlust der Jungen ernst zu nehmen und zu thematisieren, organisieren die PädagogInnen eine „Jammersession". Alle neun Jungen jammern darüber, dass sie nicht zu Hause, am besten mit den Eltern als Bilderbucheltern leben können. Das gemeinsame Jammern macht ihnen offensichtlich Spaß. Der Ernst der Situation wird trotzdem nicht negiert.

Die so wichtige Frage „Warum bin ich hier?" kann also auch ohne zeitaufwendige Einzelgespräche oder als wertvolle Ergänzung bearbeitet werden. Das Zusammensein der Jungen gerade zu dieser Frage entlastet sie, weil sie Gemeinsamkeiten erkennen oder auch erfahren, dass sie über derartig schwierige Herz- und Kopfangelegenheiten sehr gut miteinander reden können.

7.2 Die Wahrheit ist dem Menschen zumutbar?

Philipp kann nur durch die Auseinandersetzung mit seiner Herkunft erfahren, wer er eigentlich ist. Diese Auseinandersetzung ist anstrengend. Deswegen gilt hier noch mal im Besonderen: Jeder Mensch hat das Recht, sein Tempo selbst zu bestimmen. Die Auseinandersetzung darf die Fähigkeiten innerer Verarbeitung nicht überschreiten. Unter Beachtung dieser Prämissen haben die PädagogInnen Einfluss darauf, ob Philipp sein Ich findet und Jana das Gefühl, ganz zu sein, wieder erlangt. Sie können Möglichkeiten anbieten, die Philipp die Suche nach seinem Ich erleichtern. Eine Aufgabe der Pädagogik ist es, die Mädchen und Jungen bei einer kognitiven Neuordnung ihrer Lebensgeschichte zu unterstützen. Die Gefühle und das damalige Erleben werden nicht zum eigentlichen Gegenstand der pädagogischen Bearbeitung.

Die Auseinandersetzung mit Familie an sich und mit der konkreten Familie

Die kognitive Neuordnung umfasst eine allgemeine und die konkrete Auseinandersetzung mit Familie. Die Kinder aus der Heimerziehung orientieren sich im besonderen Maße an dem Idealbild der Familie als dem Normalfall der Sozialisation. Alle Kinder sind durch das Idealbild von Familie durch die Medien beeinflusst. So kommen Philipp, Jana und Julia zu dem Schluss, die meisten Familien – ausgenommen ihre eigenen – sind ganz toll:

> Die drei Geschwister Julia, Sabine und Michael kamen aus einer völlig anderen Welt. Ihre Familie – wie die meisten Familien traumatisierter Kinder – war isoliert: Die Geburtstage und Weihnachtsfeste waren dramatisch und voller uneingelöster Erwartungen. Die Angelegenheiten der Kinder wie Kindergartenfeste, Elternabende etc. spielten keine Rolle, gemeinsames Essen fand nicht statt. Sabine, Julia und Michael merken im Kontakt mit anderen Kindern, dass in ihrer Familie vieles, wenn nicht alles anders war. Sie fühlen sich nicht dazugehörig, unzulänglich und irgendwie anders.

In der alltäglichen Pädagogik und mit Hilfe von themenspezifischer Gruppenpädagogik können die Vorstellungen über die Idealfamilie korrigiert werden, z. B. durch das Aufgreifen von Familienbildern aus den Familienserien. Die Erfahrung in der Gruppe – andere Mädchen und Jungen kommen auch aus Familien, in denen vieles anders war – entlastet von Scham und Schuld. Das Gefühl des Andersseins, des Nicht-dazu-Gehörens, wird relativiert. Jana und Philipp haben nun einen leichteren Zugang zur individuellen Auseinandersetzung mit ihren Eltern, mit ihrer Herkunft.

Die Generationsgrenzen vieler Mädchen und Jungen sind verschoben:

> Jana entschuldigt viele Untaten ihrer Stiefmutter damit, dass sie, Jana, böse war und Schläge, Isolationshaft und extreme Vernachlässigung verdient habe. Julia ist der Meinung, es sei ihre Aufgabe, ihre beiden Geschwister zu versorgen. Laura will ihre alkoholkranke Mutter beschützen.

Sie brauchen eine Korrektur. Jana erfährt, dass Erwachsene für das Wohlergehen der Kinder, ihrer Kinder verantwortlich sind und dass dies auch im Gesetz steht. Oftmals allerdings genügt dies nicht. Parentifizierte Kinder brauchen zur Entlastung einen Hinweis, wie oder wer Geschwister und Mutter unterstützen kann:

Anna sorgt sich um ihre jüngere Schwester. Diese lebt zu Hause und erwartet – fünfzehnjährig – ein Kind. Die alkoholkranke Mutter redet dieser ein, sie beide können dieses Kind schon versorgen und erziehen. Anna weiß, dass dies nicht funktioniert. Erst ein Gespräch mit ihrer Sozialarbeiterin kann sie von der Übernahme der Verantwortung entlasten.

Es gibt unterschiedliche Methoden der individuellen Auseinandersetzung mit der Herkunftsfamilie. Sie begleitet den pädagogischen Alltag durch Telefonate und Briefe der Eltern und durch persönliche Kontakte. Manchmal ist sie ein innerer Dialog mit Unterstützung einer Therapeutin, manchmal → Genogramm- oder Biografiearbeit, die Erstellung eines Zeitstrahls als Vorbereitung zur Hilfeplanung, die Vorbereitung des eigenen Geburtstagsfestes oder die Auseinandersetzung mit den realen Eltern. Ob nun PädagogInnen oder TherapeutInnen diesen Weg unterstützen, die Voraussetzung dafür ist eine tragfähige Beziehung zwischen dem Kind und der Bezugsperson, der Schutz vor weiteren Misshandlungen und die Beachtung der inneren Möglichkeiten des Kindes.

Die Auseinandersetzung der Mädchen und Jungen mit ihren konkreten Familien erfordert die Bereitschaft der PädagogInnen und anderer Bezugspersonen, die Mädchen und Jungen zu begleiten. Dies beinhaltet das Ansprechen der Gewalterfahrungen. Kinder brauchen Unterstützung, um die Einzelheiten traumatischer Erfahrungen aufzuklären und deren Kontext und Bedeutung zu verstehen. Das korrigiert die kognitive Verwirrung. Kinder wie Jana und Philipp brauchen die Erlaubnis, Mutter und Vater (Täter, Dulderin oder Mittäterin) vermissen zu dürfen. Die Ambivalenzen der Kinder, die Trauer über das Verlorene und Wut sind Gefühle, die die PädagogInnen dann vielleicht aushalten müssen.

Die Entidealisierung muss behutsam vor sich gehen, damit ein wichtiges Ziel – die eigene Herkunft und das eigene Milieu akzeptieren können – erreicht werden kann:

Sonja dreht mit ihrer Pädagogin einen Film über wichtige Stationen ihres Lebens. Sie beginnen den Film an Sonjas Grundschule, eine Lehrerin hatte Sonja gemocht. Sie filmen das Wohnhaus ihrer Familie, „das Schreckenshaus“, sie besuchen das Grab ihrer Oma. Sie besuchen die Lehrerin, an die sich Sonja um Hilfe gewandt hatte. Sonja hütet den Film wie ihren Augapfel, er ist ihre Zusammenfassung über Gutes und Negatives, vor allem über Gutes ihrer Kindheit.

Alle Menschen brauchen positive Wurzeln. „Das war gut in meinem bisherigen Leben“, ist ein bedeutender Inhalt dieser Arbeit. Julia liebt ihre Geschwister, Philipp einen Lehrer. Manchmal ist es das Grab des geliebten Opas, manchmal der Kindergarten oder die Schule, in denen sie sich wohl fühlten. Manchmal sind es Großeltern, Verwandte. Die sinnliche Erfahrung einer positiven Wurzel kann durch den Kontakt mit einem konkreten Ort oder einer Person erzielt werden. Allerdings darf die Suche nach einer positiven Wurzel nicht zur Verschleierung von Realitäten verkommen:

Die dreizehnjährige Laura ist auf der Suche nach ihren familiären Wurzeln. Die HelferInnen versuchen seit drei Jahren, die Mutter davon zu überzeugen, dass sie sich um Laura kümmern soll. Mal will die Mutter, mal will sie nicht. Häufig ist sie betrunken. Bei den Besuchswochenenden lässt sie Laura alleine zu Hause, um weiter zu trinken. Sie verbietet Laura die Therapie und auch den Besuch bei ihrer älteren Schwester, obwohl diese Laura eigentlich großgezogen hat. Drei Jahre rennt Laura nun ihrer Mutter hinterher und wird jedes Mal enttäuscht. Sie wird in ihren Empfindungen nicht ernst genommen. Die HelferInnen setzen allein auf den Kontakt zur Mutter. Sie unterstützen Laura nicht in ihrem Wunsch nach einer Therapie und nach regelmäßigem Kontakt zu ihrer älteren Schwester.

Andreas Mehringer begrüßte, wenn PädagogInnen Eltern verteidigen oder mildernde Gesichtspunkte einbringen; er warnte allerdings davor, dass „Als-ob-Eltern“ Kinder immer wieder enttäuschen: „Aber in anderen Fällen müssen wir doch auch vorsichtig desillusionieren, um vorzubeugen, dass es sich in unerfüllbaren Hoffnungen verliert“ (1979, S. 52).

Es gibt vielfältige Hinweise darauf, dass das Reden über die traumatischen Erfahrungen und ihr Verstehen wesentliche Faktoren von Heilung sind. So profitieren Kinder und Jugendliche mit sexuellen Gewalterfahrungen in Hilfen zur Erziehung dann von der Unterbringung, wenn es den Fachkräften gelingt, das Thema offen anzugehen und als solches zu benennen (vgl. Finkel 1998, S. 384). Untersuchungen von Erwachsenen im Zusammenhang mit sexueller Gewalt verweisen auf einen Zusammenhang von kognitiver Bewältigung und gelingenderer Lebensgestaltung (vgl. Spaccaralli/Fuchs 1998). Eine kognitive Umstrukturierung dürfte zeitweilig zwar eine größere Belastung darstellen, langfristig jedoch gerade bei Kindern einen höheren Nutzen bewirken, da die Abwehr noch nicht gefestigt ist.

Jana und Philipp erhalten Unterstützung zur geistigen Neu- und Umorientierung der eigenen Herkunftsgeschichte. Sie werden von Schuld- und Schamgefühlen entlastet. Sie erreichen ein neues Verständnis für die eigene Lebensgeschichte und für die Bedeutung der Trennung von den Eltern. So können sie um das Verlorene trauern, sich lösen, wenn es notwendig ist, sich nähern, wenn es möglich ist, und sich selbstbestimmter orientieren.

Die Biografiearbeit

Kinder, die bei leiblichen Eltern aufwachsen, haben normalerweise genügend Gelegenheit, etwas über die Vergangenheit zu erfahren. Vergangenheit spielt im Familienalltag eine Rolle. Kindern in fremden Familien und im Heim ist die Vergangenheit nicht natürlicherweise zugänglich, sie wachsen oft ohne sie auf, äußerlich wie davon abgeschnitten, es wird nicht darüber geredet. Mit der Methode Biografiearbeit wird ein Minimum an Verstehen der eigenen Geschichte erreicht, sie erfordert keine therapeutische Ausbildung und ist keine therapeutische Arbeit. Ein wichtiges Ziel der Arbeit ist es, dass die Kinder ihre Herkunft akzeptieren können. Das setzt voraus, dass die Betreuungspersonen das Milieu der Mädchen und Jungen und deren soziale Orientierung kennen und sich hineinversetzen können.

Ziele von Biografiearbeit

- Dem Kind zur Kenntnis und Annahme seiner Biografie verhelfen
- Gemeinsame Betrachtung und Bewertung von biografischen Fakten
- Zeitliche Kontinuität erarbeiten

- Verknüpfung der verschiedenen Lebensorte, Verständnis für Trennung schaffen
- Kenntnis der Herkunftsfamilie (wer gehört dazu, was ist ihre Besonderheit, welchen Platz hat das Kind?)
- Persönliche Identität erarbeiten
- Von Gefühlen von Schuld und Scham entlasten
- Von Verantwortlichkeiten entlasten
- Gegenüberstellung und Zuordnung von Fantasien/Wünschen einerseits und Realitäten andererseits
- Verbesserung des Selbstwertes
- Evtl. Loslösung und Neuorientierung ermöglichen

Methodische Überlegungen

- Unterstützung durch eine Person (Die Menschen, die diese Brücke verkörpern, haben für die Mädchen und Jungen eine ganz besondere Bedeutung.
- Kann in einem Produkt (Buch, Video) enden.
- Wichtig ist der Prozess, Biografiearbeit ist immer ein Prozess für das Mädchen, den Jungen
- Essenzielle Anfangssituationen für eine Cover Story.

Die personelle und zeitliche Kontinuität ist eine Anforderung an diese Arbeit. Zur Vertraulichkeit gehören ein geschützter Raum sowohl in zeitlicher als auch in örtlicher Hinsicht. Die Produkte gehören dem Kind. Die Weitergabe von Informationen ist nur mit Zustimmung des Kindes, ausgenommen bei Gefährdung des →Kindeswohles, möglich. Die PädagogIn hat die Verantwortung dafür, dass sie die Signale des Kindes korrekt wahrnimmt, dass das Kind über Dinge sprechen kann, über die es will und ihm nichts in den Mund gelegt wird. Um das Kind zu verstehen, ist sowohl die Kenntnis der unterschiedlichen Traumata als auch der Vorgehensweise von missbrauchenden und duldenden Eltern notwendig. Diese Kenntnis dient nicht zuletzt dazu, die immer noch vorhandene Macht der Täter und Täterinnen den Kindern gegenüber zu entkräften.

Literaturtipps

Vertiefend, inkl. vieler methodischer Vorschläge:

Kotre, J. (1996): Weiße Handschuhe. Wie das Gedächtnis Lebensgeschichten schreibt. München

Ryan, T.; Walker, R. (2007): Wo gehöre ich hin? Biografiearbeit mit Kindern und Jugendlichen. Weinheim, München, 4. Aufl.

Vester, F. (1996): Denken, Lernen, Vergessen. München
Lattschar, B.; Wiemann, I. (2007): Mädchen und Jungen entdecken ihre Geschichte. Grundlagen und Praxis der Biografiearbeit. Weinheim, München.

7.3 Zwischen Herkunft und Zukunft

Vielen Jugendlichen erscheint das Leben nach der Heimerziehung als risikoreich und unsicher. Kaum einer hat optimistische Erwartungen für die Zeit danach, schon gar nicht das Gefühl, dann beginne die große Freiheit. Wenn auch viele geschützte Kinder eher Bedenken hinsichtlich der großen Freiheit haben, sind die Unterschiede doch signifikant. Neben den traumatischen Erfahrungen behindert auch die Vorbildfunktion der Eltern die Entwicklung von Zukunftsperspektiven: „Die Eltern“, so Wolf, „sind die Chiffre für ein gescheitertes, misslungenes Leben. … Das Scheitern der Eltern überschattet das Leben ihrer Kinder auch deshalb, weil diese davon überzeugt sind, dass diese Unfähigkeit vererbt wird.“ (Wolf 2000, S. 32) Zusätzlich fehlt den Mädchen und Jungen aus der Heimerziehung die Unterstützung von Bezugspersonen. Die realen Unterschiede hinsichtlich Bildung und Ausbildung sind groß. Sie werden relativ früh in die ‚große Freiheit‘ entlassen. „Die Bedrohung bestand nicht primär in konkret zu benennenden Gefahren, sondern eher in Ohnmachtserwartungen, der Befürchtung, die Verhältnisse und sich selbst nicht kontrollieren zu können sowie den Verhältnissen ausgesetzt sein.“ (Wolf 2000, S. 31) Philipp und Jana kennen Ohnmachtserfahrungen und Kontrollverlust zur Genüge. Es verwundert nicht, dass sie diese Grunderfahrungen in die Erwartung an die Zukunft transportieren. Auch andere Erfahrungen ihrer Herkunft beeinflussen ihre Vorstellung über die Zukunft, sie beeinträchtigen die Lebensplanung von Kindern wie Philipp und Jana:

> Laura hat Angst, Alkoholikerin zu werden wie ihre Mutter. Julia fürchtet, sie werde bekloppt. Jana hat große Angst, die Krankheit ihrer Mutter geerbt zu haben. Philipp will keine Ausbildung machen, das schaffe er nicht, wie sein Vater und seine Brüder.

Der Weg dieser Jugendlichen von der Herkunft zur Zukunft ist ein steiniger Weg. Angesichts der Ungleichzeitigkeiten und

Widersprüchlichkeiten des Individualisierungsprozesses wird er noch schwieriger. Nach Aussagen der 12. Shell-Studie fühlen sich nur 21 Prozent der 18- bis 25-Jährigen für diesen Weg gut vorbereitet, meist verfügen sie über die Ressourcen eines sich kümmernden Elternhauses (Jugendwerk der Deutschen Shell AG (Hrsg.): „Jugend '97 – Zukunftsperspektiven – Gesellschaftliches Engagement, politische Orientierung"). Jana und Philipp brauchen mindestens im gleichen Maße wie beschützt aufwachsende Kinder Unterstützung für Fragen der Lebensplanung und Lebensführung. Da in ihrer Herkunftsfamilie das Wohlergehen der Bindungspersonen und die extremen Lebensumstände im Mittelpunkt standen, kommt es häufig zu Folgeproblemen bei der Erfüllung eigener Entwicklungsaufgaben. Diese Verzögerung der Entwicklungsaufgaben muss kompensiert werden. Erfahrungen von Selbstwirksamkeit und der Fähigkeit zur Selbstkontrolle müssen primären Zielen wie regelmäßige Teilnahme an Schule und Berufsbildung in ihrer Bedeutung dringend gleich gestellt werden:

> Jana hat Schwierigkeiten in der Schule. Konzentriert arbeiten, systematisch Hausaufgaben machen, die Schulsachen auch dabei haben, Zuhören ist nicht ihr Ding. Jana hat Angst zu versagen, sie hält sich für dumm. Oft beschäftigen sie andere Themen: Irgendwo ist ein Mensch oder ein Tier gestorben, Jana fühlt sich schuldig. Jana will keine Frau werden. Jana hat Angst verlassen zu werden, sobald die Gruppenleiterin den kleinsten Husten hat.

Die bei den Jugendlichen ohnehin vorhandenen Ohnmachtserwartungen bezüglich Zukunft werden leider oft durch ängstliche bis panikartige Befürchtungen bei den PädagogInnen im Hinblick auf schulisches Scheitern nur verstärkt, statt dass man eine Haltung „es wird sich schon ein Weg für dich finden, auch wenn der Schulabschluss nicht direkt klappt oder sich gerade jetzt kein Ausbildungsplatz findet" entwickelt und vermittelt. Für Kinder wie Jana und Philipp ist die Auseinandersetzung mit ihren Versagensängsten und anderen Ängsten genauso wichtig wie die Unterstützung in schulischen Angelegenheiten. Die Erfahrung, für die Menschen in ihrer Wohngruppe wichtig zu sein, stärkt Jana. Das gilt auch für die Erfahrung, dass Selbstkontrolle möglich ist und das Leben erleichtert, in der Schule und anderswo.

Den ‚erweiterten Lebensraum' geschützter pubertierender Mädchen und Jungen empfinden Jana und Philipp als Bedrohung. Meist lösen ihre bisherigen Erfahrungen Angst aus im Umgang mit Fremden. Sie brauchen die Zeit und Unterstützung, um Sicherheit entwickeln zu können. Der immer kompliziertere Übergang zum Erwachsensein stellt die Jugendhilfe vor die Aufgabe, für Mädchen und Jungen wie Jana und Philipp Unterstützungsangebote bereit zu stellen, die nicht im kurzzeitbetreuten Wohnen ab dem sechzehnten Lebensjahr enden. Dies gilt in besonderem Maße für die Mädchen, da diese meist erst in späterem Alter in die Erziehungshilfe kommen (vgl. Finkel 2000, S. 34) und ihnen Zeit zur Neuorientierung und Lebensplanung gelassen werden muss.

Die Erhöhung der Chancen sozialer Teilhabe beinhaltet die Vermittlung von Fähigkeiten, die Menschen in einer individualisierten, von Kommunikationsmedien beherrschten Welt benötigen. Sie beinhaltet individuelle Bewältigungskompetenz und die „Fähigkeit zur Selbsteinbettung, zur Passung von innerer und äußerer Welt" (Keupp 2000, S. 8). Dies setzt eine Bewusstheit über die eigenen Wurzeln voraus, mag diese auch noch so schmerzhaft sein.

Auf dem Weg zu den eigenen Wurzeln

- Es muss für die Mädchen und Jungen die Möglichkeit bestehen, von ihrer Welt zu berichten und die Trennung einordnen zu können.
- Das beinhaltet das Ansprechen von Gewalterfahrungen.
- Sie brauchen das Wissen um positive Wurzeln ohne Verschleierung der Realität.

Das kognitiv und emotional integrierte Wissen um die Herkunft ist letztendlich ein befreiender Prozess: „Sinnsuchende und sinngebende Fragestellungen ermöglichen die Entwicklung befreiender, realitätsgerechter, neuer Deutungen der Vergangenheit … Entfremdung wird durch Selbstannäherung begrenzt" (Spies 2001, S. 166). Dieses Wissen erleichtert die

Verarbeitung der Trennung aus der Herkunftsfamilie. Die Rekonstruktion der traumatischen Erfahrungen ist keine Voraussetzung für diesen Selbstbefreiungsprozess. Möglicherweise werden diese begleitend oder später oder nie eine Rolle spielen. Die Auseinandersetzung mit der Herkunft, und das beweist noch einmal die Verbindung der Zukunftsvorstellungen der Mädchen und Jungen mit ihren Herkunftserfahrungen, ist eine unverzichtbare Voraussetzung für eine selbstbestimmtere Zukunft. Sie ermöglicht konkrete, neue Lebenschancen wahrzunehmen und Selbstverantwortung zu übernehmen. „Woher das Kind kommt und wohin es gehen kann", so lautet der Untertitel zur vierten Regel „Die Lebensperspektive für das Kind suchen" der kleinen Heilpädagogik von Mehringer, heute aktueller denn je.

8. Kontinuierliche Bezüge sichern, erworbene Bindungsmodelle überprüfen

Es ist eine Binsenweisheit: Kinder mit schweren Schicksalen brauchen gute Beziehungen, sie brauchen Erwachsene, die sie wahrnehmen, beachten, annehmen. Die Erwartungen traumatisierter Kinder sind auf Beziehungsangebote ausgerichtet, in denen ein geschützter Raum geschaffen wird und durch die Kinder eine vertrauensvolle Atmosphäre finden, in der sie über ihre Sorgen sprechen können (vgl. Fegert u.a. 2001, S. 173). Die Sicherung von kontinuierlichen Bezügen entscheidet darüber, ob Kinder wie Jana und Philipp ihre Bindungsmodelle korrigieren werden, ob sie sich dem Wagnis von Vertrauen und Beziehung erneut aussetzen und kohärente → Bindungsrepräsentationen entwickeln können. Die Erfahrung, da ist jemand, für den bin ich wichtig, ist für Kinder wie Jana und Philipp oft eine neue Erfahrung. Das Bedürfnis nach Bindung und nach einer sicheren emotionalen Basis ist eine lebenslange Motivation. Gesunde Autonomie innerhalb von Bindungen im Gegensatz zu zwanghafter Unabhängigkeit entwickele sich im Rahmen sicherer Bindungen bis ins spätere Jugendalter, so die Bindungsforscher Klaus und Karin Großmann: „Dabei können vor allem Erzieher und andere wichtige Personen auch außerhalb der engen Kernfamilie eine entscheidende Rolle spielen“ (2002, S. 51). Selbst wenn die frühen Bindungserfahrungen erheblich negativ waren, können dennoch korrigierende – weil transparente und verlässliche – Bindungsangebote dazu beitragen, dass Kinder wie Jana und Philipp Vertrauensfähigkeit und ein sicheres Bindungsverhalten entwickeln lernen. Nach bisherigem Erfahrungswissen kann man davon ausgehen, dass die Korrektur des Verlustes von Vertrauen durch neue positive Erfahrungen über die Verlässlichkeit von Beziehungen der vielleicht wichtigste Ansatzpunkt zur Bearbeitung traumatischer Erfahrungen ist (vgl. Hüther 2002 a).

Auch wenn es den Mädchen und Jungen schwer fällt bzw. manchmal unmöglich ist zu vertrauen, brauchen sie dieses Angebot. Die Mädchen und Jungen suchen Beziehung: „Sie suchten weiterhin nach dem Verlorenen oder erfolglos Gesuchten, nach Erwachsenen, die persönliche Verantwortung gerade für sie übernehmen würden, zu denen sie gehören könnten“ (Wieland u. a. 1992, S. 95). Das Heim gilt dann als akzeptable Alternative, wenn sie eine *exklusive Beziehung* – auch zu den anderen Mädchen und Jungen – aufbauen konnten. Sie wollen Zugehörigkeit herstellen. Ihr Wohlbefinden und ihre Leistungsmöglichkeit sind in hohem Maße von dem Gegenüber, d. h. von der Beziehung abhängig: „Die Bewertung des Heims ist daher im Wesentlichen mit der Bewertung der konkreten Beziehungen zu den Erziehern deckungsgleich“ (a. a. O. 1992, S. 97). Jeder Abbruch von Beziehung – vielleicht aus der Organisationslogik heraus durchaus vernünftig – wird von den Mädchen und Jungen als Verlust beschrieben (vgl. Wolf 2000, S. 29). Die exklusive Beziehung kann die Nachteile, bzw. Spannungen der institutionellen Bedingungen – Schichtdienst, PädagogInnenwechsel, Beziehung als Broterwerb – teilweise ausgleichen. Sie zeichnet sich dadurch aus, dass PädagogInnen sich über institutionelle Verpflichtungen hinwegsetzen, wenn die Bedürfnisse der Mädchen und Jungen dies erfordern (vgl. Wieland u. a. 1992, S. 97). Sie haben diese Mädchen und Jungen gewählt:

> Jana ist nervtötend und anstrengend. Sie ist auch witzig, liebevoll und kreativ. Alle mögen Jana, die Wohngruppenleiterin, die The-

rapeutin, ihre Sozialarbeiterin im Jugendamt. Helferkonferenzen mit und über Jana zeichnen sich vor allem dadurch aus, dass sie alle Regeln einer Zeitökonomie sprengen, weil es einfach Spaß macht über Jana, ihre Stärken und Einfälle zu reden.

Eine gute Beziehung bedeutet nicht zwangsläufig die Investition von viel Zeit. Natürlich spielt Zeit eine Rolle, dennoch zeichnen sich gute Beziehungen in stationären Einrichtungen der Erziehungshilfen vor allem durch Respekt, Transparenz und Zuverlässigkeit aus. Die vertrauensvolle, exklusive Beziehung kann nur entstehen, wenn die Herkunftsfamilie und die Lebensgeschichte nicht verleugnet werden. Im Gegenteil, die Beziehung zwischen den Bezugspersonen, die sich mit den Mädchen und Jungen über ihre Lebensgeschichte auseinander setzen – wird oft erstaunlich verstärkt. Wenn es hier gelingt, frühe Bindungserfahrungen bewusst kommunizierbar zu machen und emotionale Erfahrungen und negative Gefühle auf die Ebene sprachlicher Darstellung zu bringen, sind die Mädchen und Jungen diesen negativen Gefühlen nicht mehr hilflos ausgeliefert. Vertrauen in die Beziehung zu einer Bezugsperson, vielleicht gar eine exklusive Beziehung scheint Voraussetzung zur Korrektur schädigender Bindungsmodelle zu sein. Schädigende Bindungsmodelle werden weitergegeben – meist über mehrere Generationen – eine Unterbrechung ist abhängig von bewusster Bearbeitung. Mit Vorsicht und Behutsamkeit können PädagogInnen die Kinder und Jugendlichen dabei unterstützen, ihre alten Bindungserfahrungen mit den aktuellen Bindungserfahrungen zu vergleichen. Möglicherweise ist dies ein Weg für sie, selbst- und fremdschädigende Bindungsmodelle zu korrigieren, unsichere, vermeidende oder desorganisierte Bindungsmuster in ein sicheres bzw. in ein ein wenig sichereres Bindungsverhalten verwandeln zu können. Zur Veränderung dieser Bindungsmodelle schlägt John Bowlby (1995, S. 129 ff.) fünf therapeutische Aufgaben vor, die auch für die Pädagogik gelten:

Fünf pädagogische Aufgaben

- Die Pädagogin muss als sichere Basis verfügbar sein.
- Er/sie kann die Mädchen/Jungen zum Reden über unbewusste Voreingenommenheiten, Übertragungen alter Bindungsinhalte ermutigen.
- Die Mädchen/Jungen können die Beziehung zu den PädagogInnen überprüfen.
- Und aktuelle Wahrnehmungen und Gefühle mit Erfahrungen mit den Eltern und anderen Bezugspersonen von früher vergleichen.
- Möglicherweise wird dann die Erkenntnis erleichtert, dass die alten Bindungsmodelle für die Gestaltung des zukünftigen Lebens unangemessen sind, bzw. sein werden.

Die Unterstützung geschieht im direkten, alltäglich Kontakt und erfordert u. U. eine veränderte Haltung. Barbara Senckel beschreibt z. B. als Voraussetzung positiver Bindungserfahrungen in der stationären Heimerziehung die personzentrierte Haltung nach Carl Rogers, die aus drei zentralen Fähigkeiten oder Grundsätzen besteht: 1. Die Achtung vor dem Kind, die von Wertschätzung und Respekt getragen ist; 2. Die Bezugsperson lässt sich mit ihrem Kopf und ihrem Herzen auf die Persönlichkeit des Kindes ein und sucht eine Basis, von der aus sie vorbehaltlos „Ja" zu ihm sagen kann; 3. Die Echtheit des Beziehungsangebotes (vgl. Senckel 2007, S. 65 ff.). Respekt und Wertschätzung erwachsen auch aus dem Blick auf die Geschichte der Kinder: Was haben sie bisher erlebt (überlebt) und wie haben sie das geschafft. Und sie erwächst aus Vertrauen in positive Entwicklungsmöglichkeiten und Selbstheilungskräfte. Das vorbehaltlose „Ja" beinhaltet identifizierendes Einfühlen und den Wunsch, manchmal sehr „merk"-würdige oder extrem belastende Verhaltensweisen des Kindes zu verstehen.

Die Änderung von Bindungsverhalten ist bis ins hohe Alter möglich. Die Bearbeitung und die heutige Sicht der Dinge sind ausschlaggebender als die Bindungsmodelle der Eltern. Bindungssicherheit – wenn auch erworben – ist ein Hinweis auf seelische Gesundung nach traumatischen Erfahrungen und die beste Basis für eine gelingende Zukunft.

Bindungsinhalte können allgemein kognitiv in Geschichten bearbeitet werden. Auch direktes Thematisieren von Bindungsinhalten hat sich als hilfreiche Unterstützung erwiesen. In Gruppen oder im Einzelkontakt werden Bezugspersonen in der Familie und außerhalb benannt und bewertet: Wie werden die Verbindungen empfunden, welche Kontakte tun mir gut, welche nicht, bei wem fühle ich mich sicher, wem würde ich alles erzählen, wem auf keinen Fall?

Diese hohen Anforderungen setzen bei den PädagogInnen Grundkenntnisse der Bindungstheorie und die Reflexion des eigenen Bindungsmodells voraus. Sie verlangen entwicklungspsychologische Fachkenntnisse und Kenntnisse der Psychotraumatologie, um das Kind in seinem Verhalten und in seinen Bedürfnissen zu verstehen. Traumatisierte Mädchen und Jungen fordern die PädagogInnen durch bindungsabwertende und/oder bindungsverstrickte Kommunikation heraus.

Der vierzehnjährige Harkan lebt nun in einer Wohngruppe. Zuvor hatte er sich um seine jüngeren Geschwister und seine Mutter gekümmert. Um ihn hatte sich niemand gekümmert. DA er in der Schule extrem nachlässt, wollen die PädagogInnen Harkan unterstützen. Er kann dieses Bindungsangebot nicht annehmen und wertet das Angebot der PädagogInnen ab. Die elfjährige Julie ist neu in der Pflegefamilie. Sie verfolgt die Pflegemutter auf Schritt und Tritt. Immer, wenn sie versucht, Distanz zu gewinnen, kommt Julie ihr noch näher. Die Pflegemutter ist langsam genervt, die Situation eskaliert, dann hat sie ein schlechtes Gewissen ob ihrer Gefühle im Kontext der Lebensgeschichte von Julie.

Eine durch Abwehr verursachte Kränkung der Pädagogin wird möglicherweise ihre Reflexionsfähigkeit beeinträchtigen. Sie vermeidet zukünftig bindungsrelevante Situation (bindungsvermeidendes Gegenagieren) und wird so die Annahme von Harkan, Erwachsene kümmern sich nichtwirklich, bestätigen. Wenn die Pflegemutter die Verstrickung von Julie und ihr nicht durch eine transparentes Bindungsangebot – das auch Julies Vorannahme, wenn ich jemanden aus den Augen lasse, ist er weg – auflöst, wird es zu einem Mix von Gefühlen wie

Wut, Mitleid, Zorn und Scham kommen. Ihre professionelle Wirksamkeit ist infrage gestellt. Und Julie kann nicht lernen, dass Menschen auch zuverlässig sein können. Gerade die Beziehungsgestaltung zwischen traumatisierten Mädchen und Jungen und ihren Bezugspersonen bedarf viel Reflexion und die Unterstützung der professionellen HelferInnen zur Reflexion. Auch hat sich im pädagogischen Alltag bewährt, diese komplizierte Aufgaben zwei PädagogInnen (zwei BezugsbetreuerInnen) zu übertragen, die sich abwechseln und bei Abwesenheit vertreten. Das wiederum erfordert ein „offenes Team" (vgl. Kap. C, 15.), in dem KollegInnen und Kollegen gut aufeinander bezogen sind und das Konzept Bezugsbetreuer/In gemeinsam tragen. Oftmals wird immer noch die Bedeutung der Bindungsperson für die Kinder in Einrichtungen unterschätzt und die Gefahr von Rückschlägen in der Entwicklung der Mädchen und Jungen z.B. durch lange Urlaube, Arbeitsplatzwechsel der verantwortlichen PädagogInnen etc. ungenügend minimiert. Vorsicht und Behutsamkeit bedeuten auch die Akzeptanz der sozialen Ordnung der Kinder und Jugendlichen und damit die Minimierung eines Milieukonfliktes.

Judith L. Herman (1994, S. 183ff.) benennt als Prinzipien einer heilenden Beziehung die Persönlichkeitsstärkung der traumatisierten Person, gleichzeitig aber auch die Rolle eines beschützenden Elternteiles. Kinder wie Jana und Philipp brauchen Menschen, die sie bei der Minimierung von Schwierigkeiten und sekundären Belastungen durch Einflüsse aus der sozialen Umwelt unterstützen. Die emotionale Beziehung zu den traumatisierten Mädchen und Jungen sollte Elemente der *hinreichend guten Mutter* (Winnicott 1976) enthalten. Jana und Philipp finden im Heim das erste Mal Erwachsene, die in diesem Sinne Verantwortung für sie übernehmen.

Eine, die alten negativen Erfahrungen korrigierende Beziehung zeichnet sich durch Exklusivität, Respekt, Übernahme von Verantwortung und Offenheit aus. Sie ist Grundlage nicht nur des Erfolges von Heimerziehung, sondern vor allem Grundlage der Korrektur von Beeinträchtigungen durch traumatische Erfahrungen. M. Hoghughi, der langjährige Leiter des *Aycliffe Centre for Children* in Durham/England, erläutert die Bedeutung der Beziehung für Kinder und ErzieherInnen so (zit. n. Frommann 2000, S. 29): „Das Wichtigste für ihn ist die Beziehung der Erwachsenen zu den Kindern, und zwar aus vier Gründen: Sie stärkt das Selbstwertgefühl der Kinder, sie kann ein Kind (fest-) halten (*containing*), dadurch kann das Kind Vertrauen gewinnen und der Erzieher kann das Kind stärken, ihm Kraft und Macht geben." Auch aus der Sicht der Psychotraumatologie (vgl. Bender/Lösel 2002) ist der Aussage von Wieland zuzustimmen: „Die Heimerziehung wird den ihr anvertrauten Kindern und Jugendlichen nur gerecht, wenn sie die Spannung zwischen deren Forderung nach Exklusivität und den Erfordernissen der Institution aushält" (Wieland u.a. 1992, S. 116).

Eine ‚exklusive' Beziehung ist für die Kinder und Jugendlichen sowohl der Transmissionsriemen zwischen Herkunft und Zukunft als auch eine Grundlage für Partizipation und für Selbstfindung. Daraus ergeben sich Anforderungen an die Pädagogik und die Jugendhilfe im weiteren, an die Heimerziehung im engeren Sinne:

Die Sicherung kontinuierlicher Bezüge

- Als eine Bedingung für psychische Stabilisierung ist ein plötzlicher Abbruch von Beziehung so weit wie irgend möglich zu vermeiden. Eine Voraussetzung zur Korrektur bisheriger Lebenserfahrungen ist eine ausreichend stabile Zusammensetzung des Betreuerteams.
- Der Suche nach Strukturen, die für Mädchen und Jungen und für die PädagogInnen Wahlmöglichkeiten schaffen, muss besondere Aufmerksamkeit gewidmet werden und in diesem Sinne Wunsch- und Wahlrecht gemäß § 5 und die Vorschrift zur Beteiligung von Kindern und Jugendlichen gemäß § 8 SGB VIII interpretiert und mit Leben gefüllt werden.
- Die oft vorhandene Unsicherheit über die Dauer des Verbleibs der Mädchen und Jungen in Einrichtungen der Jugendhilfe und der Trend zu Kurzunterbringungen sind im Kontext traumatischer Erfahrungen kontraproduktiv und widersprechen den Intentionen des § 37 Abs. 1 SGB VIII. Die halbjährlichen Zustimmungen zur Unterbringung im Rahmen der Hilfeplanung widersprechen dem kindlichen Bedürfnis nach Sicherheit.

Drei wesentliche Aussagen von Joseph Goldstein, Anna Freud und Albert J. Solnit (1991), die nicht ohne Grund als geflügelte Worte in die Fachdiskussion eingegangen sind, umreißen – ergänzt um eine Schlussfolgerung aus der aktuellen Bindungsdebatte – weitere Anforderungen an eine Unterbringung nach Erfahrungen von Gewalt etc.:

Anforderungen an die Unterbringung

- Entscheidungen über die Unterbringung sollen dem Bedürfnis des Kindes nach langdauernden Bindungen Rechnung tragen.
- Entscheidungen über Unterbringungen sollen sich nach dem Zeitbegriff der Kinder und nicht nach dem der Erwachsenen richten.
- Bei der Unterbringung sollte von den vorhandenen Möglichkeiten diejenige gewählt werden, die die Entwicklung des Kindes am wenigsten beeinträchtigt, die „am wenigsten schädliche Alternative".
- Die Möglichkeit, Bindungsverhalten zu reflektieren und ein weniger selbstschädigendes Bindungsverhalten zu entwickeln, ist Bestandteil der pädagogischen Arbeit.

Zu ergänzenden Schlussfolgerungen kommt der Erziehungswissenschaftler Roland Schleiffer (2007) in einer Untersuchung zu Bindungsrepräsentationen bei Jugendlichen, die in einem Heim leben: Die HeimerzieherInnen sollen sich als Bindungspersonen zur Verfügung stellen. Sie sollen mit den Kindern über ihre Erfahrungen von Bindungen reden. Dabei sei ein – freilich unbewusstes – Zusammenspiel von bindungsunsicheren Jugendlichen und bindungsvermeidenden Jugendhelfern zu vermeiden.

Die Entwicklung sicherer Bindungsmodelle bzw. die Korrektur unsicherer Bindungsrepräsentationen ist eine Grundlage seelischer Gesundheit. Das Aufgehobensein in einer Beziehung wird von van der Kolk u.a. als der hauptsächliche Schutz gegen traumainduzierter Psychopathologie bezeichnet (vgl. van der Kolk 2000, S. 88). Jana und Philipp brauchen zur Bewältigung der traumatischen Erfahrungen mindestens eine belastungsfähige Bindungsbeziehung. Das setzt die Sicherung von kontinuierlichen Bezügen voraus.

Literaturtipps

Bowlby, J. (1995): Elternbindung und Persönlichkeitsentwicklung. Therapeutische Aspekte der Bindungstheorie. Heidelberg

Goldstein, J.; Solnit, A.; Freud, A. (1991): Jenseits des Kindeswohls. Frankfurt/M.

Großmann, K. E.; Großmann, K. (2002): Das eingeschränkte Leben. Folgen mangelnder und traumatischer Bindungserfahrungen. In: Gebauer/Hüther (Hrsg.): Kinder brauchen Wurzeln. Neue Perpektiven für eine gelingende Entwicklung. Düsseldorf, Zürich

Schleiffer, R. (2009): Der heimliche Wunsch nach Nähe. Bindungstheorie und Heimerziehung. 4. Aufl., Weinheim, München

Senckel, B. (2007): Das sicher gebundene Kind – ein Ziel für die stationäre Heimerziehung. In: Unsere Jugend, 2/2007, S. 61 ff.

9. Der bin Ich. Die pädagogische Unterstützung der Selbstbemächtigung

Heute ist mehr denn je ein positives Selbstbild, das Gefühl, das bin ich und das kann ich, Voraussetzung für eine gelingende Lebensgestaltung. Traumatisierte Mädchen und Jungen konnten kein stabiles und kohärentes Selbst entwickeln, ihr Selbstkonzept behindert sie oft und wird sie oft behindern, wenn es nicht gelingt, die eigenen Verhaltensweisen, Einstellungen, Emotionen, Erinnerungsebenen wie Rückblenden und Albträume verstehbar zu machen: „Ich hatte gelernt, dass der Versuch, die eigenen geistig-seelischen Reaktionen auf eine Erfahrung zu verstehen, psychologisch äußerst konstruktiv sein kann" (Bettelheim 1982, S. 21). Erfahrungen von positivem Selbstwert, Kompetenz und Selbstwirksamkeit können den Genesungsprozess von Kindern nach fortgesetzter und schwerer Kindesmisshandlung positiv beeinflussen (vgl. Bender/Lösel 2002, S. 498).

Die Unterstützung der Selbstbemächtigung, zu Stabilität und Kohäsion des Selbst beginnt mit der Förderung von Selbstverstehen (8.1). Mit der Förderung der Selbstwahrnehmung (8.2) unterstützen die professionellen Helfer Jana und Philipp dabei, ihre Selbstregulation (8.3) entwicklungsfördernd zu gestalten. Hierzu gehören die Selbstkontrolle, die Wahrnehmung der eigenen Körperlichkeit und Gesundheitsförderung. Positive Erfahrungen von Selbstwirksamkeit (8.4) bewirken eine Korrektur der traumatischen Erwartung und fördern Autonomie.

9.1 Selbstverstehen, Selbstbewusstheit

Die Lebenserfahrungen von Mädchen und Jungen in der Heimerziehung sind von wenig Selbstwirksamkeit geprägt. Sie haben in der Regel ein negatives → Selbstkonzept. Sie kennen Schuldumkehrungen, das Abspalten von Gefühlen, sie waren Objekte der Bedürfnisse Erwachsener. Ein Gefühl von Anderssein prägt ihr Selbstbild. Sie haben Verhaltensstrategien entwickelt, die im Alltag stören, eine negative Einstellung über sich und ihren Platz in der Welt entwickelt und sind mit Erinnerungsebenen konfrontiert, über deren Herkunft und Dynamik sie wenig wissen. Selbstverstehen ist der erste Schritt zu einem positiven Selbstkonzept:

> Im ersten halben Jahr ihres Aufenthaltes ist Jana der Überzeugung, die PädagogInnen und die anderen Kinder mögen sie nicht. Sie mache sowieso alles falsch. Nichts kann sie richtig.

Jana hilft dann schon ein Hinweis über diese, ihre Überzeugung von sich selbst. Natürlich wird sich ihre innere Haltung davon alleine nicht verändern, es unterstützt Jana dabei, ihre Überzeugungen und Empfindungen zu sich selbst im Gespräch zu klären und neue Sichtweisen zuzulassen.

Oft stören die Verhaltensweisen, die die Mädchen und Jungen in der sie traumatisierenden Umwelt entwickelt haben. Die Kinder spüren dies, ihr Gefühl, schlecht zu sein, schuld zu sein, wird verstärkt. Traumatisierte Mädchen und Jungen brauchen deshalb Unterstützung, um diese Verhaltensweisen, mit denen sie heute sich und andere schädigen, als damals logisch zu begreifen: „In jeder Phase ihrer → Akkomodation verdienen Opfer ein einfühlsames, professionelles Verständnis und die Versicherung, dass ihre Reaktionen begreiflich sind, psycho-physiologisch und reversibel, statt Indikatoren für eine unzureichende Wirklichkeitsüberprüfung und verbleibende Psychopathologie" (Rennefeldt 1989, S. 18). Der konsequenten Reaktion gegenüber ‚schwierigen' Kindern stellt Mehringer „das heilpädagogische Tun des Ertragens" (1979, S. 23) gegenüber. Es geht darum, dass die Mädchen und Jungen dabei den unbewussten oder auch früheren Sinn ihrer Verhaltensweisen erkennen. PädagogInnen können Kinder wie Jana und Philipp dabei unterstützen, selbstschädigende (→ ritzen etc.) und fremdschädigende (z. B. sexualisierte Gewalt) Verhaltensweisen aufzugeben, indem sie das Verständnis für das eigene Verhalten fördern und dann mit ihnen alternative Verhaltensmöglichkeiten erarbeiten. Stellungnahmen der PädagogInnen wie: *„Das war deine normale Reaktion auf eine unnormale Situation"* entlasten von Schuld und Scham. Die Bewusstheit über den Sinn des eigenen Verhaltens, die Selbst-Bewusstheit, ist die Grundlage für die Entwicklung alternativer, das Selbst stärkende Verhaltensweisen.

Die Weil-Runde oder das Konzept des guten Grundes

Die siebenjährige Johanna lebt seit zwei Jahren in der Pflegefamilie. Immer wieder mal schleicht sie nachts in die Küche und füllt sich eine Tüte mit Lebensmittel. Sie findet das selbst nicht gut, weil sie ihre Pflegeeltern mag und diese nicht hintergehen will. Als Johanna wieder einmal fast im Kühlschrank kniet, kommt die Pflegemutter hinzu. Sie sagt, „du machst das sicher, *weil* du für dich sorgen musst".

Zum ersten Mal in ihrem Leben hört Johanna, dass es gut ist, dass sie sich um sich kümmert, ihre Verhaltensstrategie wird als sinnvoll bewertet; Johanna hat einen guten Grund, dies zu tun.[15] Im nächsten Schritt wird es darum gehen, dass Johanna und auch Markus den guten Grund selbst realisieren; „Ich tue das, weil …"

In der Wohngruppe randaliert der elfjährige Markus im Bad. Seit Markus in der Einrichtung ist, randaliert er immerzu im Bad. Der Bezugsbetreuer kommt hinzu und sagt in aller Ruhe zu Markus: „Mir fällt auf, Du randalierst immer im Bad. Du tust das weil?" Daraufhin kann Markus sofort antworten: „Weil meine Tante

15 Alice Ebel verwendet dafür in Ihrem Artikel „Traumatisierte (Pflege)Kinder und ihre (Herkunfts)Eltern", veröffentlicht bei der Arbeitsgemeinschaft für Sozialberatung und Psychotherapie (AGSP) im Internet den Begriff „Das Konzept des guten Grundes"

immer im Bad war“, und er erzählt weiter, wie und wie sehr diese ihn in Bedrängnis brachte.

Der Bezugsbetreuer Andreas interessiert sich für Markus. Er möchte dessen Verhalten, das Randalieren und auch Zerstören im Bad verstehen. Es geht ihm auch darum, dass Markus selbst sein Verhalten versteht. Andreas schaut sich das an, geht auf Markus zu und fragt ihn „Du tust das, weil?“. Diese Worte hat er bewusst gewählt. Andreas geht davon aus, dass er mit der Frage “Warum tust Du das?“, bei Kindern mit lebensgeschichtlichen Risiken wie Markus sofort ein Schuldgefühl aktiviert und sie in die Defensive drängt. So erreicht er, dass Markus sein Verhalten als Reaktion auf früher verstehen kann, dass er dies als normale Reaktion auf eine unnormale Umwelt akzeptiert und dann – vielleicht im nächsten Schritt – selbst- oder fremdschädigende Verhaltensweisen ändert und damit seine Selbstkontrolle erhöht, seine Selbstregulation verbessert.

Damit meine ich nicht, dass die Pädagoginnen das störende oder schädigende Verhalten positiv umdeuten, sondern dass sie durch → Spiegeln oder ein Angebot von Definitionen die Kinder und Jugendlichen unterstützen, ihr Verhalten selbst zu verstehen und zu akzeptieren: „Indem sie selbstzerstörerische Verhaltensmuster durchschauen und als veränderbar erkennen, können … (sie) … reflexive Fähigkeiten weiterentwickeln, Lebenswillen als zukunftsgewisses Gefühl wahrnehmen und neue Lebensqualität gewinnen“ (Spies 2001, S. 167). Dies erfordert einen äußerst sensiblen Umgang mit Problemdefinitionen und Deutungen durch PädagogInnen.

Es dient dem Prozess der Selbstbewusstheit, des Selbstverstehens im Zusammenhang mit selbst- und fremdschädigenden Überlebensstrategien/Verhaltensweisen folgende Ziele zu berücksichtigen:

Ziele im Umgang mit „störenden“ Verhaltensweisen

- Das Begreifen der Symptome im Zusammenhang mit der Entstehungsgeschichte.
- Verständnis und Wertschätzung für diese Verhaltensweisen.
- Das Überprüfen, ob dieses Verhalten weiterhin notwendig ist.

- Das Erarbeiten von alternativen Handlungsmöglichkeiten, bzw. die Erweiterung des Verhaltensspielraumes.
- Die Kinder werden zum Subjekt ihres Tun.

In der Praxis erleben Kinder wie Jana und Philipp es immer entlastend, wenn sie erfahren, dass auch Rückblenden (Flashbacks), Albträume und die → Übertragung traumatischer Beziehungsinhalte wie z.B. Misstrauen und Angst „normale Reaktionen auf eine nicht normale Umwelt“ sind (vgl. 11.1). Unterstützt durch diesen Zugang zu ihren eigenen Verhaltensweisen verbessern die Mädchen und Jungen die Sicherheit und Klarheit, ihr Selbst betreffend.

Unser Wissen kindgerecht zur Verfügung stellen

Wir verfügen über Wissen, dass Kindern wie Jana und Philipp das Selbstverstehen erleichtert. Wir können ihnen unser Wissen über traumatische Übertragungen (vgl. 11.2), Dissoziation und wie Kopf und Körper reagieren kindgerecht zur Verfügung stellen. Wenn sie durch die Erkenntnis, die Übertragung traumatischer Erfahrungen wie *ich habe Angst zu verhungern, deshalb bunkere ich Essen oder ich biete meinen Körper an, weil ich dies als einzige Möglichkeit, Zuwendung zu erreichen gelernt habe*, sind normale Reaktionen auf eine frühe extreme Erfahrung, erleichtert diese Erkenntnis. Dieses Wissen ist die Grundlage für weniger selbst- und fremdschädigende Handlungsoptionen und bietet neue Möglichkeiten der Selbstregulation. Kinder sollen wissen, wie der Kopf und der Körper zusammen funktionieren. Dazu ist es nicht notwendig, die komplizierten Vorgänge im menschlichen Gehirn zu verstehen. Es geht um eine vereinfachte Darstellung der Abläufe im Gehirn: Was geschieht, wenn man so eine Angst wie früher bekommt, oder sich plötzlich an nichts mehr erinnern kann? Dabei spielen drei Bereiche im Gehirn eine wichtig Rolle: Das Reptiliengehirn zuständig für das Reagieren und die Energie, das Mittelhirn für die Wahrnehmung und das Frontalhirn für das Denken. Mithilfe des → Konzeptes des dreigliedrigen Gehirns von Levine/Kline (2004) können wir traumaspezifische Reaktionen wie Rückblenden, Übererregung, Erstarrung und Dissoziation erklären (Weiß 2011). So hilft dieses Konzept traumatisierten Mädchen und Jungen zu verstehen, dass ein erhöhter Stresspegel sie „unter Strom setzt“, weil das → Reptiliengehirn bei Annahme von Gefahr durch die → Amygdala diese Energie zur Verfügung stellt. Sie sind übererregt. Oder sie schalten ab, sie dissoziieren, erstarren etc. Wenn die Warnzentrale des Gehirns, die Amygdala, Alarm schlägt, ist der Neokortex, der Denker, weitgehend ausgeschaltet, eine Fernbedienung – wie Lisa sagt – hat sich reingehängt. Die Kinder verstehen das sehr gut, Mit Hilfe von Märchen, von Bildern wie Fernbedienung, Raumschiff Enterprise, einem dreistöckigen Haus, eines Apfels etc. können wir das dreigliedrige Gehirn erklären. Dieses Wissen entlastet und macht den Weg frei für Handlungen:

Der elfjährige Hans lebt bei Pflegeeltern. Er wurde von seiner Mutter sexuell misshandelt. Die Mutter bedrängt ihn immer wieder auf den Schulwegen. Hans erstarrt. Von den Pflegeeltern erfährt Hans den Mechanismus des Erstarrens. Hans antwortet „Ok, das verstehe ich, und wie lerne ich, weiter zu laufen?“

Ausgestattet mit psychotraumatologischem Grundwissen können Philipp, Jana und Hans sich auf die Suche nach neuen Handlungsoptionen begeben. Dieses Wissen befähigt sie mitzureden. Die Kinder nehmen die kindgerechten Informationen über die Dynamik traumatischer Erfahrungen, z.B. über das dreigliedrige Gehirn und über die Normalität traumatischer Erfahrungen dankbar auf: *Die wollen das hören* und freuen sich über die entlastenden Botschaften: *Das war nicht ich, das war mein Reptiliengehirn.* Das Selbstverstehen entlastet von Scham- und Schuldgefühlen, von Isolation, von Hilflosigkeit, von Verwirrung und dient der Klärung der eigenen Identität und der Bewältigung der belastenden Erfahrungen.

9.2 Selbstwahrnehmung

Selbstwahrnehmung ist die Wahrnehmung des Selbst der eigenen Person. Traumatisierte Kinder sind in der Regel damit beschäftigt, die Gefühle und Befindlichkeiten der erwachsenen Angreifer wahrzunehmen (vgl. 3.1). Sie lernen ihre Gefühle abzuspalten. Selbstwahrnehmung war ein gefährliches Unterfangen. Ihre Selbstwahrnehmung ist beeinträchtigt durch Verzerrungen, Verleugnungen, und Schuldzuweisungen. Eine gute Anleitung zur Selbstwahrnehmung haben Kinder wir Jana und Philipp nie bekommen. Differenzierung und Festigung der Wahrnehmung sind wesentliche Möglichkeiten der Pädagogik zur Erreichung von Selbstkontrolle und Selbstregulation. Es geht um selbstreflexive Wahrnehmen der Gefühle, des Körpers, des Verstandes, der Sinne, der Energie, des eigenen Stresses und der Grenzen.

So ist es im pädagogischen Alltag möglich, abgespaltene Selbstanteile wie Wut, Angst, Allmachtsfantasien etc. bewusst werden zu lassen und zu integrieren. Für die Exploration dieser zum Teil zugedeckten Selbstanteile eignen sich verschiedene Methoden: Im Probehandeln können Kinder und Jugendliche Konfrontation und Auseinandersetzung üben. Mit → Batakas können sie Wut loswerden. Der Dialog des Kindes mit seinen verschiedenen Anteilen kann darüber hinaus durch Ausdrucksmalen, Rollenspiele und das Spiegeln der PädagogInnen: „*Ich sehe deine Angst, es ist gut, wenn du sie spüren kannst*“ unterstützt werden. Die Umsetzung der Emotionen und → Kognitionen in Aktionen, die bei diesen → Explorationen in den Vordergrund treten, unterstützt die Selbstfindung, die Verbindung der emotionalen Polaritäten des Seins. Gefühle brauchen Raum. Das gilt auch für die den Alltag sehr belastenden Gefühle wie z.B. Aggression. Ausschließlich reglementierendes Eingehen auf Wut und Aggression wird diese verstärken und Kinder und Jugendliche in die Isolation treiben. Möglichkeiten der Abreaktion, z.B. mit Wutkissen, → Batakas sowie körperliche Aktivitäten sind ein gutes Korrektiv:

> Anna ist aufgeregt, sie weiß nicht warum. Sie hat Wut und zugleich Angst, dass sie ihre Wut nicht mehr unter Kontrolle hat. Sie bittet die Pädagogin und die Therapeutin, sie gemeinsam festzuhalten, damit sie unter Kontrolle um sich schlagen kann. Anna entwickelt unglaubliche körperliche Kräfte und ist selbst zu zweit kaum zu halten. Nach fünfundvierzig Minuten kommt Anna zur Ruhe, die Betreuerinnen sind erschöpft, Anna wirkt ge-(er-)löst.

Die emotional-kognitive Stabilität macht die Integration von abgespaltenen Selbstanteilen wie Wut, Angst, Stolz und Freude möglich. Zusätzlich sollen die Mädchen und Jungen erfahren, dass ihre Gefühle erlaubt sind, und sie sollen ermutigt werden, sich verbal oder im Spiel auszudrücken. Möglicherweise wird dann auch das Ausmaß ihrer Ängste und ihrer Wut sichtbar:

> Philipp kommt aus der Stadt zurück. Er hat zufällig seinen großen Bruder getroffen. Er platzt vor Zorn und sucht Streit. Mit Philipp besteht bereits die Vereinbarung, seine Gefühle mit Batakas und Wutkissen abzureagieren. Philipp bittet die Pädagogin um Begleitung. Sie unterstützt ihn, auf den Wutklotz zu schlagen und zu schreien. Philipp schreit seinen nicht anwesenden Bruder an: „Du Sau, du Schwein“, bis er erschöpft zu weinen beginnt. Auch der ältere Bruder hatte Philipp missbraucht. Nach der → Abreaktion wirkt Philipp entspannt und ge-(er-)löst, endlich kann er einmal trauern.

Gefühle haben stets ihre Entsprechung in Spannungen im Körper. Moshé Feldenkrais beschreibt in seinem Buch „Das starke Selbst. Anleitung zur Spontaneität“ wie Denken und

Fühlen sich auf den Körper und sein Verhalten auswirken. Und er geht davon aus, dass unsere Fähigkeit in unserem Körper Dinge zu ändern, ein reiferes, potenteres Verhalten ermöglicht (Feldenkrais 1992, S. 97 ff.).

> Anna beteiligt sich an einer Mädchengruppe zur Selbstermächtigung. Die Mädchen vertreiben einen imaginären Angreifer mit Schreien. Anne kann nicht schreien, ihr bleibt der Schrei im Halse stecken, sie bekommt keine Luft.

Der Schrei, der im Halse stecken bleibt, die Angst im Bauch, die zusammengezogenen Schultern, unnötige Spannungen, verzerrte Körperhaltungen sind körperliche Hinweise darauf, dass etwas nicht stimmt, dass etwas zu großen Stress erzeugt. Anna kann dies dann besser regulieren, wenn sie den Schrei im Halse, die flache Atmung auch wahrnimmt.

Zentraler Bestandteil der Selbstwahrnehmung ist die Unterscheidung von Gefühlen und Empfindungen. Peter Levine und Maggie Kline benennen als den Weg der Heilung „vom Bereich des Denkens oder dem der Emotionen in den sehr viel grundlegenderen Bereich der körperlichen Empfindung überzuwechseln“ (2004, S. 147). Es gehe darum, Impulse aus dem Kern des Reptiliengehirns zu beachten. Empfindungen sind die Wahrnehmung physiologischer Ereignisse in unserem Inneren, z.B. Wärme, zittrig sein, Schwitzen, Aufregung, Müdigkeit. Empfindungen können direkter, schneller darauf hinweisen, dass etwas nicht im Gleichgewicht ist.

> Philipp kommt aus der Stadt zurück. Er hat zufällig seinen großen Bruder getroffen. Er sucht Streit. Anna ist aufgeregt, sie weiß nicht warum. Maria spürt eine Lähmung, sie beschreibt eine Schwere in ihrem Körper.

Für die Selbstregulation ist das Wahrnehmen von Empfindungen Voraussetzung. Als traumapädagogische Unterstützung eignet sich die Erklärung über den Unterschied von Gefühlen und Empfindungen und eine Vertiefung durch die Gegenüberstellung von beiden.

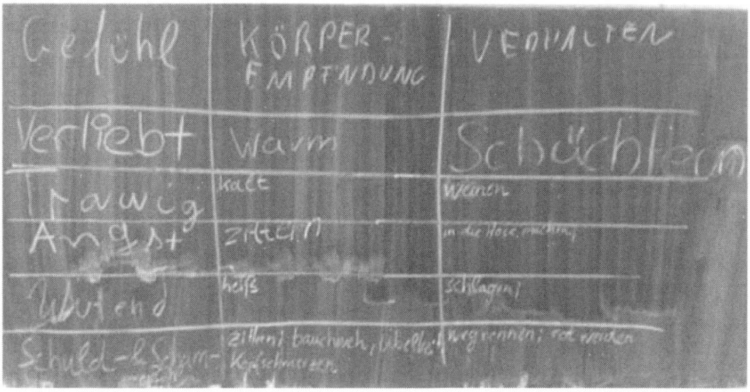

Zusätzlich können Mädchen und Jungen in themenspezifischen Gruppen (am ehesten geschlechtergetrennt) bei der Entwicklung von Selbstverstehen und Selbstwahrnehmung, etc. unterstützt werden. Es geht um Projekte, in denen die Kinder und Jugendlichen die Möglichkeit haben, Ängste, Schweigegebote etc. zu überwinden und sich selbst mit Freude besser kennen zu lernen. Die Frauenhilfe München beschreibt in ihrem Jahresheft 2003 ein Kinderprojekt zum Thema Identität, in dem Kinder sich auch während des sehr belastenden Aufenthaltes in einem Frauenhaus mit ihren Gefühlen, Freundschaften, Selbstbild usw. beschäftigen (Konzept und Durchführung vgl. Frauenhilfe München Jahresheft 2003). Zu themenspezifischen Gruppen zur Identitätsbildung eigenen sich Materialien wie z.B. „Das Variablenmodell balanciertes Junge- und Mannsein" von Reinhard Winter (Winter/Neubauer 2001) oder die Handreichungen von Thomas Lutz zu Selbstwahrnehmung, Selbstbewusstheit, Selbstvertrauen und Selbstbehauptung (www.ztp.welle-ev.de). Während Reinhard Winter an den Fähigkeiten von Jungen anknüpft, gibt Thomas Lutz Anleitungen, den Körper bewusster wahrzunehmen, die Gefühle und den Umgang mit ihnen zu erspüren und die Sinne und ihre Entwicklung wahrzunehmen. Ein wesentliches Ziel dieser Selbsterforschungsarbeit ist, das Zusammenwirken von Körper, Gefühlen Sinnen und Verstand (wieder) erfahrbar zu machen. Weitere Selbsterforschungsbereiche sind die Module zu Stress, Energie, Grenzen und Gewalt. Die Methoden können sowohl im Einzelkontakt als auch in der Gruppe eingesetzt werden. Über das Selbstwahrnehmen hinaus, dienen beide Ansätze der Entwicklung der Selbstregulation.

9.3 Selbstregulation

Die Erfahrungen der Kinder und Jugendlichen, in unterschiedlichen Lebenslagen subjektive Kontrolle im Erleben oder im Handeln zu erleben (oder nicht) und sich kompetent zu fühlen, tragen entscheidend zur Persönlichkeits- und Autonomieentwicklung bei. Sie sind ein Korrektiv zu dem bisherigen Erleben von wenig aktiv, wenig einflussreich und wenig wirkmächtig. Kinder wir Jana und Philipp brauchen einen sicheren inneren Ort (vgl. Lutz Besser 2006). Das bedeutet, sie lernen, sich selbst wieder zu Ruhe bringen, an sich zu glauben und sich selbst zu regulieren.

> Annas Atem bleibt im Brustkorb stecken. Alle Mädchen atmen nun gemeinsam in den Bauch. Anna bekommt zusätzlich die Unterstützung einer Atemtherapeutin. Nach einem halben Jahr kann Anna richtig schreien, sie lernt tiefer zu atmen und hat gewonnen an Kraft und Möglichkeiten der Selbstregulation.

Selbstregulation umfasst den mentalen Umgang mit Gefühlen und Empfindungen, den Umgang mit körperlichen Manifestationen der belastenden Lebenserfahrungen wie flaches Atmen und einen selbstschützenden und selbststärkenden Umgang mit Erinnerungsebenen wie Rückblenden und traumatischen Übertragungen. Der erste Schritt zur Förderung von Selbstregulation ist die Identifizierung der Stimuli, die zum Ausrasten (Übererregung) führen. Immer wieder wird so etwas im pädagogischen Alltag und im therapeutischen Setting geschehen:

> Markus besucht eine Grundschule; sobald er in innere Schwierigkeiten gerät – sobald er seinen inneren sicheren Ort verliert –, „fällt er aus dem Rahmen“: Er kaspert, er reagiert extrem aggressiv, stiehlt, singt laut etc. Markus möchte damit seine innere Not betäuben.

Fragen wir die Kinder nach den Auslösern und unterstützen wir sie mit den richtigen Fragen: Wann steigt dein Stresspegel? Wie hoch ist Dein Stressniveau, wo in Deinem Körper spürst Du das? Wir können sie bei der Entwicklung ihrer Fähigkeit, sich selbst zu beruhigen und/oder z. B. aus einem Zustand der Erstarrung herauszukommen, unterstützen.

> Die Lehrerin von Markus weiß um dessen Nöte, sie wirkt beruhigend auf ihn ein. Markus muss nicht mehr kaspern.
>
> Hans, der vor Angst erstarrt sobald er seine Mutter sieht, und seine Pflegeeltern suchen nach einem Ausweg. Er kann nicht immer seinen Freund bitten. Das hilft auch schon. Die Mutter kommt an bestimmten Tagen und Zeiten, das ist gut voraussehbar. Hans spricht sich auf seinen MP3-Player einen Text, den er in die Schule mitnimmt und während des Weges zur Verfügung hat: „Du gehst jetzt weiter, das rechte Bein, das linke Bein. Deine Mutter kann Dir nichts tun. Deine Pflegeeltern stehen an der Straße und warten auf Dich.“ Es funktioniert. Hans kann weiterlaufen.

Wenn Philipp, Jana, Markus und Hans lernen, auf ihre Empfindungen zu achten, können sie rechtzeitig den Denker aktivieren. Manche Kinder brauchen – um zu lernen – einen Denker von außen, die externe Regulation. Markus helfen – nachdem er den Mechanismus des dreigliedrigen Gehirns verstanden hat, Sätze wie „Du brauchst keine Angst zu haben“, „es wird Dich niemand wegschicken“. Um letztendlich einen sicheren inneren Ort finden zu können, hilft ein sorgsamer Umgang mit eingefrorener Energie und Übererregung. Markus, Hans und Jana brauchen körperliche Betätigung, um diese Energie entsorgen zu können.

Mit Übungen zur Aktivierung und Deaktivierung ihres Nervenssystems – Empfindungen von Stress im Körper nachspüren und mit ihnen Möglichkeiten der Beruhigung suchen und ausprobieren, können wir sie auf der Suche nach Balance ihres Nervensystems unterstützen. (vgl. Weiß 2011). Aus der Praxis kennen wir viele Beispiele, wie Kinder Erinnerungsebenen kontrollieren und PädagogInnen sie lehren können, dies zu tun (Kap. 11.2) Die Erfahrungen der Kinder und Jugendlichen, in unterschiedlichen Lebenslagen ihren Stress und ihre Gefühle z.B. durch Atmen oder Imaginationsübungen regulieren zu können, subjektive Kontrolle im Erleben oder im Handeln zu erleben und sich kompetent zu fühlen, tragen entscheidend zur Persönlichkeits- und Autonomieentwicklung bei. Die Erhöhung der Selbstregulation und der Selbstkontrolle als Teil derselben im Kontakt mit anderen mobilisiert eine emotional-kognitive Stabilität.

Gesundheitsförderung als Teil der Selbstregulation

Nicht erst seit dem wir von den krankmachenden Manifestationen traumatischer Lebensumstände im Körper wissen, hat Pädagogik auch mit Körperlichkeit zu tun hat. Der Schrei von Anna, der im Halse stecken bleibt, die Angst im Bauch, die zusammengezogenen Schultern, unnötige Spannungen, verzerrte Körperhaltungen sind körperliche Hinweise darauf, dass etwas nicht stimmt. Oft, wie bei Anna, sind es alte Verhaltensweisen, die unter enormen Druck entstanden sind. Die Wahrnehmung dieser Hinweise erhöht die Selbstwahrnehmung und zeigt Wege zu einem Körpergebrauch auf, der nicht hindert und lähmt sondern stärkt. Unsere Fähigkeit im Körper Dinge zu ändern, ermöglicht ein reiferes, potenteres Verhalten. Deshalb sind das Gesunde und die Gesundheitsförderung ein wichtiger Bezugspunkt der Selbstregulation. Durch Entspannungs- Lockerungs- und Energieübungen können gesundheitsbezogene Stärken und Entwicklungspotenziale gefördert werden. Dies sollte ein selbstverständlicher Anteil der pädagogischen Praxis sein[16]. Inhalte und Methoden von Gesundheitsförderung sind auch geschlechtsspezifisch (vgl. Kap. 9). Die Mädchen und Jungen sollen altersentsprechend über die gesundheitlichen Risiken erschwerter Lebensumstände und die Möglichkeiten der Selbstfürsorge aufgeklärt werden. Anna kann durch Atemübungen lernen, tiefer zu atmen. Sie spürt ihren Körper mehr, sie spürt Kraft und Beruhigung, wenn die in den Bauch atmet, wenn sie weniger flach atmet. Anleitungen z.B. aus dem Feldenkrais, Entspannungs- und Imaginationsübungen, das Lernen von gesundheitsförderndem Essverhalten und vieles andere mehr, fördert die Erfahrung,

---

16 Konzepte der Gesundheitsförderung wie z.B. im Kontext geschlechtsspezifischer Pädagogik finden Sie u.a. beim Sozialwissenschaftlichen Institut Tübingen, Gunter Neubauer (www.sowit.de)

ich kann für mich sorgen, ich kann etwas korrigieren, ich übernehme Verantwortung für meinen Körper und für mein Leben.

9.4 Selbstwirksamkeit

Selbstwirksamkeit entsteht, wenn Kinder das Gefühl haben, für sich selbst zu sorgen, auf ihre Umwelt einwirken und diese gestalten zu können. Ein solches Erleben von Sinnhaftigkeit und Handhabbarkeit wird für alle Mädchen und Jungen als entwicklungsfördernd und als eine wesentliche Voraussetzung für körperlich-seelisches Wohlbefinden angenommen, dies gilt in besonderem Maße für Mädchen und Jungen, deren frühe Kindheit überwiegend aus Ohnmachtserfahrungen bestand. Ein weiteres Korrektiv ist die Reaktivierung des kompetenten Selbst, d. h. mit den Mädchen und Jungen ihre ihnen nicht bewussten oder verschütteten Stärken zu suchen und zu beleben.

Der Blickwechsel

Alle Menschen, auch junge Menschen, z.B. Vorschulkinder haben eine innere Vorstellung von sich und von ihrem Platz in der Welt. Bei belasteten und traumatisierten Kinder finden wir – wie bereits beschrieben – eine negative Vorstellung, „die traumatische Erwartung“ (Pynoss et al. 2000, S. 285). Mögliche Resilienzquellen werden zerstört, wenn wir diese „traumatische Erwartung“ und ihre Korrektur in Pädagogik und Hilfeplanung nicht ausreichend und von Anfang der Hilfestellung an beachten. Vielleicht sehen sie ihre Situation hoffnungsloser als sie ist. Sie erkennen Wachstumschancen und UnterstützerInnen nicht. Im Gegensatz hierzu kann die innerliche Wahrnehmung und das Gefühl, dass die gegebene Situation eine Struktur und Bedeutung hat und es Möglichkeiten des Handeln gibt , die Mobilisierung innerer Kräfte anschieben bzw. stärken. Wenn dies dann noch in einer hilfreichen Umgebung geschieht, haben traumatisierte Mädchen und Jungen möglicherweise das Erleben in einer kontrollierbaren Welt zu sein. Dies ist eine korrigierende Erfahrung, weil dieses Erleben von Kontrolle und Selbstwirksamkeit lange Zeit fehlte. Bestandteil der pädagogischen Unterstützung und z. B. der Hilfeplanung mit den traumatisierten Mädchen und Jungen sollte über die kognitive Auseinandersetzung um die Bedeutung ihres Hierseins, ihres Aufenthaltes in der Anfangsphase (vgl. Kap. 7) hinaus immer auch die Erörterung der Fragen: Warum bin ich hier? Was halte ich von mir und der Welt? Wo stehe ich heute? Was ist mein Ziel, wie komme ich dahin? beinhalten.

Transparenz und Partizipation

Transparenz und Partizipation sind Korrektive der Erfahrungswelt traumatisierter Menschen: Transparenz, weil sie die Überschaubarkeit, die Sicherheit der Mädchen und Jungen erhöht; Partizipation korrigiert die Erfahrungen von Ohnmacht. Bedauerlicherweise wird die Mitbestimmung von Kindern und Jugendlichen in den Heimen nicht ihrer pädagogisch/therapeutischen Bedeutung gemäß praktiziert. Sie wird auch nicht entsprechend der gesetzlichen Verpflichtung entwickelt, wie in dem Titel des IGfH-Ratgebers für Jugendliche „Rechte haben – Recht kriegen“ (IGfH 2003) zum Ausdruck kommt.

Die Entscheidung über die Unterbringung, die geringen Wahlmöglichkeiten für die Mädchen und Jungen verweisen auf ein strukturelles Machtgefälle, das im Heimalltag seine Fortsetzung findet. Die Kinder erleben dieses Machtgefälle insbesondere durch das Spannungsfeld zwischen ihrem Wunsch nach *‚exklusiver‘* Beziehung und der Betreuungsbeziehung, der professionellen Beziehung, der Zwangsgemeinschaft. Daraus erfolgt ein Handlungsauftrag in Bezug auf Ehrlichkeit, Transparenz der Entscheidungen und auf die Beteiligung der Mädchen und Jungen.

Der Alltag wird für sie transparent und dem Erleben von Willkür, das viele Kindheitsgeschichten prägte, ein Korrektiv entgegengesetzt, wenn sie wissen, was gespielt wird, wenn Entscheidungen für sie durchschaubar und nachvollziehbar sind. Wenn dann noch ihr Rat gefragt ist, ihre Meinung eine Rolle spielt und etwas bewirkt, ist „... ein Kriterium für pädagogisch fundierte Qualität erfüllt“ (Wolf 2000, S. 5). Die Erfahrung von Selbstwirksamkeit kann und muss durch Partizipation im Heimalltag und an der Hilfeplanung verstärkt werden. Partizipation bedeutet, die Kinder als Subjekte wahrzunehmen, ihr Recht auf Meinungsäußerung zu respektieren, sie zu beteiligen und ihnen zunehmend Verantwortung zu übertragen. Sie erfahren ihr Leben als steuerbar und können für sich und andere Verantwortung übernehmen. Dies ist auch deshalb so bedeutsam, weil sich dadurch die Gefahr einer erneuten Abhängigkeit von Bezugspersonen minimieren lässt. Sie ist auch geboten, um das vorhandene strukturelle Machtgefälle auszugleichen bzw. zu minimieren.

Transparenz und Partizipation erfordern die Beachtung bzw. Neubewertung der folgenden Handlungsbereiche:

Faktoren von Transparenz und Partizipation

- Das strukturelle Machtgefälle muss transparent sein.
- Kinder und Jugendliche werden als GesprächspartnerInnen und KritikerInnen ernst genommen.
- Aufgrund der Bedeutung der Beziehung für alle Bereiche der persönlichen Entwicklung müssen die Wahlmöglichkeiten der Mädchen und Jungen hinsichtlich Gruppe und BezugsbetreuerInnen so weit als möglich ausgeweitet werden.
- Die Regeln des Hauses, der Gruppe werden gemeinsam erarbeitet. Die Mädchen und Jungen erhalten mehr Einfluss und Definitionsmacht. Die Mitarbeit erhöht die Erfahrung von Wirksamkeit und minimiert die Scheinanpassung.
- Die Regeln berücksichtigen die Möglichkeiten von individuellen Maßnahmen. Gleichheitspostulate berücksichtigen nicht ausreichend, dass die betroffenen Kinder und Jugendlichen Individuen sind und unterschiedliche Lebensgeschichten haben.

Die meisten traumatisierten Mädchen und Jungen erleben in ihren Familien, dass die Rechte des Einzelnen nicht hinreichend respektiert werden. Der in der frühen Kindheit notwendige Anpassungszwang lässt sie überhaupt nicht die Idee entwickeln, sie hätten Rechte. Umso bedeutender ist die Information über ihre Rechte und das Leben dieser Rechte als Korrektiv gegenüber dem Zustand totaler Rechtlosigkeit, von der Information über Kindeswohl und Straftatbestände, über Elternpflichten und -rechte nach Art. 6 GG bis hin zu ihren eigenen Rechten nach dem → KJHG und dem → Verfahrensrecht.

Die besondere Beachtung der Subjektstellung im Umgang mit traumatisierten Kindern ergibt sich aus dem erlittenen Objektdasein und auch aus den daraus resultierenden Schwierigkeiten, selbstbestimmt aufzutreten und zu agieren. Im Kontakt mit traumatisierten Kindern sind allerdings auch die Grenzen von Partizipation bei der Hilfeplanung, bei der Entscheidung über Unterbringung und Besuche zu beachten. Kinder können in einen massiven Loyalitätskonflikt zwischen Eltern und Bezugspersonen kommen. Partizipation heißt hier, im Spannungsfeld von Kindeswille und Kindeswohl (vgl. Zitelmann 2001) das kleine Kind von diesem Konflikt zu entlasten. Im günstigsten Fall sollte es gelingen „… die Eltern davon zu überzeugen, dass sie ihrem Kind selbst die Entscheidung zur Fremdunterbringung …“, (Fegert 1996, S. 20) evtl. auch bei Aussetzen von Besuchskontakten mitteilen. Bei älteren Kindern und Jugendlichen ist die Beteiligung obligatorisch, ältere Kinder und Jugendliche sind in der Entscheidungsfindung zu unterstützen, z. B. durch die Auseinandersetzung mit der Lebensgeschichte.

Die Wiederaneignung der Subjektstellung durch Selbstwirksamkeit, Selbstkontrolle und Partizipation ist nicht ohne Beziehung möglich: „Mit Betreuerinnen hingegen, die die Kinder zuallererst als Menschen erlebten (‚die Nähe zulassen‘), stiegen die wahrgenommenen Partizipationsmöglichkeiten“ (Kriener 2001, S. 24). Die Wiederaneignung der Subjektstellung ist auch nicht ohne die Auseinandersetzung mit der Lebensgeschichte möglich. Hier schließt sich der Kreis der Bedeutung von Selbstbewusstheit, Beziehung, Partizipation und Entwicklungschancen.

Der Flow

Erfahrungen von Selbstwirksamkeit entstehen auch durch gemeinsame Projekte wie Musikaufführungen, kreative Unternehmungen, Theateraufführungen, Ausdrucksmalen, Erlebnispädagogik etc. Der Begriff *Flow* stammt von Mihaly Csikszentmihalyi (Csikszentmihalyi 1990), der damit das Gefühl des völligen Aufgehens in einer Tätigkeit beschreibt. Wenn wir im Flow sind, sind unser Fühlen, unser Wollen und unser Denken in diesen Augenblicken in Übereinstimmung. Während wir der Tätigkeit nachgehen, spielen für uns weder die Zeit, noch wir selbst eine Rolle und das Handeln geht mühelos vonstatten. Viele Tätigkeiten können Flow erzeugen. Bei einer genaueren Analyse fand Csikszentmihalyi folgende Bestandteile, die Flow erzeugenden Aktivitäten gemeinsam sind (nicht alle Bestandteile müssen gleichzeitig vorhanden sein):

- *Wir sind der Aktivität gewachsen.*
  Wir spüren eine Herausforderung, es braucht entsprechende Fähigkeiten, die Herausforderung und die Fähigkeit passen zusammen.
- *Wir sind fähig, uns auf unser Tun zu konzentrieren.*
  Wir konzentrieren uns vollständig, sind nicht abgelenkt, lassen uns nicht ablenken. Wir hinterfragen die Aktivität nicht. Gleichzeitig sind die Sorgen des Alltags aus dem Bewusstsein verdrängt.
- *Die Aktivität hat deutliche Ziele.*
  Wir wissen, was wir tun müssen, um das Ziel zu erreichen.
- *Die Aktivität hat unmittelbare Rückmeldung.*
  Wir wissen oder erfahren, wann wir etwas richtig oder falsch gemacht haben.
- *Wir haben das Gefühl von Kontrolle über unsere Aktivität.*
  Dabei ist es nicht wichtig, ob wir tatsächlich die Kontrolle haben - unser Gefühl für die Kontrolle ist entscheidend.
- *Unsere Sorgen um uns selbst verschwinden.*
  Die Bewusstheit von sich selbst geht verloren. Manchmal erlebt man die Ausweitung des Selbst über die Körpergrenzen hinweg. Es ist keine Zeit zur Selbsterforschung – wir sind einfach.
- *Unser Gefühl für Zeitabläufe ist verändert.*
  Wir haben das Gefühl, dass die Zeit schneller vergeht.

Flow ist ein Resilienzfaktor, er stärkt im besonderen Maße das Gefühl der Selbstwirksamkeit. Während des Kongress der Internationalen Gesellschaft für erzieherische Hilfen in Sarajevo 2006 haben traumatisierte Mädchen und Jungen aus aller Welt mit Mitteln wie Tanzen, Zeichnen, Zeitung herstellen und Musik machen ihre Situation und ihre Möglichkeiten zu handeln, einen Platz in der Welt zu finden, dargestellt, ein wunderbares Beispiel von Flow, ein wunderbares Beispiel von Selbstwirksamkeitserfahrung (FICE 2006).

Reale Bildungschancen

Haupt- und Förderschulen sind die Schulen, die Kinder wie Jana und Philipp am meisten besuchen. Damit werden ihre Chancen auf soziale Teilhabe erheblich eingeschränkt. Dabei gibt es erhebliche geschlechtsspezifische Unterschiede: Die Mädchen streben zu einem größeren Anteil einen höheren formalen Bildungsabschluss an als die Jungen. Und: Kinder und Jugendliche in Pflegefamilien besuchen häufiger Realschule, Gymnasium, Gesamtschule als Kinder und Jugendliche in Heimen. (Pothmann 2007). Sicherlich ist hier einiges zu verbessern; Kinder wie Jana und Philipp haben keine Eltern, die sie „zum Abitur tragen", sie sind später in hohem Ausmaß auf sich alleine angewiesen. Im erzieherischen Alltag habe ich erlebt, dass Talente und Begabungen der Mädchen und Jungen – sicher aus Zeit- und Geldmangel – nicht ausreichend wahrgenommen und gefördert wurden. Alle Möglichkeiten zu guten Erfahrungen in Schule und Ausbildung dienen der Selbstwirksamkeit. Die Kooperation mit den Schulen ist nicht immer einfach, die Lernschwierigkeiten der Mädchen und Jungen in ihren lebensbiografischen Kontext zu stellen, nicht immer möglich. Diese Auseinandersetzung als allgemeinen Bestandteil der Kooperation mit Bildungseinrichtungen zu betrachten, eine noch intensivere Vernetzung mit berufsbildenden Angeboten und eine Berufsbegleitung zu entwickeln, sind gute Wege zur Unterstützung der Jugendlichen. Letztendlich kommt es auch darauf an, das Mädchen, den Jungen bei der Entwicklung einer Zukunftsperspektive zu unterstützen und diesen Weg Schritt für Schritt mit ihr/ihm zu gehen.

Die pädagogischen Möglichkeiten der Förderung von Selbstverstehen und Selbstwahrnehmung traumatisierter Mädchen und Jungen sind vielfältig. Zusätzlich können die Pädagoginnen und Pädagogen – einzel- und gruppenpädagogisch – die Mädchen und Jungen anleiten, ihre Selbstregulation entwicklungsfördernd zu beeinflussen. Dazu gehören auch die Möglichkeiten der Kontrolle traumatischer Erinnerungsebenen. Gesundheitsförderung bietet eine Möglichkeit in direkter Weise den eigenen Körper zu versorgen, sicher eine gute Erfahrung von Wiedergutmachung. Philipp und Jana bilden mit pädagogischer und auch therapeutischer Unterstützung ihr Selbst, sie entwickeln einen inneren sicheren Ort. Die Erfahrungen der Kinder und Jugendlichen, in unterschiedlichen Lebenslagen subjektive Kontrolle im Erleben oder im Handeln zu entwickeln und sich kompetent zu fühlen, tragen entscheidend zur Persönlichkeits- und Autonomieentwicklung bei. Dazu gehört auch die Unterstützung zur Wahrnehmung realer Bildungschancen. Die Reaktivierung des kompetenten Selbst, d. h. mit den Mädchen und Jungen ihre ihnen nicht bewussten oder verschütteten Stärken zu suchen und z. B. im Flow zu beleben, fördert das Gefühl von Selbstwirksamkeit. Das alles ist sind Korrektive zu dem bisherigen Erleben von wenig aktiv, wenig einflussreich und wenig wirkmächtig. Entfremdungserfahrungen werden durch diese Möglichkeiten der Selbstbemächtigung und durch die Auseinandersetzung mit der eigenen Geschichte immer mehr durch Selbstdeutungsmuster und Selbstvergewisserung ersetzt. Die Erfahrungen von Selbstwert, Selbstwahrnehmung, Selbstregulation und Selbstwirksamkeit vermitteln ein Gefühl für sich selbst, ein Wissen um sich und seinen/ihren Platz in der Welt und die körperliche Erfahrung: *Der/Die bin Ich.*

Literaturtipps

Blandow, J.; Gintzel, U.; Hansbauer, P. (1999): Partizipation als Qualitätsmerkmal in der Heimerziehung – Eine Diskussionsgrundlage. Münster.

Bundesarbeitsgemeinschaft der Landesjugendämter und Internationale Gesellschaft für erzieherische Hilfen (2003): Recht haben – Recht kriegen. Ein Ratgeber-Handbuch für Jugendliche in Erziehungshilfen. 2., überarb. Aufl., Weinheim und München

FICE (2006): DVD Congress Sarajevo „Auch mit belasteter Kindheit die Zukunft positiv gestalten“, Dokumentation

www.welle-ev.de/trauma, Link Methoden

Reddemann, Luise: Imagination als heilsame Kraft. Hör-CD mit Übungen zur Aktivierung von Selbstheilungskräften. Stuttgart

10. Jana und Philipp. Über geschlechtsreflektierende Pädagogik und Sexualpädagogik

Ein Blick auf die Auswirkungen von Traumata, z.B. von häuslicher Gewalt auf das Geschlechtsrollenbewusstsein der Mädchen und der Jungen, weist mit besonderer Dringlichkeit auf die Notwendigkeit hin, die Auswirkungen der Geschlechtszugehörigkeit zu reflektieren. Eine geschlechtsspezifische Pädagogik und eine geschlechtsspezifische Differenzierung der Hilfeangebote sind notwendig. Sexualität als zentrale Entwicklungsaufgabe lässt sich – erst recht nicht mit ihren Schattenseiten – nicht aus der Jugendhilfe ausgrenzen. Ein sicherer und konsequenter Umgang der PädagogInnen mit den Themen „Sexualität“ und „sexueller Missbrauch“ ist ein Korrektiv und ein notwendiger Schutzfaktor. Die Unterstützung von Mädchen und Jungen in Heimen zu einem selbstbestimmten Leben beinhaltet die sexuelle Aufklärung und das Erlernen von körperlicher Selbstbestimmung. Die Enttabuisierung sexueller Gewalt hat die Durchbrechung einer Opfer/Täter-Abfolge, die Verhinderung von → Sekundärviktimisierung und den Schutz von nicht missbrauchten, allerdings der Risikogruppe angehörenden Mädchen und Jungen zum Ziel.

10.1 Die Geschlechterdifferenz

Angesichts des Wandels der Gesellschaft und der Theorieentwicklung stellt sich die Frage, ob die Kategorie „Geschlecht“ überhaupt noch gerechtfertigt ist, da insbesondere Frauen in einer pluralisierten Gesellschaft eine Freisetzung aus traditionellen Zusammenhängen in nie gekanntem Ausmaß erleben. Männer- und Frauenwelten sind längst nicht mehr hermetisch voneinander getrennt. Die realen Erfahrungen der Mädchen und der Jungen, die die Jugendhilfe erreicht, sind allerdings weniger von mehr Chancen als eher von der ungebrochenen Polarisierung der Geschlechter geprägt. Die These erscheint nicht zu gewagt, dass die Alltagserfahrung eher eine Zunahme als eine Abnahme von Polarisierung der Geschlechter bei diesen Individualisierungsverlierern zeigt. Immer noch ist die

Kategorie Geschlecht für die Jugendhilfe eine bedeutende Handlungsressource. Die Geschlechtszugehörigkeit prägt die individuelle Entwicklung der Mädchen und Jungen und ihre Eingliederung in die Gesellschaft. Sexualität und Zukunft manifestieren sich geschlechtsspezifisch. Geschlechtsunterschiede beeinflussen die Verarbeitung der traumatischen Erfahrungen: Die Bewältigungsstrategien von Mädchen in belastenden Lebenssituationen sind eher nach innen gewandt und autoaggressiv. Sie re-inszenieren eher auf der Opferseite, sichern ihr Leben durch Prostitution, Drogen und mit Hilfe männlicher Begleiter ab. Jungenprobleme dagegen bestehen aus Schulscheitern und Aggression, Statussuche und Kampf um Anerkennung durch Stärke, Versagensängsten und fehlenden Konfliktlösungsstrategien. Jungen richten ihre Aktivitäten nach außen, sie halten sich mehr im öffentlichen Raum und auch ohne Beaufsichtigung auf als Mädchen (vgl. Nissen 1998). Männliche Opfer sexueller Gewalt erleben als zentrale Erfahrung die Verwirrung ihrer Geschlechtsrollenidentität.

Die unterschiedlichen Zugänge der Jugendhilfe zu den Geschlechtern repräsentieren unterschiedliche gesellschaftliche Erwartungen. Jungen kommen häufiger in Erziehungshilfe als Mädchen. Die Jugendhilfe betrachtet die Situation der Jungen auf dem Hintergrund der Leistungssituation in Schule und Ausbildung und in Bezug auf ihr Legalverhalten, die der Mädchen eher im Hinblick auf Erhalt der Herkunftsfamilie. Jungen kommen jünger in Erziehungshilfen (vgl. Baur u.a. 1998, S. 135), ihnen wird insofern eine Neuorientierung mit professioneller Unterstützung eher zugestanden als Mädchen.

Die Geschlechterdifferenz spielt also auf drei Ebenen eine Rolle; da sind die unterschiedlichen Bedingungen in der Sozialisation und in der Zukunftsgestaltung; wir wissen von den unterschiedlichen Verarbeitungsstrategien der Mädchen und der Jungen; und wir kennen die unterschiedliche Wahrnehmung der Mädchen und Jungen durch die PädagogInnen.

Ein Ziel geschlechtsbezogener pädagogischer Arbeit ist, die gesellschaftlichen und die lebensbiografischen Auswirkungen des Geschlechterverhältnisses zu erkennen und Mädchen und Jungen in ihrer Entwicklung zu emotional lebendigen, sozial verantwortlichen und selbstreflexiven Persönlichkeiten zu unterstützen. Es geht um Grenzen und um Sensibilisierung, um Erfahrungsräume, den Zugang zu eigenen Bedürfnissen, Gefühlen und Stärken und um Selbstbewusstsein ohne Fassade. Hierzu gehört die Auseinandersetzung mit dem Verständnis kultureller Zweigeschlechtlichkeit und einer gesellschaftlichen Realität, in der Mädchen und Jungen bzw. Männern und Frauen je nach Geschlecht unterschiedliche Lebenskonzepte und -räume, Verhaltensweisen und Wertigkeiten zugeschrieben werden. Eine wesentliche Grundlage geschlechtsbezogener Pädagogik liegt demnach in der Aufdeckung von Machtstrukturen, die Gleichwertigkeit und Differenz verhindern. so Michael Drogand Strud (vgl. Konzept zur „Qualifizierung von Trainern/Multiplikatoren in der Jungenarbeit" der LAG Jungenarbeit in NW e.V., www.jungenarbeiter.de), perspektivisch gehe es darum, die Selbstbestimmung von Mädchen und Jungen zu stärken und sie darin zu unterstützen sich von einschränkenden Zuschreibungen zu befreien.

Laura und Maria

> Laura prostituiert sich latent, sie schläft mit den Jungen in ihrer Schichtgruppe, wie es scheint, wahllos. Sie sorgt sich um ihren jüngeren Bruder, den möchte sie bald erziehen und versorgen. Mit Mühe und Not wird sie einen Hauptschulabschluss machen, vielleicht bekommt sie dann eine Lehrstelle in einer Übungsfirma für Hauswirtschafterinnen. Laura hat Angst vor der Zukunft, sie will möglichst schnell eine Familie gründen und versorgt werden. Maria geht nicht in die Schule, sie hat eine Lebensplanung: heiraten und versorgt werden. Lauras und Marias Mütter haben keine Schul- und Berufsausbildung, ihr Leben war und ist immerzu von Männern, Sozialhilfe und Alkohol bestimmt.

Marias und Lauras geschlechtliche Identität ist reduziert auf eine Situation, in der die Frau als Objekt den sexuellen Ansprüchen des Mannes untergeordnet ist. Ein mögliches Korrektiv können Mädchenräume bieten. Räume, in denen Laura und Maria mit anderen Mädchen Vorstellungen über 'Frau sein' und ihre Ängste hierzu austauschen können. In den von Jungen dominierten Gruppen ist es Laura und Maria nicht möglich, Mädchenräume zu schaffen. Dies gilt gleichermaßen für Mädchen wie Jana, die im Vergleich zu Maria und Laura ein relativ selbstbewusstes Frauenbild entwickeln.

Geschlechtsbewusste Pädagogik für Mädchen

- Die Akzeptanz des eigenen Körpers und der Körperlichkeit
- Die Entwicklung einer selbstbestimmten Sexualität
- Die Auseinandersetzung mit kritischen männlichen und weiblichen Geschlechtsrollenstereotypen
- Die Befreiung von Rollenzwängen
- Die Anerkennung weiblicher Emotionalität und sexueller Bedürfnisse
- Stärkung der Entscheidungsfreiheit der Mädchen
- Entwicklung von eigenen Interessen
- Selbstbestimmte Nähe und Distanzregelung in Liebesbeziehungen und in Freundschaften
- Entwicklung von Durchsetzungsvermögen
- Umgang mit Kommunikationsmedien
- Gesundheitsförderung

Gesundheitsförderung ist ein relativ neues Stichwort in der geschlechterbezogenen Pädagogik. Wie bereits beschrieben, ist die direkte Erfahrung, ich kann für meinen Körper sorgen, ich kann wiedergutmachen, ein wichtige Erfahrung (vgl. Kap. 8.3). Die Themen der Gesundheitsförderung sind auch geschlechtsspezifisch. Bei Mädchen geht es z.B. um Diät, Ernährung, Beauty-Tipps, Körperpflege, Stress und Entspannung, Gesundheitstrends und Bildungsangebote. Ihre Gesundheitsressourcen sind ein präventives Interesse an Gesundheitsförderung, Körperaufmerksamkeit, Beziehungsaufgaben, die Vielfalt berufsbiografischer Optionen und Grenzakzeptanz. Diese Themen haben Platz im pädagogischen Alltag als auch in gruppenspezifischen Angeboten.

In Mädchenräumen können sie mit und ohne Unterstützung von Erwachsenen ihre Erfahrungen und Unsicherheiten zu Frauenthemen austauschen. Sie können sich aussprechen und sich erzählend entwickeln. Solche Angebote müssen zum Schutz für die Mädchen, die nicht die inneren und sozialen

Ressourcen haben, in den meist koedukativen Einrichtungen der stationären Jugendhilfe in irgendeiner Form vorhanden sein. Es braucht Mädchencafés, Mädchengruppen etc.

Die gesellschaftliche Entwicklung, die Öffnung von Rollenzwängen durch die Individualisierung bedeutet einen Funktionszuwachs parteilicher Mädchenarbeit.[17] Welche Frauenrolle gefällt mir? Welche kann ich überhaupt ausfüllen, welche Ressourcen brauche ich dazu, welche Grenzen gibt es und wie komme ich dahin? Bei dieser Suche benötigen die Mädchen Unterstützung durch ein offensives Thematisieren. Die Umsetzung von → § 9 Abs. 3 SGB VIII z. B. durch die Aufnahme der zahlreichen Impulse von Mädchenprojekten, steht in den traditionellen Einrichtungen der Jugendhilfe noch aus.

Philipp

> Der mittlerweile sechzehnjährige Philipp ist in der Hauptschule doppelt isoliert. Er ist anders, weil er in einem Heim aufwächst, er ist anders, weil er sich den Machtdemonstrationen der anderen Jungen entzieht. Er findet die Männlichkeitsriten schlicht blödsinnig. Philipp lehnt die Zumutungen traditioneller Männlichkeit ab. Er findet eine sexualisierte, alles Weibliche deklassierende Sprache dumm. Damit verliert er den Zugang zu einer möglichen Peergroup außerhalb des Heims in der Schule.

Um die Anerkennung in ihren Peergroups nicht zu verlieren, eifern die meisten Jungen den gängigen Männlichkeitsbildern nach. Ihre Sozialisierung konzentriert sich bevorzugt auf Beruf und Außenwelt, die männliche Domäne, und vernachlässigt die Relevanz der Lebenswelt „Familie und Kinder“. Wie Lucky Luke oder John Wayne lösen sie ihre Probleme alleine und tun, was ein Mann tun muss. Der normative Druck ist groß. Wenn diese Strategien versagen, greifen sie möglicherweise zur körperlichen Gewalt, so wie sie es in ihrer Lebensgeschichte gelernt haben. Pfeiffer und Wetzels (nach Enzmann 2000) bestätigen in ihrer jüngsten Untersuchung: Jugendgewalt ist männlich. Jungen, die in ihrer Kindheit geschlagen oder misshandelt wurden, sind erheblich häufiger

17 Zum Konzept ‚parteiliche Mädchenarbeit' vgl. Hartwig/Weber 2000..

gewalttätig als nicht geschlagene Jungen. Sie schließen sich erheblich häufiger devianzgeneigten Gruppen an.

Philipp, Michael und Martin benötigen andere Männlichkeitsbilder, Konzepte positiver Männlichkeit sind zu entwickeln und zur Grundlage der Jungenarbeit zu machen:

Grundlagen der Jungenarbeit

1. Die ‚anderen' Männlichkeitsbilder können durch das Vorleben der Pädagogen transportiert werden. Allerdings sind die Erfolge des 'Lernens am Modell' nicht sehr weitreichend. Behindernd wirken sich die Unterschiede der sozialen Schichten von Betreuern und Betreuten (vgl. Wieland u. a. 1992, S. 128) und – wie auch bei der Entwicklung aller sozialen Motive – die ganz persönlichen, konkreten lebensbiografischen Erfahrungen der Jungen aus.
2. Das bedeutet, dass sich Jugendhilfe neben dem 'Lernen am Modell' mit den jungenspezifischen Bedürfnissen und Schwierigkeiten im Kontext des jeweiligen Milieus und auf dem Hintergrund der ganz privaten Geschichte auseinander setzen muss. Mit welchen Regeln und Riten von Männlichkeit sind Philipp, Michael und Martin in ihren Peergroups konfrontiert? Welche konkreten Männer- und Frauenbilder haben Philipp, Michael und Martin?
3. Ein zentraler Anspruch geschlechtsbewussten pädagogischen Handelns besteht darin, den Jungen soziale Spielräume zur Verfügung zu stellen, die das Ausprobieren einer alternativen Männlichkeit ermöglichen. Es ist davon auszugehen, dass die Jungen, die sich den gängigen Männlichkeitsbildern entziehen, in ihren Peergroups wenig Unterstützung erhalten werden. Möglicherweise geben sie eine alternative Männlichkeit auf oder ziehen sich in ihre Wohngruppe zurück.
4. Ein offener Diskurs über Männlichkeit kann durch die Weitergabe von Wissen über Geschlechter, Thematisieren von Rollenverhalten und biografischem Arbeiten die Jungen in ihrer Auseinandersetzung mit Männlichkeit unterstützen und ihnen helfen, andere Positionen nach „außen" zu vertreten.

Als neue Themen der Jungenarbeit benennt Gunter Neubauer Benachteiligung („arme Jungen, Jungen als Verlierer"), Arbeit mit Migrantenjungen, Berufs- und Lebensplanung, Jungengesundheit (vgl. Sozialwissenschaftliches Institut Tübingen –

SOWIT). Themen der Jungengesundheit sind Sport und Fitness, Leistungsfähigkeit, Beruf, Sexualität, Alkohol, Übergewicht, Bodybuilding. Gesundheitsressourcen der Jungen sind u. a. Unbekümmertheit, Gesunder Selbstbezug, Aufgabenbeziehungen, Sport und Bewegung. Auch in der Jungenarbeit sind zahlreiche erfolgreiche Wege begangen, die Methoden sind vielfältig, Jungenarbeit kann selbstverständlich, normal und einfach werden.

Geschlechtsbewusste Hilfestellung in stationären Einrichtungen der Jugendhilfe beinhaltet eine bunte Palette von geschlechtshomogenen Wohnformen, geschlechtsdemokratischer Pädagogik in Form koedukativer Angebote und flexiblen interessen- und zielgruppenbezogenen Angeboten (Mädchengruppe, Internet für Mädchen, Jungen auf dem Kriegspfad etc.). Erfahrungen mit diesen Angeboten beweisen, sie machen Spaß und haben Erfolg. Dennoch ist geschlechtsspezifische Pädagogik kein selbstverständlicher Bestandteil der Arbeit in den Erziehungshilfen. Dafür muss es Gründe geben: Geschlechtsspezifische Arbeit scheitere bisher nicht – so Monika Weber – „... am Beharrungsvermögen oder vermeintlichen Separatismus der Mädchenarbeit als vielmehr an der Ausgrenzung der Mädchenarbeit als vermeintliches ‚Zielgruppenprogramm' und am fehlenden Gegenstück einer reflektierten Jungenarbeit" (Weber 2001, S. 81). Es gibt Hinweise aus der Praxis, dass reflektierte Jungenarbeit – so sie Bestandteil der Gesamteinrichtung sein soll –Leitungskräfte direkt anspricht. Jugendhilfe ist noch immer ein Frauenbereich in Männerhand, das Beharrungsvermögen der Kollegen wirkt sich nicht immer positiv auf die Entwicklung geschlechtsspezifischer Arbeit aus. In der Zusammenfassung zum Elften Kinder- und Jugendbericht ist zu lesen: „In der Kinder- und Jugendhilfe sind die Forderungen der Sechsten Jugendberichtskommission noch immer unerfüllt. Die mittlerweile vielfältigen Ansätze zur *Mädchenarbeit* und die vereinzelten Ansätze zur *Jungenarbeit* sind deshalb gezielt zu fördern und durch die politische Strategie des *‚Gender Mainstreaming'* zu ergänzen. Das Nischendasein von Mädchen- und Jungenarbeit, die Unerreichbarkeit bestimmter Zielgruppen und die Begrenztheit traditioneller geschlechtsbezogener Identitätsentwürfe müssen überwunden werden.“ (Bundesministerium für Familie, Senioren, Frauen und Jugend 2002)

Der mittlerweile nicht mehr ganz neue Ansatz → Gender Mainstreaming erweitert den im KJHG festgeschriebenen Auftrag der Geschlechterorientierung. Gefordert werden die Öffnung normativer Deutungsmuster, eine Offenheit für die Vielfalt einerseits und eine Fortführung der Ansätze parteilicher Mädchenarbeit und antisexistischer Jungenarbeit andererseits. Gender Mainstreaming zielt auf die Einlösung von geschlechtsbezogener Gleichstellung ab, es „geht grundsätzlich um beide Geschlechter und um das, was zwischen den Geschlechtern geschieht“ (Winter 2001, S. 134). Das Spannungsfeld der Geschlechterbeziehungen wirkt sich auf die Implementierung geschlechtsspezifischer Angebote und die Umsetzung von Gender Mainstreaming aus. Eine Forschungsarbeit des DJI „Gender Mainstreaming in der Kinder- und Jugendhilfe, 2002–2006“ gibt erste Aufschlüsse: „Die Bilanz der Umsetzung offenbart eine Fülle unterschiedlicher Aktivitäten, lässt aber auch Hindernisse im Prozess der Implementierung sichtbar werden, die von ‚verbaler Aufgeschlossenheit bei weitgehender Verhaltensstarre‘ über mangelnde Unterstützung durch die Leitung bis hin zu ‚harten Fakten‘ wie etwa Einstellungsstopps reichen“ (DJI 2006, S. 18 ff.) Die Umsetzung sei bei den „Mühen der Ebenen“ angelangt, d. h. vielfältige Interessen, Ziele, Funktionen, Absichten, persönliche Erfahrungen, Emotionen, Konkurrenzen, hierarchische Strukturen, Koalitionen usw. spielen eine Rolle in Veränderungsprozessen. Die Forschungsgruppe sieht in dem Fehlen einer geschlechterpolitischen bzw. geschlechterpädagogischen Tradition und dem Mangel an Wissen über die Relevanz der Kategorie Geschlecht in unterschiedlichen Arbeitsfeldern strukturelle Hindernisse der Implementierung von Gender Mainstreaming in Organisationen der Kinder- und Jugendhilfe (vgl. ebd.). Eine Geschlechterpädagogik, die, um kompensatorisch zu wirken, alleine von Mädchenbenachteiligung und Jungenprivilegien ausgeht, ist aufzugeben, auch weil Jungen keineswegs die Nutznießer der Koedukation sind und der „Befund von Ungleichheiten in die eine oder andere Richtung wenig über die subjektiven Befindlichkeiten“ aussage (Bange 2001, S. 31).

Reinhard Winter, ein in der Jungenarbeit erfahrener Pädagoge schlägt deshalb vor, einen neuen Problembegriff zu entwickeln, der danach fragt, was Mädchen und Jungen Probleme bereitet, was sie in Widersprüche bringt und was bzw. wer daran etwas ändern kann (vgl. Winter 1996, S. 99). Die Selbstbilder und Problemdefinitionen der Mädchen oder der Jungen sollen thematisiert und problematisiert werden.

Die ganz konkrete und alltägliche Sensibilisierung für Machtmissbrauch im Geschlechterverhältnis bleibt weiterhin Aufgabe geschlechtsspezifischer Pädagogik, auch in geschlechtsspezifischen Wohngruppen. Männer wie Frauen, die sich in den Einrichtungen über Geschlechtsrollen auseinander setzen wollen, müssen die konkreten lebensbiografischen Erfahrungen der Mädchen und Jungen von Ohnmacht und Macht thematisieren. Die Entwicklung einer flexiblen, selbst- und fremdschützenden und selbststärkenden Geschlechterrolle ist eine wesentliche Korrektur der Beschädigungen, Einschränkungen, die durch traumatische Erfahrungen entstanden sind. Die pädagogische Unterstützung hierzu muss zentraler Bestandteil einer das Trauma korrigierenden Pädagogik sein. Auch damit wird ein Bogen zwischen Herkunft und Zukunft gespannt.

Literaturtipps

Daigler, C.; Finkel, M. (2000): Mädchen und junge Frauen in Erziehungshilfen. Eine Arbeitshilfe. Hrsg.: Evangelischer Erziehungsverband e.V. (EREV). Hannover

DJI Bulletin Nr. 75 aus 2006 zum Thema Gender

Neubauer, G.; Winter, R. (2006): Jungen und Männer in Balance. Männliche Zugänge zu Entspannung und Stressbewältigung. In: Kolip, P.; Altgeld, T. (Hrsg.): Geschlechtergerechte Gesundheitsförderung und Prävention. Theoretische Grundlagen und Modelle guter Praxis. Weinheim/München, S. 181-192

Winter, R.; Neubauer, G. (2001): Dies und das. Das Variablenmodell „balanciertes Junge- und Mannsein“ als Grundlage für die pädagogische Arbeit mit Jungen und Männern. Tübingen

10.2 Die Sexualität

Mädchen und Jungen beschreiben, dass die Heimerziehung ihnen keine große Hilfe bei ihrer sexuellen Entwicklung sei. Die sexualpädagogische Zurückhaltung entspricht in keiner

Weise der Bedeutung, die Sexualität für Jugendliche hat. Wenn die Jugendlichen Beziehungen aufnehmen, die auch sexuelle Aspekte haben, erfahren sie selten die Unterstützung ihrer BetreuerInnen (vgl. Wieland 1992, Krieger/Fath 1995). Im Gegenteil, in einigen Gruppen sind sexuelle Beziehungen der Jugendlichen untereinander verboten.

Auch sexuell traumatisierte Mädchen und Jungen haben bislang wenig Unterstützung darin bekommen, ihre Erlebnisse und die Folgen für die eigene Sexualität bzw. für eine Liebesbeziehung, das Verhältnis zum eigenen Körper, zur eigenen Sexualität, die Erfahrung von fremdbestimmter Verfügbarkeit zu thematisieren (vgl. Roth 1997, Baur u.a. 1998). Die Konfrontation mit Aids und die Auseinandersetzung mit sexuellem Missbrauch haben noch einmal die Notwendigkeit der Sexualpädagogik betont. Sexualpädagogik ist unabdingbar, um die Mädchen und die Jungen vor sexuellen Übergriffen zu schützen. Sie steht bei traumatisierten Mädchen und Jungen vor drei besonderen Aufgaben: Einen Bereich von positivem Sexualverhalten zu fördern, die Selbstfürsorge zu erhöhen und Normen und Werte gegen Grenzüberschreitungen zu festigen.

Sexualpädagogik beinhaltet in Einrichtungen der stationären Jugendhilfe die Berücksichtigung der bisherigen Erfahrungen der Mädchen und Jungen mit Sexualität. Traumatisierte Mädchen und Jungen haben Schwierigkeiten, eine stabile Identität auszubilden. Damit sind ihre Möglichkeiten, Handlungsstrategien und Verhaltensweisen zu entwickeln, die ihnen ein autonomes und selbstbestimmtes Ausgestalten ihrer Sexualität eröffnen, stark eingeschränkt. Die klassischen Ziele der Sexualpädagogik wie unbefangene Sauberkeitserziehung, Erziehung zur Liebesfähigkeit, unbefangenes Entdecken des eigenen Körpers, Einrichten einer persönlichen Intimsphäre und der Schamgrenzen etc., Entfaltung der eigenen Sexualität müssen auf Grund der erfahrenen Traumata und deren Auswirkungen ergänzt werden. Bei vielen, wenn nicht bei allen Mädchen und Jungen in der Jugendhilfe sind die sexuellen Normen verwirrt, das Körpergefühl ist beeinträchtigt, die Intimsphäre mit Gewalt durchbrochen, Sexualität fremdbestimmt. Einige mussten Vergewaltigungen ihrer Mütter miterleben. Sie haben in massiver Form die Koppelung von Sexualität, insbesondere männlicher Sexualität, mit körperlicher Gewalt erfahren. Ihre Mütter erleben sie eher als Opfer, als Frauen, die körperliche Selbstbestimmung nicht leben.

Die vor diesem Hintergrund entstandene sexuelle Verwirrung bedarf einer Korrektur durch die Vermittlung von Wissen über Sexualität, über erwachsene und kindliche Sexualität und durch das Angebot, ihre bisherigen Erlebnisse thematisieren zu können. Geschlechtsspezifische Körperarbeit bietet einen Ansatz, ein von anderen unabhängiges Verhältnis zum eigenen Körper zu entwickeln bzw. zurückzuholen und eine (sexuelle) Selbstbewusstheit zu gewinnen.

> Maria und ihre Freundin tanzen gerne. In den Räumen der Wohngruppe machen sie laute Musik. Sie ziehen sich sehr körperbetont an, sie tanzen mit einem knappen Oberteil. Während Maria sich nach dem Tanzen eine Jacke überzieht, provoziert ihre Freundin die Reaktion der Pädagogen und der anwesenden Jungen.

Wichtige Schritte auf dem Wege der Wiederaneignung oder der bejahenden Entdeckung des eigenen Körpers sind die Wahrnehmung seiner Signale und das Experimentieren mit dem Körper. Dazu eignen sich spezifische und geschlechtsspezifische Angebote wie Tanzen, Sport, Schminken, Krafttraining. Eine Vielzahl von sexualpädagogischen Einrichtungen und Medien erleichtert die Erörterung von sexuellen Normen. Spezialisierte Beratungsstellen wie Pro Familia etc. bieten die Möglichkeit von geschlechtshomogenen Gruppen. Körperlichkeit und Sexualität als Grundthematik, Öffnung von Rollenverhalten und körperliche Selbstbestimmung müssen immer auch in Inhalte und Aktivitäten der Pädagogik einfließen und Gegenstand der Alltagspädagogik sein.

Jugendliche wie Jana und Philipp sollen Erfahrungen mit selbstbestimmter Sexualität machen können:

> Maria probiert ihre Sexualität aus. Zaghaft beginnt sie eine sexuelle Beziehung zu einer Mitbewohnerin. In der Wohngruppe wird Homosexualität thematisiert. Maria schläft mit Jungen und mit Mädchen, das Geschlecht scheint ihr egal zu sein. Es ginge ihr um

den Menschen. Maria wechselt ihre sexuellen Beziehungen häufig, sie ist auf der Suche.

Maria braucht ein Angebot zur Reflexion, eine Unterstützung, um ihre körperliche Selbstbestimmung zu entwickeln. Diese sexuelle Selbstbestimmung und der Schutz der Intimsphäre werden durch Normen wie ‚keine sexuellen Kontakte untereinander' oder durch die „Schlüsselfrage" (auch Sechzehnjährige erhalten nicht selten keinen Schlüssel für ihr eigenes Zimmer) behindert. Sie können als ein Versuch von PädagogInnen und Institutionen bewertet werden, Kontrolle auch über den Lebensbereich Sexualität zu behalten. Das ist aber nur an der Oberfläche möglich und der Entwicklungsaufgabe einer selbstbestimmten Sexualität abträglich. Möglicherweise sind in Ausnahmefällen zeitweise rigide Grenzen nötig; aber auch hier ist zu bedenken: die Möglichkeiten der Mädchen und Jungen, in einem noch relativ geschützten Rahmen Selbstkontrolle zu lernen, werden so verhindert.

Die Tabuisierung von Sexualität kann ein Nährboden für Täter und Täterinnen sein. Auch eine so genannte ‚freie Sexualerziehung' kann von erwachsenen Tätern als Mittel für sexuelle Grenzüberschreitungen genutzt werden (vgl. Enders 2001, Braun u. a. 2002). Insbesondere dann, wenn sexuell traumatisierte Kinder und Jugendliche in den Gruppen leben, ist die Enttabuisierung von Sexualität und sexuellem Missbrauch notwendig. Sie erleichtert den Mädchen und Jungen und den PädagogInnen, auf sexuelle Grenzüberschreitungen durch Gleichaltrige oder durch Erwachsene aufmerksam zu machen. Sexualpädagogik beinhaltet einen aufmerksamen, nicht verharmlosenden Umgang mit sexualisierten Übergriffen. Jedes Nichtwahrhabenwollen oder Nicht-Reagieren auf sexuelle Übergriffe verstärkt zwangsläufig deviantes Verhalten. Die Enttabuisierung von Sexualität beinhaltet zum Schutz der Risikogruppen eine Offenheit zu diesem Thema im Team und in der Institution.

Ziele der Auseinandersetzung mit Sexualität

- Vermittlung von Wissen
- Thematisieren von Gefühlen
- Enttabuisierung der unterschiedlichen Formen von Sexualität
- Vermittlung der Regel: Kein Handeln auf Kosten anderer
- Wissen über die Entwicklungsaufgaben in der Pubertät
- Schutz zur Entwicklung sexueller Selbstbestimmung
- Individuelle Unterstützung für Mädchen und Jungen, die Sexualität bevorzugt in der Opferrolle leben
- Individuelle Unterstützung für Mädchen und Jungen, die sexuell grenzüberschreitend agieren

Gerade in der schwierigen Phase der Pubertät müssen Mädchen und Jungen diese Unterstützung zur Erarbeitung eines selbstbestimmten Lebensentwurfes bekommen. Diese ist auch ein bedeutender Bestandteil der Korrektur von traumatischer Sexualisierung.

Literaturtipps

Kommentierte Bücher- und Materialiensammlungen für Jugendliche und Fachleute zum Thema Sexualerziehung und Prävention von sexueller Gewalt geben wertvolle Hilfestellung (z. B. Manske-Herlyn). Der Donna Vita-Versand in Bonn hat ein umfassendes Angebot sexualpädagogischer Materialien etc.

Freund, U.; Riedel-Breidenstein, D. (2006): Kindliche Sexualität zischen altersangemessenen Aktivitäten und Übergriffen. Hinweise für den fachlich-pädagogischen Umgang. Broschüre im Auftrag des Landesjugendamtes des Landes Brandenburg

10.3 Die Enttabuisierung sexueller Gewalt

Die Enttabuisierung der sexuellen Gewalt gegen Kinder ist in den letzten fünfzehn Jahren vorangeschritten. Dennoch haben verschiedene Untersuchungen (vgl. Baur u.a. 1998, Roth 1997, Weber/Rohleder 1995) Wortlosigkeit und fehlende pädagogische Lösungsansätze bzw. fehlende konzeptionelle Orientierung zur Prävention sexueller Gewalt und im Umgang mit sexuell traumatisierten Mädchen und Jungen in den Einrichtungen der Erziehungshilfen festgestellt. Diese Lücke steht im krassen Gegensatz zu der Notwendigkeit und den methodischen Möglichkeiten der Enttabuisierung.

Dem Geschehenen Worte geben

Die Pädagogik hat vielfältige Möglichkeiten zur Bearbeitung sexueller Gewalterfahrungen, dies ist nicht nur in der Therapie möglich. Die Korrektur einiger Normen über Sexualität der missbrauchten Kinder und die Entlastung von belastenden Gefühlen können Bestandteil der Alltagspädagogik sein. Es geht einfach darum, eine Atmosphäre zu schaffen, die es ermöglicht, über erlittenen sexuellen Missbrauch zu reden. Die Hilfestellung für Mädchen und Jungen, die sexuelle Traumatisierung auf der Opfer- oder Täterseite re-inszenieren, erfordert die Enttabuisierung sexueller Gewalt im pädagogischen Alltag:

> Beim Abendessen dreht sich das Gespräch um sexuelle Gewalt, in der Zeitung wurde darüber berichtet. Der elfjährige John kommentiert die Diskussion mit der Aussage: „Wie gut, dass es dies bei uns nicht gibt.“ Die Pädagogin interveniert: „Das gibt es häufig, die Kinder haben keine Schuld.“ Danach kann Jana sagen, dass sie das auch erlebt hat.

Diese Öffnung des Themas durch die Pädagogin verhindert, dass Jana wie auch andere Kinder sich erneut nicht dazugehörig fühlen müssen. Die Lebensgeschichten der Mädchen und Jungen können nur in einem Klima, in dem sexuelle Gewalt und Gewalt von Eltern kein Tabu sind, bearbeitet werden. Sexuell missbrauchte Mädchen und Jungen sind auf HelferInnen angewiesen, die ihre Geschichten hören können. Deutliche Signale, dass Jana und Philipp mit den PädagogInnen über sexuellen Missbrauch reden können, erleichtern ihnen Offenlegungen. Wenn es den PädagogInnen gelingt, den Kindern zu vermitteln, dass sie davon überzeugt sind, dass betroffene Mädchen und Jungen keine Schuld haben und nicht „schlecht“ sind, entsteht eine offene Atmosphäre, in der die Kinder reden können. Wenn die Mädchen und Jungen von der gesellschaftlichen Verantwortlichkeit der Täter und Täterinnen und von der Mitverantwortlichkeit der den sexuellen Missbrauch duldenden Erwachsenen erfahren, können sie von der individuellen Ebene abstrahieren.

Bereits mit diesen Aussagen können die PädagogInnen zur Korrektur der belastenden Grundgefühle sexuell traumatisierter Mädchen und Jungen beitragen. Die Weitergabe allgemeiner Informationen über die Dynamik sexueller Gewalt dient der weiteren Entlastung. Parteiliche Aussagen tragen zur Sicherheit bei, zur Sicherheit über die Frage: „Was denkt die dann von mir?“ Mit Hilfe von Fernseh- oder Zeitungsberichten können diese Botschaften transportiert werden: „Ja, das gibt es öfter, die Erwachsenen haben Schuld, obwohl sich die Kinder schuldig fühlen. Meist sind sie in ein Geheimnis eingebunden oder die Erwachsenen drohen mit etwas, was den Kindern sehr große Angst macht.“ Das sind Grundorientierungen und die Kinder fühlen sich verstanden.

Enttabuisierung von sexueller Gewalt in der Pädagogik bedeutet die Vermittlung von Wissen über die Dynamik, über mögliche Missbraucher und deren Strategien. In der Heimerziehung muss die Erlebniswelt der missbrauchten Mädchen und Jungen thematisiert werden. Die Berücksichtigung der Schuldgefühle der Kinder, der Sprachlosigkeit und Ambivalenzen durch Sätze wie: „Die meisten Kinder denken, sie sind schuld. Das ist so, weil der Vater das so gesagt hat oder weil der Opa etwas geschenkt hat etc.“ entlasten von Schuldgefühlen, sortieren Ambivalenzen und helfen bei Sprachlosigkeit. Diese Enttabuisierung ist auch im gruppenpädagogischen Rahmen möglich, für betroffene Kinder bei guter Vorbereitung eher Schutz als Belastung.

PädagogInnen berichten öfter von ihrer Scheu, sexualisierte Berührungen durch Mädchen und Jungen zu thematisieren und klare Grenzen zu setzen. Die Scheu bzw. Sprachlosigkeit ist dann größer, wenn es um gleichgeschlechtliche Berührungen geht:

> Lauras Berührungen, vorwiegend ihre Berührungen von Frauen, sind sexualisiert. Alle Pädagoginnen sind genervt, wenn Laura auftaucht, sie verspüren bisweilen auch Ekel. Laura spürt die Ablehnung, sie versteht aber die Gründe dafür nicht, weil sie so ihrer Zuneigung Ausdruck verleiht.

Die PädagogInnen müssen die Sexualisierung der Berührungen nicht nur thematisieren, um ihre eigenen Grenzen zu demonstrieren, sondern auch um ihre Handlungsfähigkeit zu erhalten. Laura muss wissen, was die Pädagoginnen stört. Nur dann kann sie ihr eigenes fremd- und selbstschädigendes Verhalten einordnen und ändern. Dieses Aussprechen hat Vorbildfunktion. Die Pädagoginnen sind Modell: Wenn sie sexualisierte Berührungen dulden, können sie Laura und die anderen Mädchen und Jungen kaum im Üben von sexueller Selbstbestimmung unterstützen. Das Ansprechen ist eine Gratwanderung, Laura soll spüren, dass sie respektiert und verständnisvoll betrachtet wird, sie soll auch lernen, dass eine Sexualisierung der Kontakte zwischen den erwachsenen Bezugspersonen und Abhängigen nicht geduldet wird.

Verantwortlich zu enttabuisieren bedeutet nicht nur ein bohrendes Nachfragen zu vermeiden, sondern auch das Schutzbedürfnis der Kinder zu berücksichtigen und gegebenenfalls Grenzen zu setzen. Es gibt auch falsche Orte und den falschen Zeitpunkt zur Offenlegung der eigenen Leidensgeschichte. Wenn ein Kind seine ganze Geschichte erzählt, fühlt es sich möglicherweise auch den PädagogInnen gegenüber schlecht und beschmutzt. Es besteht die Gefahr, dass zu viel oder an Orten und zu Zeiten über Details berichtet wird, die für die Kinder schädigend und für die PädagogInnen nicht mehr auszuhalten sind oder sie hilflos machen:

> Julia möchte beim Abendbrot Details über sexuelle Gewalt loswerden. Sie empfängt jeden Erwachsenen, jedes Kind in der Gruppe mit den Worten *„Weißt du, warum ich hier bin?“*, bereit, über die sexuellen Gewalterfahrungen zu erzählen. Julia will wissen, wie die Erwachsenen und Kinder reagieren. Erwachsene wenden sich ab, die PädagogInnen sind entnervt, die Kinder lachen über sie.

Julia setzt die Kinder und die Erwachsenen ähnlichen Gefühlen aus, die sie vielleicht selbst erlebt hat: Das Zuviel, die instinktive Erregung, Hilflosigkeit. Sie kann nicht wissen, dass diese Verarbeitungsstrategie ihr möglicherweise sehr schadet. Sie braucht den Schutz der PädagogInnen. Bei der Thematisierung von sexuellem Missbrauch ist das für das Mädchen und den Jungen richtige Tempo zur Bearbeitung ihrer Gewalterfahrungen zu finden und zu respektieren.

Literaturtipp

Das Taschenheft „Die Nachricht – Taschenheft für Jungen über sexuellen Missbrauch an Jungen“, herausgegeben von Zartbitter, Köln 1999, bringt in hervorragender Weise notwendige Informationen über die Dynamik der sexuellen Gewalt entlastend an den Jungen.

Der Umgang mit ungewöhnlichen sexuellen Verhaltensweisen

In jeder Jugendhilfeeinrichtung leben Opfer, potenzielle und praktizierende Täter und Täterinnen zusammen. Die sexuellen Normen der Mädchen und Jungen sind meist unangemessen, viele sind Opfer sexueller Gewalt. Sie agieren mit ungewöhnlichen, nicht altersentsprechenden sexuellen Verhaltensweisen. Möglicherweise re-inszenieren sie auf der Opfer- oder auf der Täterseite. Sie prostituieren sich oder sie missbrauchen andere Mädchen und Jungen.

Re-inszenieren auf der Täterseite

Sexuelle Grenzüberschreitungen zwischen Kindern und Jugendlichen sind wahrscheinlich Alltag in Einrichtungen der stationären Jugendhilfe. Möglicherweise werden diese Verhaltensweisen tabuisiert, weil man um den Ruf der Einrichtung fürchtet. Sie sind dennoch an der Tagesordnung, weil z.B. Opfer sexueller Gewalt möglicherweise in der Täterrolle reinszenieren. Angst und Unsicherheit kennen die meisten PädagogInnen und TherapeutInnen, die mit jugendlichen Tätern und Täterinnen in Berührung kommen. Ein sicherer und konsequenter Umgang mit diesen Grenzüberschreitungen durch die PädagogInnen ist allerdings ein bedeutsamer und notwendiger Schutzfaktor für die Opfer. Die Interventionen sollen dem Schutze der Opfer dienen, sie sollen aber auch eine Verfestigung von sexuell aggressivem Verhaltensmuster verhindern. Täterprävention beinhaltet die Reaktion der PädagogInnen auf sexualisierte Sprache, Berührungen etc., also auf die alltägliche sexualisierte Gewalt. Nichtreaktion provoziert eine Verfestigung des Verhaltens. Michaelis und Lüüs erproben in ihrer Einrichtung eine ‘zielorientierte professionelle Pädagogik', in deren Zentrum eindeutige Aussagen der Einrichtung zu sexueller Gewalt bei jeder Aufnahme eines Mädchens oder Jungen stehen. Sexualisierte Gewalt wird nicht geduldet, verbale Grenzverletzungen werden in Gruppennachmittagen thematisiert. Mit Hilfe der Gruppenpädagogik setzen sie zur Prävention sexualisierter Gewalt in koedukativen Wohngruppen bei der Veränderung der Kommunikationsmuster an (vgl. Michaelis/Lüüs 1999, S. 109 ff.).

Der Umgang mit Jungen und Mädchen, die sexuell übergriffig werden, ist unterschiedlich. Klar ist aber, dass reagiert werden muss, ‚es' wächst sich nicht aus:

> Der fünfjährige Michael nötigt die vierjährige Susanne, seinen Penis in den Mund zu nehmen und sich dann auf ihn zu legen. Michael arbeitet dabei mit einem Geheimnis und einer Drohung. Die Erzieherin, die die beiden „erwischt", setzt Grenzen und kümmert sich um Susanne. Susanne bekommt weitergehende Hilfe. Auch Michael wird unterstützt, er kann in der Therapie erzählen, dass er das beim Papa auch so machen musste. Der Eindruck entsteht, dass er versteht, was er Susanne angetan hat.

Die Interventionen bei aggressiven sexuellen Verhaltensweisen müssen das Lebensalter des Jungen oder Mädchens berücksichtigen. Jüngere Kinder sind emotional eher mit sich selbst in Kontakt. Sie verstehen die Situation des Opfers eher. Deshalb kann Opferempathie bei jüngeren Kindern durchaus bereits anfängliches Ziel pädagogischer und therapeutischer Interventionen sein. In der akuten Situation besteht die Möglichkeit, bei dem grenzüberschreitenden Kind eigene Opferanteile zu thematisieren und eine Verbindung herzustellen, da das ursprüngliche Trauma eher zugänglich ist. In der Hilfeplanung darf Michaels Verhalten nicht verschwinden. Hypothesen zu den Ursachen seines Verhaltens und die Möglichkeiten der Korrektur sind notwendig, um eine Verfestigung des sexuell übergriffigen Verhaltens als Problemlösung zu verhindern:

> Philipp zwingt den elfjährigen Benn zu Oralverkehr. Damit konfrontiert, gibt er zu, dass er „Scheiß gebaut hat." Weil er kein Vorbild sei, tritt er vom Heimrat zurück. Die Therapeutin des Heimes

kümmert sich um Benn. Aber Philipp kann oder will nicht nachvollziehen, dass die sexuellen Übergriffe den anderen Jungen demütigen und nachhaltig schaden. Mit der Zeit tritt eine trügerische Ruhe in der Wohngruppe ein, die sexuellen Übergriffe werden nicht mehr thematisiert. Aber sind sie damit auch verschwunden?

Bei jugendlichen Misshandlern und Misshandlerinnen sind eigene Opferanteile im Gegensatz zu jüngeren Kindern eher abgespalten. Im Gegensatz zu erwachsenen Tätern und Täterinnen haben sie jedoch in geringerem Ausmaß verfestigte Täterstrukturen gebildet. Um eine Verfestigung zu verhindern, sind zielgerichtete Interventionen erforderlich. ‚Zielgerichtet' bedeutet die Konfrontation mit der sexuellen Gewalt. So dient die Thematisierung innerhalb der Gruppen der Enttabuisierung. Diese Konfrontation des Täters/der Täterin einzeln als auch innerhalb der Gruppe bedingt eine gute Beziehung zwischen den PädagogInnen und den Mädchen und Jungen. Der Kontakt zu dem Täter, der Täterin muss zwischen ablehnender Härte und Reduzierung auf eigene Opferanteile liegen, um nicht dem „Täter" eine Kontaktaufnahme unmöglich zu machen. Sexuelle Gewalt verführt dazu, die „Detektiv-Rolle" zu übernehmen. Im pädagogischen Alltag stehen die professionellen Helfer möglicherweise vor der Frage: Ermittlungs- oder Beziehungsarbeit? Die generellen Ziele der pädagogischen Arbeit mit sexuell gewalttätigen, die Möglichkeit der Erfahrung von Veränderung, die Hoffnung auf Selbstkontrolle und insgesamt korrigierende Beziehungserfahrungen, erfordern eine tragfähige Beziehung. Ermittlungsarbeit kann hierzu im Widerspruch stehen. In der Praxis hat sich eine Trennung der Arbeitsaufträge von Pädagogik, Wächteramt und bei über Vierzehnjährigen die Strafverfolgung bewährt.

Eine Gruppenoffenlegung ist auch abhängig vom Willen des Opfers. Damit die Konfrontation nicht zur Repression des Konfrontierten verkommt, sollten immer Wertschätzung und der Glaube an die Ressourcen des Konfrontierten vermittelt werden. Der Schutz von Kindern und die Einhaltung von Handlungsauflagen darf nicht vernachlässigt werden. Zur weiteren Bearbeitung des sexuellen Misshandelns als Handlungsmuster ist bei jugendlichen Tätern ein therapeutisches oder gruppentherapeutisches Setting notwendig[18] (vgl. David 1999; Kossack/ Müller 2000; Meyer-Deters 2001):

> Jakob lebte in einer Heimgruppe. In einer Pflegefamilie konnte er nicht mehr bleiben, da er als Achtjähriger gegenüber der zweijährigen Tochter der Pflegeeltern sexuell übergriffig war. Als Sechzehnjähriger wurde er im Heim bei
> Übergriffen gegen jüngere Jungen erwischt. Er wurde konfrontiert und beobachtet, weitere Konsequenzen und eine intensive Auseinandersetzung mit seinem Täterverhalten erfolgte nicht, da die personellen Ressourcen fehlten. Jakob lebt nach der Heimunterbringung in der Nähe des Heimes, er hat Kontakt zu den Mädchen und Jungen. Sieben Jahre später berichten einige jüngere Mädchen von sexuellen Übergriffen Jakobs gegen sie. Jakob kann mittlerweile perfekt manipulieren. Wie viele zum Opfer des heute Zweiundzwanzigjährigen geworden sind, weiß niemand.

Wenn auf die sexuelle Misshandlung nicht reagiert wird, besteht die Gefahr, dass die Jungen und Mädchen[19] irgendwann wieder mit sexuellen Übergriffen beginnen. Sie wachsen in die Rolle des Misshandlers hinein. 50 Prozent aller erwachsenen Täter haben als Jugendliche begonnen (vgl. Bullens 1998, S. 16). Das Risiko einer Chronifizierung ist erheblich. Sexuelle Gewalt von Minderjährigen ist ein prognostisch schwerwiegender Risikofaktor für die weitere Persönlichkeitsentwicklung. Eine „Täterkarriere" bedeutet eine schlechte Perspektive für das Leben als Erwachsener.

Die Hilfeplanung aller Beteiligten muss folgende Fragen beantworten:

- Wer arbeitet mit den betroffenen Jungen?
- Welche Auflagen bekommt der Junge, das Mädchen?
- Wer ist Kontrollinstanz?

---

18 Aus der bisherigen Erfahrung mit Rückfallpräventionsprogrammen sind Konzepte entstanden, die in das Zentrum der „Dauerhaften Veränderung" die Verstärkung der Eigenkontrolle stellen (vgl. Hendriks/ Bullens 1998).

19 Ein Erfahrungsbericht von Maria Schuhmacher, einer Erzieherin in der Heimerziehung, berichtet über Mädchen als sexuelle Misshandlerinnen (2001).

- Welche therapeutische Unterstützung wird angeboten?
- Wie wird in der Gruppe thematisiert?
- Die zeitliche Festlegung der Überprüfung der Ziele
- Was passiert, wenn der Täter, die Täterin nicht mitarbeitet?

Die, die sexuell misshandeln, müssen erfahren, dass dieses Handeln Konsequenzen hat. Da Täter – wie auch Jakob – glauben und auch erfahren, dass sie sich irgendwie durchlavieren können, ist die Verschärfung von Zwangsmitteln sicherlich ein Mittel der Wahl.

Manche Jungen und Mädchen, die sexuell übergriffig sind, werden von Einrichtung zu Einrichtung verlegt, ohne dass sie eine angemessene pädagogische/therapeutische Hilfe bekommen. In spezialisierten Einrichtungen, die entwicklungs- und deliktbezogenen arbeiten (z.B. die Sozialpädagogische Intensivgruppe im Albert Schweitzer Kinderdorf in Hanau), haben Jugendliche und Kinder, die auf der Täterseite re-inszenieren, die Chance, ihrem Leben eine andere Richtung zugeben. Die Konzepte sind größtenteils wirksam. Aufgrund des hohen personellen Aufwandes haben diese Einrichtungen einen höheren Pflegesatz. Diese Chance deshalb nicht zu nutzen, gleicht unterlassener Hilfeleistung – sowohl den „Tätern" als auch den Opfern gegenüber.

Literaturtipp

AMYNA e.V. – Projekt zur Prävention von sexuellem Missbrauch (Hrsg.) (1999): „Die leg ich flach!" Bausteine zur Täterprävention. München

Re-Inszenieren auf der Opferseite

Der pädagogische Umgang mit Mädchen und Jungen, die sexuelle Gewalt auf der Opferseite re-inszenieren, hat sich verändert. Waren noch bis Anfang der Achtzigerjahre Prostitution und Promiskuität unter dem Begriff der sexuellen Verwahrlosung häufig der benannte Grund für die Heimerziehung, so ist es heute doch weitgehend Praxis, Prostitution als eine Folge von bzw. Reaktion auf sexuelle Gewalt zu betrachten. Der pädagogische Umgang mit dieser Überlebensstrategie reicht vom versuchten Verbot über Ignorieren bis hin zum Begleiten inklusive Schutzmaßnahmen:

> Laura (13) prostituiert sich hin und wieder, obwohl sie sich dabei schlecht fühlt. Wieso sie das tut, weiß sie nicht, die Diskriminierung als ‚Hure' findet sie richtig. Martin (11) verdient viel Geld mit Prostitution.

Beide haben Gründe bzw. Motive, sich zu prostituieren, die Eigensicht erschwert ihnen jedoch die Akzeptanz ihrer eigenen Motive:

> Laura ist sehr unsicher. Mal bekommt sie Geld, mal geht sie einfach so mit. Martin will das Geld für seine Unabhängigkeit verdienen. Beide lehnen dennoch die Überlebensstrategie des sich Prostituierens ab. Laura glorifiziert die Ehefrau- und Mutterrolle und wertet ihr eigenes Tun ab. Sie verurteilt sich dafür, dem gängigen Frauenbild nicht gerecht zu werden und hält sich für verachtenswert. Martin redet geringschätzig über sich, der Zweck heilige jedoch die Mittel. Auch Martin schämt sich, dem gängigen Männerbild nicht zu genügen. Weil er sich prostituiert und seine Freier Männer sind, sei er kein richtiger Mann.

Sie können sich ihre Strategien nicht als Suche nach etwas Verlorenem, nach Zuwendung zugestehen. Möglicherweise haben sie – sehr früh und leidvoll – diese physische Aktivität als Mittel von Einflussnahme und Erwerb von Gegenleistungen kennen gelernt. Erst die verständnisvolle Reaktion von PädagogInnen, die die Mädchen und Jungen dabei unterstützen, den eigenen lebensbiografischen Zusammenhang genauer zu verstehen, hilft ihnen, dass sie zum Subjekt ihres eigenen Tuns werden. Das ist die Grundlage, um alternative Verhaltensweisen mit dem gleichen Ziel auszuprobieren.

Alle ungewöhnlichen sexuellen Verhaltensweisen rufen weitere Verletzungen, negative Reaktionen und Ablehnung in besonderem Maße hervor. Deshalb müssen die PädagogInnen, so schwer es ihnen in dem gegebenen Moment auch manchmal erscheinen mag, bei solchen Verhaltensweisen so schnell wie möglich intervenieren und Grenzen setzen. Um die Selbstbewusstheit zu stärken, Sekundärschädigungen zu vermeiden und Verhaltensänderungen zu ermöglichen, müssen die Interventionen der PädagogInnen eine Erklärung beinhalten, die es Michael, Philipp, Maria und Laura ermöglicht, sich ihr eigenes Verhalten zu erklären.

Auf die Herausforderung durch die Anwesenheit von sexueller Gewalt betroffener Mädchen und Jungen in Einrichtungen der Erziehungshilfen müssen in den Regeleinrichtungen Reaktionen erfolgen. Einrichtungsinterne Fortbildungen, Konzepte, Fachdienste und therapeutische Angebote sind einige Möglichkeiten, die Professionalität in Einrichtungen der stationären Jugendhilfe zu verbessern (vgl. Weber/Rohleder 1995; Weiß 2002).

Die Anforderungen an die PädagogInnen

Männer und Frauen, die in Kenntnis ihrer geschlechtsbezogenen Orientierungsfunktion diese Inhalte umsetzen wollen, können dies nur durch die Reflexion ihres eigenen Geschlechtsrollenverständnisses: „Ein von patriarchalen Bestandteilen befreites männliches Rollenkonzept zu vermitteln, erfordert vor allem in der Jugend- und Bildungsarbeit, sich selbst reflexiv einzubringen und sich gemeinsam mit diesen Jungen auf eine neue Identität hin zu bewegen, die Männlichkeit neu definiert, indem sie sich von Sexismus und Gewalt distanziert. Ohne eigenes radikales Abrücken von traditioneller Männlichkeit und gewaltbesetzter Geschlechtszugehörigkeit kann ein Mann nicht Vorbild sein für eine männliche Identität, die aus der Geschlechtszugehörigkeit keinen Macht- und Führungsanspruch herleitet“ (Heiliger 1998, S. 10). Dies bedeutet, dass jeder Mann, der mit Jungen arbeitet, sein eigenes Männerbild hinterfragen muss. Die Frauen werden aufgefordert, auf klischierte Mädchenbilder zu verzichten und die heutige Vielfalt von Bildern und Vorstellungen über Mädchenleben zu akzeptieren und sichtbar zu machen. Sie werden von dem Anspruch entlastet, Vorbild für ein verändertes Rollenverhalten zu sein. Das Wahrnehmen von geschlechtsspezifischen Lebenslagen, die Unterstützung der Mädchen in der Auseinandersetzung mit ihren Bildern und Vorstellungen setzt allerdings eine Distanz und kritische Auseinandersetzung mit der eigenen Geschichte als Frau voraus, ein professionelles

Selbstverständnis, das die Selbstreflexion und Veränderung der Pädagoginnen einschließt.

Die sexualpädagogische Zurückhaltung in Heimen ist möglicherweise eine Folge der Koppelung von Sexualität und Gewalt. Immerhin war Sexualpädagogik zu Zeiten der Heimkampagne eines der großen Themen der Heimerziehung. Heute ist es als Thema fast weggerutscht. Vielleicht erschweren die Koppelung von Macht und Sexualität und die direkte Betroffenheit der professionellen Bezugspersonen im Heimalltag die Entwicklung von Sexualpädagogik. Die Erfahrungen der Kinder berichten von zerstörerischer Sexualität bzw. von sexualisierter Macht, sie transportieren Frauenverachtung und die Verachtung von Kindern. Die Übertragung sexualisierter Traumatisierung macht Angst, erweckt Ekel, betrifft möglicherweise das eigene sexuelle Empfinden (vgl. Kap. 14.3). Der Wunsch der PädagogInnen nach Schutz mündet im Tabu, das Tabu jedoch kann in Bedrohung münden. Deshalb müssen die PädagogInnen sich den Anforderungen der Sexualpädagogik stellen. Das beinhaltet die Reflexion der eigenen sexuellen Normen und der Entwicklung der eigenen Erwachsenensexualität und die Notwendigkeit, die tabuisierten Gegenübertragungsreaktionen (vgl. Kap. 14.3) wie z.B. sexuelle Erregung, zu thematisieren und zu reflektieren. Sie brauchen die Fähigkeit, über Sexualität und sexuelle Misshandlung auch in sexueller Sprache zu reden, wenn sie mit den Mädchen und Jungen über Sexualität und sexuellen Missbrauch reden wollen. Die Konfrontation mit sexuell abweichendem Verhalten erfordert die Reflexion der eigenen Normen sowohl im Umgang mit Re-Inszenierungen auf der Opferseite als auch auf der Täterseite. Während die PädagogInnen mit Re-Inszenierungen auf der Opferseite eher umgehen können, findet eine Auseinandersetzung mit der Problematik der sexuellen Übergriffe, der Re-Inszenierung auf der Täterseite durch Kinder und Jugendliche kaum bzw. ungenügend statt (vgl. Weiß 1999, S. 83). Dies gilt im Übrigen auch für die Auseinandersetzung mit Frauen als Täterinnen.

Alle, die mit sexuell auffälligen Mädchen und Jungen arbeiten, werden ihre Gefühlsreaktionen, Bewertungs- und Handlungsmuster auf sexuell auffälliges Verhalten kennen bzw. kennenlernen müssen. Nur dann können sie die Mädchen und Jungen dabei unterstützen, ihre Reaktion als „eine normale Reaktion auf eine unnormale Umwelt" zu verstehen, ihr Überleben wertzuschätzen und neue, selbst- und fremdschützende Verhaltensweisen zu entwickeln. Die Korrektur von geschlechtsspezifischen und sexuellen Normen der traumatisierten Mädchen und Jungen setzt eine hohe persönliche Fähigkeit zur Reflexion der eigenen Normen und die Fähigkeit des Teams zur Reflexion der Geschlechterfrage, zur Enttabuisierung von Sexualität und sexuellen Grenzüberschreitungen und zur Offenheit für Gegenreaktionen auf Übertragung sexualisierter Gewalterfahrungen voraus.

Die Anforderungen an die Institution

In der Mehrzahl der Einrichtungen wird Geschlechterdifferenz trotz § 9 Abs. 3 SGB VIII nicht thematisiert. Die Zukunft einer geschlechtsdemokratischen Jugendhilfe hängt davon ab, ob es gelingt, ein „... selbstverständliches Nebeneinander von koedukativen Projekten, reflektierter Jungenarbeit und parteilicher Mädchenarbeit ..." (Weber 2001, S. 81; vgl. auch Daigler/Finkel 2001) zu installieren und dies gilt für die kleinste Einrichtung. Die Umsetzung von Gender Mainstreaming könnte im Zusammenhang mit den Qualitätsvereinbarungen nach § 78 KJHG dazu beitragen, die Umsetzung von § 9 Abs. 3 SGB VIII durch konzeptionelle Vorgaben über Pädagogik, Partizipation von Mädchen und Jungen und über das Verhältnis von Männern und Frauen in der Institution zu fördern. Bezogen auf die strukturelle Verteilung von Macht und Einfluss gilt heute noch: „Soziale Arbeit ist ein Frauenberuf, dessen Leitung in Männerhand liegt" (Hartwig/Weber 2000, S. 32).

Im Umgang mit Jungen und Mädchen, sie sexuell misshandeln, ist die Unsicherheit sehr hoch. Rahmenrichtlinien zum Umgang mit Jungen und Mädchen, die sexuelle Gewalt ausüben (z.B. Albert Schweitzer Kinderdorf Hanau), dienen der Minimierung von vorschnellen Verurteilungen, Abschiebungen und Bagatellisierungen, In Kooperation mit der Beratung durch eine insoweit erfahrene Fachkraft dienen diese der Handlungssicherheit der Mitarbeiterinnen und Mitarbeiter und letztendlich der Sicherheit der betroffenen Mädchen und Jungen auf Opfer- und Täterseite.

Konzepte zur Gender Mainstreaming, zur geschlechtsspezifischen Pädagogik, zur Sexualpädagogik und zur Hilfestellung gegen sexuelle Gewalt vergrößern die Handlungssicherheit der PädagogInnen und die Transparenz der sozialpädagogischen Arbeit in Einrichtungen der Erziehungshilfen. Konzepte über geschlechtsspezifische Sexualpädagogik dienen nicht zuletzt der Opferprävention und Täterprävention hinsichtlich sexueller Gewalt. Der professionelle Umgang mit sexueller Gewalt setzt eine durch Konzeption gestützte Struktur und die Unterstützung der Pädagogik durch gruppenübergreifende Dienste voraus. Die Auseinandersetzungen um Sexualität und Geschlechterrolle bedürfen eines geschützten Rahmens. Dies gilt mit besonderer Dringlichkeit für Kolleginnen und Kollegen, die in Erziehungseinrichtungen wohnen und für Pflegefamilien. Gerade hier beweist sich noch einmal, wie notwendig die Unterstützung durch eine angemessene Beratung und Supervision ist.

Auch wenn Einrichtungsleitungen oftmals aufgrund der unzählbaren Aufgaben der Meinung sind, Geschlechterpädagogik und Sexualpädagogik müsse man(n) jetzt erstmal vernachlässigen, sind dies nicht zu vernachlässigende Inhalte und Methoden der Korrektur von Auswirkungen traumatischer Lebenserfahrungen. Es bleibt zu hoffen, dass die Erarbeitung von Konzepten zur Geschlechterrolle, Sexualpädagogik, dem pädagogischen Umgang mit Mädchen (Jungen), die auf der Opferseite re-inszenieren und mit Jungen (Mädchen), die sexuell aggressiv handeln, innerhalb der Diskussion um die Qualitätsstandards von Heimerziehung bzw. Pädagogik mit traumatisierten Mädchen und Jungen zentraler Bestandteil wird.

11. Therapeutisches „Know-how“ integrieren

Die Minimierung der Belastungen durch Traumata erfordert die Adaption von therapeutischem Know-how in die Pädagogik. Dazu dient auch der Versuch einer Vergangenheitsbewältigung des nicht immer einfachen Verhältnisses der Professionen Pädagogik und Therapie (11.1). Die Berücksichtigung von Ursprung und Auswirkungen der unterschiedlichen traumabezogenen Erinnerungsebenen innerhalb des pädagogischen Handelns kann und muss zur Verminderung der Belastungen - sowohl der Mädchen und Jungen als auch der professionellen Bezugspersonen – beitragen (11.2). Für die Traumabearbeitung kann eine therapeutische Unterstützung hilfreich sein, wenn sie den inhaltlichen Anforderungen (11.3) genügt und die Zusammenarbeit der beiden Professionen dem Wachstum des Mädchens oder des Jungen dient (11.4).

11.1 Traumapädagogik und Therapie – eine Standortbestimmung

Die Zusammenarbeit von PädagogInnen und TherapeutInnen beschränkt sich auch heute noch nicht selten auf Hol- und Bringdienste, der fachliche Austausch und das Ringen um eine gemeinsame Sichtweise entfallen. Die Tatsache, dass viele Kinder in der Heimerziehung traumatischen Belastungen ausgesetzt waren, erfordert eine Standortsuche, die Pädagogik und Therapie gewichtet und Formen der Integration findet. Als eine Art Gegenbewegung zum langjährigen Trend zur Therapeutisierung wird zum Teil noch heute in den Hilfen zur Erziehung therapeutisches Know-how abgelehnt. Seit Ende der 1970er Jahre werden in Einrichtungen der Kinder- und Jugendhilfe vielfach therapeutische und Beratungsdienste eingerichtet, die Stellen höher dotiert, die Alltagspädagogik weiter ziel- und sinnentleert. Die Möglichkeit, die Heimpädagogik aufzuwerten und endlich die enorme Leistung der PädagogInnen anzuerkennen, wurde dagegen bislang vertan. Die Möglichkeiten der therapeutischen Disziplinen zur Aufklärung, zum Verständnis von Lebensproblemen und Entlastung wie zur Verbreiterung der Handlungsfähigkeit sind zu begrüßen.

Jedoch müssen auch die „Gefährdungen“ in den Blick genommen werden:

- Therapie ist immer verführt, was sie nicht versteht, als Krankheit zu interpretieren mit der möglichen Folge der Demütigung oder Entwürdigung
- Der Interpretierende verfügt über Herrschaftswissen, er ist denen, die ihn in Anspruch nehmen – pointiert geredet – überlegen
- Die Aufmerksamkeit wird für die Arbeit des Individuums an sich okkupiert, die gesellschaftlichen Strukturen bleiben unerörtert
- Die in einer offenen und vielfältigen Alltäglichkeit angelegten Chancen einer Hilfe zur Selbsthilfe bleiben unbeachtet und erscheinen als minderwertig (vgl. Thiersch 1979).

Kinder wehren sich gegen die Pathologisierung mit Sätzen wie *„ich bin doch nicht verrückt*“, oder *„ich gehöre nicht zu den Psychos*“. Und wenn der vierzehnjährige Martin Drogen vertickt, stiehlt und keine gute Schulleistung erbringt, ist das vielleicht in erster Linie seine Antwort auf die gesellschaftliche Ungleichheit, auf seine Chancenlosigkeit und nicht ein primär individuelles Versagen. Soziale Teilhabe erfordert auch die Beteiligung der Menschen an politischen Prozessen und ist nicht ausschließlich durch Manuale gegen „Dissozialität“ zu haben. Die Orientierung von Professionen wie Psychiatrie und Therapie am Behandlungs- und Krankheitsmodell wirkt abschreckend: „ … eine Konzentration auf die Behandlung solcher Strategien als Störungen, *ist*, (Erg. der Autorin) … häufig blind gegenüber dem Sinn der Strategien in den vorherigen – und in der Regel ja auch nachfolgenden – Lebensverhältnissen der Kinder“ (Wolf 1999, S. 35). Und in der Tat ist es für Kinder wir Philipp und Jana von großer Bedeutung, ob wir sie als emotional gestörte oder dissoziale Kinder bezeichnen oder ob wir ihre Verhaltensweisen als Notwehr begreifen.

Auch die PädagogInnen haben einen Anteil an dem schwierigen Verhältnis Pädagogik/Therapie. Nicht selten werden die erschreckenden Bilder der traumatischen Erfahrungen an die Therapeuten delegiert. Oder sie schauen bewundernd auf die

Therapeuten und unterschätzen ihre Tätigkeit und die Möglichkeiten ihrer Unterstützung für Kinder wie Philipp und Jana. Das schwierige Verhältnis der Pädagogik zu allen Bezugswissenschaften erschwert zusätzlich die Suche nach einem gleichberechtigten Gegenüber und beeinflusst die Zusammenarbeit mit den therapeutischen Disziplinen. Mit der Öffnung der Pädagogik gegenüber anderen Wissenschaften verliere Pädagogik ihr Selbstverständnis, beklagt Fatke (1985) und ihren Wert. Da wird z. B. die wachstumsfördernde Bedeutung der Beziehung in der Begründung eines pädagogischen Konzeptes als ein Ergebnis der Psychotherapieforschung benannt, obwohl z. B. die Erkenntnis, eine wertschätzende Beziehung sei Grundlage jeglichen Wachstums, eine Kernaussage des Werkes von Pestalozzi ist. Oder die Entstehung der „Traumapädagogik" sei hauptsächlich Fachdienstmitarbeitern in der Jugendhilfe zu verdanken, die Ohnmachtssituationen und Selbstunwirksamkeitserfahrungen des Teams beobachteten, die zu Beziehungsabbrüchen etc. führten (vgl. Schmid 2010, S. 42), obwohl die ersten Schritte der Traumapädagogik in pädagogischen Einrichtungen und in Diskussionen von PädagogInnen über angemessene Hilfe zu finden sind. PädagogInnen werden aufgefordert, traumabezogenes Material zu meiden (Denner 2003) oder sich auf ihren Kernbereich der Erziehung (Weinberg 2005) zu beschränken. Es geht hier offensichtlich um mehr: nämlich um Definitionsmacht.

Im Interesse der lebensgeschichtlich belasteten Mädchen und Jungen und im Interesse der KollegInnen in stationären und teilstationären Einrichtungen ist ein interdisziplinäres Miteinander notwendig. Nicht die TherapeutInnen können die pädagogischen Aufgaben und Standards für die PädagogInnen formulieren und umgekehrt. Es geht um ein gleichberechtigtes Miteinander und darum, die Definition von Traumapädagogik letztendlich auch den PädagogInnen und ihren Verbänden federführend zu überlassen. Ich plädiere für einen offenen Umgang mit anderen Bezugswissenschaften, in dem die oben beschriebenen Gefährdungen offensiv – auch in Konfrontation mit den Vertretern der Fachdisziplinen – diskutiert werden. Und genauso notwendig ist die Integration von psychotraumatologischem, therapeutischem etc. Wissen in die Pädagogik.

Dabei muss den PädagogInnen die Entscheidung überlassen werden, welchen Nutzen die Pädagogik aus der Psychotraumatologie und den therapeutischen Disziplinen ziehen kann. Sinnvoll scheint ein Dialog auf Augenhöhe zu sein, ein Dialog über Traumapädagogik, der nicht von Therapeuten, Ärzten und Wissenschaftler dominiert wird.

Eine mögliche Bewertung des therapeutischen Milieus als die bessere Traumapädagogik – wie im Alltag zu beobachten ist – ist bedenklich. Historisch kennzeichnet der milieutherapeutische Ansatz die Notwendigkeit der Öffnung der Pädagogik für andere Bezugswissenschaften. In der pädagogischen Alltagssprache scheint er heute eher diffus. Zur Präzisierung bietet sich Gahleitner‘s Definition an: „Die Herstellung des Therapeutischen Milieus erfolgt auf mindestens zwei Ebenen: 1. auf der Alltagsebene durch die Etablierung einer stationären Bezugsbetreuung 2. Auf der psychotherapeutischen Ebene durch das Angebot einer tragfähigen therapeutischen Beziehung. In enger Vernetzung …“(Gahleitner 2010, S. 134). Das Angebot eines therapeutischen Milieus ist in diesem Sinne umfangreicher als Traumapädagogik, da es auf jeden Fall in der Tradition der Gründerväter eine therapeutische Begleitung voraussetzt und ein „Aufdeckungsraum“ zur Verfügung gestellt wird. Kleid beschreibt die Therapeutisierungsentwicklung in den Konzepten von Bettelheim, Redl und Wineman als Fixierung auf die Bearbeitung unbewusster Konflikte: „Im Rahmen ihrer Bemühungen um adäquatere Unterstützungsleistungen der Heimkinder fand auf der Grundlage psychoanalytischer Methoden eine Fixierung auf therapeutische Aufgaben statt, da gezielt die Exploration und Aufarbeitung unbewusster Konflikte angestrebt wurde.“ (Kleid 2008, S. 36.) Traumabearbeitung wird schneller mit Aufdeckung und Traumaexposition assoziiert, als dies möglicherweise den Mädchen und Jungen möglich ist. Noch sagt die Forschung wenig darüber, ob der Zeitpunkt einer Exposition von chronisch kumulativen Traumata im kindlichen und jugendlichen Alter hilfreich ist; auf jeden Fall kann eine wie auch immer formulierte Zentrierung auf Aufdeckung abschrecken. Einige Mädchen und Jungen wollen keine Therapie in Anspruch nehmen, da sie diese mit Aufdeckungsarbeit verbinden und ihr Tempo lieber selbst bestimmen wollen. Im Zusammenarbeiten von Pädagogik und Therapie impliziert der Begriff „therapeutisches Milieu“ immer noch eine Bewertung – therapeutisch besser als traumapädagogisch – die auch gesellschaftlich z.B. durch Ausbildung und Bezahlung zementiert wird. Solange wir keine gesellschaftliche Neubewertung der pädagogischen Arbeit in Einrichtungen der Kinder- und Jugendhilfe haben, sollten wir sorgsam mit der Verwendung der Begriffe umgehen. In Ergänzung, vielleicht auch im Gegensatz zu heilpädagogischen und milieutherapeutischen Konzepten, halte ich es für notwendig, den Mädchen und Jungen altersentsprechend unser Wissen über Traumata, z.B. das Konzept des dreigliedrigen Gehirn von Levine/Kline (2004), über traumatische Übertragungen und über die Entstehung von Bindungsmodellen als traumapädagogische Methode zur Verfügung zu stellen und ihnen die Bewertung dieses Wissens zu überlassen.

Und auch wenn Kinder in der Heimerziehung von therapeutischen Angeboten profitieren können, ist dies immer ein Zusatzangebot; sofern sie wirklich geboten ist und die Kinder dies nicht als Zumutung empfinden, weil sie nicht krank sind, sondern um ihre Kindheit betrogen wurden. Traumapädagogik bedeutet nicht die Therapeutisierung der Pädagogik. Sie ist auch keine Pädagogik, die mit einem Trichter mit Erkenntnissen aus der Psychotraumatologie, der Neurobiologie, den therapeutischen Disziplinen aufgefüllt wurde. Die Adaption therapeutischen Wissens in die Pädagogik und die Zusammenarbeit aller Professionen, die um traumatische Lebensbedingungen wissen, ist eine Chance für Kinder wie Jana und Philipp. Traumapädagogik muss nicht zwangsläufig eine erneute Therapeutisierung der Heimerziehung bedeuten, das hängt in erster Linie davon ab, wie sehr es den PädagogInnen und ihren Verbänden gelingt, die Diskussion bestimmend mitzuführen und sich die Definitionsmacht über pädagogische Inhalte und Methoden nicht nehmen zu lassen.

11.2 Die traumapädagogische Unterstützung im Umgang mit traumatischen Übertragungen und Wiederbelebungen

Eine spezifische – von Kenntnissen über „Wieder-Belebungen“ geleitete – Pädagogik kann die Wirkung negativer Erfahrungen durch eine heilsame Gruppenatmosphäre entkräften und durch die Auflösung bzw. Entkräftung traumatischer Übertragungen und durch das Beenden von → Flashbacks/Rückblenden neue negative Einflüsse verhindern. Diese Hilfe ist so bedeutsam, da Rückblenden und traumatische Übertragungen die Mädchen und Jungen immer wieder an die Welt des Traumas binden, in der Welt des Traumas halten. Alte Erlebnisinhalte bekommen große Bedeutung, eine erreichte Stabilisierung wird extrem gestört. Angst, Unsicherheit, die „traumatische Erwartung“ werden wieder bestätigt. Eine gute Gruppenatmosphäre dient dem inneren Wachstum der Mädchen und Jungen.

Die korrigierende Gruppenatmosphäre

Traumatisierte Mädchen und Jungen brauchen eine Umgebung, in der sie gute Kommunikation lernen können. Offene Kommunikation beinhaltet die Enttabuisierung von Gewalt. Klare Strukturen und Transparenz geben ihnen ein Gefühl von zumindest äußerer Sicherheit. Einflussnahme auf den Heimalltag durch Mitgestaltung korrigiert die Erfahrungen von Ohnmacht. Die Akzeptanz der Gefühle ermöglicht die Abreaktion. Positive Realitätserfahrungen mit Bezugspersonen, ein klares Beziehungsangebot und „Identifikationen nach der Seite“ durch z. B. Gleichaltrigengruppen, Vergewisserung, dass sie nicht allein sind, fördern korrektive Erfahrungen. Die Entlastung ‘Gleiche unter Gleichen’ zu sein – ein Erfolgsrezept der Selbsthilfegruppen – verweist auf die Bedeutung der Gleichaltrigengruppe mit ähnlichem Hintergrund. Sie vermindert Gefühle von Schuld und Scham und korrigiert Erfahrungen von Isolation. Faktische äußere Sicherheit, ein Höchstmaß an beruhigenden und Sicherheit fördernden Kontakten und Unterstützung des inneren Sicherheitserlebens tragen zur Heilung bei.

Eine korrigierende Gruppenatmosphäre

Reagiert auf ...	*mit ...*
Geheimhaltungs-system	– offener, direkter Kommunikation – Enttabuisierung von elterlicher Gewalt und von sexueller Gewalt
Schuld	– Entlastung
Angst	– Sicherheit
Willkür	– Transparenz, klaren Strukturen
Ohnmacht, Objekt	– Mit- und Selbstbestimmung
Verstecken von Gefühlen	– Akzeptanz der Gefühle, Möglichkeiten der Abreaktion
Aufbau von Spannung	– spannungsmindernden Aktivitäten
Beziehungslosigkeit	– Beziehungsangebot
Isolation	– Gruppenerfahrung
traumatische Erfahrungen	– Schutz vor Wiederbelegung durch Stopps bei posttraumatischen Spielen – Einüben von Entspannungs-verfahren
Erstarrung	– künstlerischen Ausdrucksmöglichkei-ten – selbstbestimmten Körpererfahrungen

Die Reaktionen der PädagogInnen auf Flashbacks, Re-Inszenierungen und traumatische Übertragungen sollten Akzeptanz, Sicherheit und Unterstützung zur Selbstbewusstheit beinhalten:

> „Gerade mit diesen Flashbacks und Re-Inszenierungen haben die Mädchen auch selber starke Schwierigkeiten. Wir zeigen ihnen, dass ihr Verhalten völlig normal ist. Wir bestärken sie darin, dass es Folge ihrer Erlebnisse und Bestandteil eines wichtigen Aufarbeitungsprozesses ist. Bei Flashbacks ist es sehr wichtig, Sicherheit zu geben, ihnen zu sagen, dass sie diese Situation wirklich erlebt haben, dass sie aber jetzt vorbei ist."

Bei Re-inszenierungen kommt es darauf an, mit den Mädchen und den Jungen die Zusammenhänge zwischen ihrem Verhalten und der vermuteten Herkunft dieses Verhaltens zu beschreiben (vgl. Kap. 9.1). Wenn Kinder wie Jana und Philipp durch die Re-Inszenierungen sich oder andere schädigen, ist die Suche nach anderen Verhaltensmöglichkeiten nötig.

Die traumatische Übertragung auflösen

Übertragungen gehören zu den natürlichen Erscheinungsformen des menschlichen Lebens. Sie sind als Reaktionsbereitschaften an die Vergangenheit gebunden. Neuauflagen, Fantasien, frühere Erlebnisinhalte beeinflussen aktuelle Beziehungen. Übertragungen gelten immer Personen. Kinder wie Philipp und Jana übertragen kindliche Beziehungserfahrungen und die damit verbundenen Wünsche und Ängste auf die heutigen Bezugspersonen. Nach Freuds Definition bedeutet → Übertragung die Verschmelzung verdrängter, infantiler Bedürfnisse mit (vor-)bewussten Wünschen, die sich auf gegenwärtige Objekte beziehen. Übertragungen sind unbewusste Vorgänge. „Die Übertragung stellt sich in allen menschlichen Beziehungen … spontan her …“ (Freud 1910, GW VIII, S. 55), sie finden auch in der Beziehung zwischen PädagogInnen und traumatisierten Mädchen und Jungen statt. Die professionellen HelferInnen, sind im Umgang mit den Mädchen und Jungen von eigenen alten Beziehungsinhalten und -erfahrungen beeinflusst. Übertragungen kennen wir als Neuauflagen, die alten Konflikte werden ungestört übertragen, sie können auch durch Alter, Aussehen oder Verhalten des Gegenübers zur Neubearbeitungen werden.

Übertragung ist eine psychoanalytische Bezeichnung. Während die Übertragungsformen in der Psychoanalyse wissenschaftlich erforscht sind und weiterentwickelt werden, steht dies in der Pädagogik noch weitgehend aus, obwohl Übertragungen alltäglich wirken und es sehr viel Erfahrungswissen hierzu gibt. So beschreibt die Pflegemutter und Diplompsychologin Alice Ebel die „Übertragungsphase“ (sie teilt die Pflegeverhältnisse in Anpassungsphase, Übertragungsphase und Regressionsphase ein, www.agsp.de/UB_Forum/Artikel/artikel.html: Traumatisierte Kinder erziehungsunfähiger Eltern.) als die schwierigste. Dennoch können die Erfahrungen der TherapeutInnen im Umgang mit Übertragungen wertvolle Hilfe für den pädagogischen Umgang mit traumatisierten Mädchen und Jungen geben.

Traumatisierte Menschen entwickeln eine spezifische Art der Übertragung, die traumatische Übertragung: „Die traumatische Übertragung spiegelt nicht nur die Erfahrung von Gewalt wider, sondern auch die Erfahrung von Hilflosigkeit … . Die Erinnerung an diese Erfahrung prägt alle späteren Beziehungen" (Herman 1994, S. 188). Die traumatische Übertragung stört durch ihre destruktive Kraft die heutigen Beziehungen und erschwert die Entwicklung. Während es in einer psychoanalytischen Therapie um die Förderung von Übertragungen, also auch den traumatischen Übertragungen geht, ist es Aufgabe der Pädagogik, diese traumatischen Übertragungsphänomene nicht konflikthaft zu verschärfen:

> Anna hat eine Auseinandersetzung mit der Pädagogin. Die Pädagogin wird lauter. Anna hebt die Arme vor ihr Gesicht und reagiert panisch. Sie hat Angst, dass die Pädagogin gleich ähnlich brutal zuschlägt wie ihre Mutter. Anna schreit: „Nein!" Die Pädagogin ist entsetzt über Annas Ängste.

Wenn alte Erlebnisinhalte, die eigentlich dem Täter oder der misshandelnden Mutter gelten, von den Mädchen und Jungen auf die PädagogInnen übertragen werden, kommt es darauf an, diese nicht durch eine Verstärkung anderer alter Erlebnisinhalte der Kinder und Jugendlichen (wie Schuldgefühle, Selbstunwert, Sexualität als Gegenleistung für Nähe) zu festigen. Eine phänomenologische Beschreibung dieser Übertragung ist hilfreich und notwendig.

> Markus soll vor Gericht aussagen, er wurde von seinem Vater sexuell missbraucht. Markus hat Angst, der Vater war immer mächtiger, er konnte sich nicht verstecken, niemand – auch nicht die Großeltern, die das wollten – konnten ihn schützen.

Die Erfahrung von Markus, sein Vater ist mächtig, hindert ihn, der Pädagogin zu vertrauen. Er glaubt nicht, dass sie ihn schützen kann, es steht eine „dritte Person zwischen den beiden", diese Person ist der Vater, es ist der Täter. Die phänomenologische Beschreibung „da steht jemand zwischen uns, das ist der Vater“ hilft Markus, die Situation zu verstehen und seine Angst zu formulieren. Indem diese alten Beziehungsinhalte als heute noch wirkend sichtbar werden, kann Markus dies wahrnehmen und offen für neue Erfahrungen werden.

> Die vierzehnjährige Janina lebt seit elf Monaten in einer Jugendwohngruppe. Im Alter zwischen sechs und neun wurde Janina von ihrem Stiefvater sexuell missbraucht. Er manipulierte sie, indem er sie zu seiner Prinzessin ernannte, ihr Zuwendung, Wertschätzung und Lob erteilte und für die Wahrung des kleinen Geheimnisses größere Geschenke machte, gegen Ende der Missbrauchsphase aber auch drohte. Als Janina Tischabräumdienst hat und Erzieher Bernd in die Küche kommt, um zu kontrollieren, schmiegt sie sich an ihn, klammert ihre Arme um seinen Hals und versucht, ihn zu küssen. Als Bernd sich aus ihrem Griff befreien kann, macht sie ein unglückliches Gesicht und fragt, warum er eigentlich nicht mit ihr allein auf ihr Zimmer gehen wolle.

Janina zeigt durch dieses Verhalten, was ihr zugestoßen ist. Sie musste sich prostituieren, sonst mochte sie niemand. Damals erhielt sie ausschließlich im sexuellen Gewaltkontext Zuwendung. Einsamkeit und Verwirrung werden spürbar. Diese Gefühle, die jetzt wieder spürbar werden, waren damals den schlimmen Erfahrungen angemessen. Janina braucht die Bestätigung, dass ihre Gefühle richtig sind, sie ist nicht verrückt; Diese Gefühle und ihre Verhaltensweisen sind eine normale Reaktion auf eine unnormale Umwelt. Die Übertragung von sexualisierten Beziehungserfahrungen ist für Pädagogen und Pädagoginnen nicht einfach zu bewältigen. So kann es geschehen, dass diese sich brüsk abwenden, vielleicht aus Angst in eine „Täter“rolle zu rutschen. Die Beziehung wird abgebrochen. Janina jedoch braucht vor allem eins: Bernd bleibt in Beziehung, er redet mit ihr, sie hat Wert, sie ist wichtig – ohne sexuelle Angebote.

Beziehung ist notwendig, sie darf nicht abgebrochen werden. Wenn die PädagogInnen die Empfindungen von Anna, Markus und Janina einerseits und ihre eigenen Reaktionen und Empfindungen andererseits wahrnehmen und diese reflektieren, können sie in Beziehung bleiben. Die unerträgliche Angst

Annas vor den Schlägen ihrer Mutter, die Ohnmachtsgefühle von Markus gegenüber seinem Vater, die Verwirrung und Einsamkeit von Janina kommen so zum Vorschein und können bearbeitet, vielleicht bewältigt werden.

Traumatische Übertragungen lösen zum Teil heftige Gegenübertragungen, Gegenreaktionen aus, die dazu führen können, dass wir ähnlich wie die schlagenden, versagenden und missbrauchenden Eltern handeln. Die Gegenreaktion kann auch Emotionen auslösen, die den Gefühlen des Kindes ähneln bzw. diese ergänzen (Kap. 14.3). Manchmal haben die Reaktionen der PädagogInnen mit eigenen Erfahrungen zu tun, manchmal mit der Tagesform. Die Reflexion dieser komplizierten Situation, das Verstehen der Botschaft des Kindes, das Verstehen unserer Reaktion, unserer eigenen Übertragungen, ist immer wieder notwendig, damit das Kind seine alten Beziehungserfahrungen bearbeiten und korrigierende Erfahrungen machen kann. Die PädagogInnen werden ein immer größeres Verständnis für dieses konkrete Kind und seine Welt entwickeln. Im Umgang mit traumatischen Übertragungen empfehlen Thomas Lutz und ich die im Kasten dargestellte Vorgehensweise. Wir bewerten die Wirksamkeit traumatischer Übertragungen anders als im therapeutischen Rahmen eher als Beeinträchtigung der aktuellen Beziehungen denn als Chance zur Bewältigung. Sicher muss es einen „Übertragungsraum" geben, in dem die Gefühle des Mädchen oder Jungens von heute und von damals sein dürfen und wahrgenommen werden. Über die Dimensionen des Übertragungsraumes gibt es unterschiedliche Auffassungen. Pflegeeltern z.B. sollen die „Übertragungsbeziehung im Hier und Jetzt wirklich anzunehmen, statt sie – durch einen direkten Verweis auf die früheren Eltern – rasch auflösen zu wollen" (vgl. Nienstedt 2002, S. 61). Monika Nienstedt ist der Meinung, das Kind muss Schritt um Schritt selbst die Entdeckung machen, dass die Pflegeeltern in Wirklichkeit schützend sind und die berechtigten Gefühle etwas mit einer anderen Realität zu tun haben. Auch im Kontext von Therapie gibt es die Auffassung, die Übertragung sich nicht endlos entfalten zu lassen, sie aufzuklären und die PatientInnen einzuladen, die Nützlichkeit dieser (regressiven) Übertragungen für ihr Leben heute zu überprüfen (Reddemann 2004). Im pädagogischen Alltag geht es nicht darum, allzeit traumatische Übertragungen in obigem Sinne aufzulösen. Manchmal wird man einfach aushalten und manchmal schützend beenden. Da Kinder durch die Übertragung traumatischer Erfahrungen Wachstumschancen, neue Bindungserfahrungen blockieren, wird es immer mal wieder Situationen geben, in denen durch die Auflösung dieser Erfahrungen durch Benennen, Spiegeln und die gemeinsame Suche nach alternativen Handlungsmöglichkeiten persönliches Wachstum geschehen kann.

Lei(d)tfaden zum Umgang mit traumatischer Übertragung

- Traumatische Übertragungen wahrnehmen
- Innehalten, Gegenreaktionen wahrnehmen
- Aus Gegenreaktion rausgehen
- In Beziehung bleiben
- Übertragungsinhalte wahrnehmen
- Sicherheit für das Kind herstellen, deeskalieren
- Ich sehe Deine Bedürfnisse
- Realitätsüberprüfung mit dem Kind
- Übertragungsinhalte mit dem Kind erforschen, eventuell später, nicht vergessen!
- Verhandeln über Handlungsschritte: Was brauchst Du?
- Übertragungsinhalte genauer, möglichst im Team, identifizieren
- Eigene Gegenreaktionen klären, auch im Team
- Übertragungsinhalte allgemein bearbeiten (Entlastung von Schuld, Aufheben von Isolation)

Die unerträgliche Angst Annas vor den Schlägen ihrer Mutter, die Ohnmachtsgefühle von Markus gegenüber seinem Vater, die Verwirrung und Einsamkeit von Janina kommen so zum Vorschein und können bearbeitet, vielleicht bewältigt werden. Markus braucht keine Angst mehr zu haben, sich nicht zu schämen, für das, was er erleiden musste, Janina lernt neue Möglichkeiten, in Beziehung zu gehen.

Literaturtipps

Das psychoanalytische Konzept von Übertragung und Gegenübertragung kann in diesem Rahmen nur äußerst vereinfacht dargestellt werden. Eine umfassende Darstellung bietet:

Thomä, H.; Kächele, H. (Hrsg.) (1996): Lehrbuch der psychoanalytischen Therapie. Bd. 1: Grundlagen. Berlin, Heidelberg, New York, 2. überarb. Aufl.

Über traumapädagogische Inhalte und Methoden von Gruppenarbeit:

Bausum, J. (2011: Ressourcen der Gruppe zur Selbstbemächtigung. „Ich bin und ich brauche Euch". In: Bausum/Besser/Kühn/Weiß (2011)

Flashbacks/Rückblenden minimieren und beenden

Wird ein Kind, das beim Ausziehen immerzu in großer Angst schreit, festgehalten und gezwungen, sich umzuziehen und ins Bett zu gehen? Oder sehen die Pädagoginnen sein Schreien möglicherweise als ein Hinweis auf eine angstbesetzte Situation oder auf eine Rückblende und versuchen sie Angst zu minimieren? Wir werden traumatische Erinnerungen, Flashbacks nicht vermeiden können. Wir können helfen, die Auslöser zu minieren und die Kinder über die Wirkungsweise dieser Erinnerungen aufklären. Es geht darum, die Kinder hierauf vorzubereiten und ihre Fähigkeiten zur Erholung zu steigern. Es geht darum, dass die Kinder → Intrusionen mit geringerer subjektiver Belastung erleben und ein Mehr an Selbstkontrolle hinsichtlich der Erinnerungsebenen lernen. Auslöser von Flashbacks, schlechte Erinnerungen können in der Anfangszeit behutsam erfragt werden und Möglichkeiten der Kontrolle mit dem Mädchen, dem Jungen erarbeitet werden.

Um die Mädchen und Jungen vor der schlechten Erlebniswelt der alten Traumata zu schützen, sind Kenntnisse und die Anwendung von Regeln zur Begrenzung von Flashbacks notwendig (vgl. Reddemann/Sachsse 1997; Schubbe 1996). Der Schutz vor Flashbacks beginnt mit der Suche nach möglichen → Triggern (Auslösern) im Aufnahmeverfahren oder nach einer Zeit der Vertrauensbildung mit den Mädchen und Jungen.

Flashbacks/Rückblenden im Alltag stoppen

1. Möglichkeiten im Aufnahmeprozess
   1.1 Die Dynamik von Rückblenden erklären
   1.2 Die für jedes Kind individuellen Auslöser der Rückblenden erfragen:

1.2.1 Was macht Dir Angst? Was magst Du nicht, und was ist besonders schlimm?

1. Welche Farbe, Gerüche, Geräusche findest Du schrecklich?
2. Welche Kinder findest Du unerträglich? Was an dem jeweiligen Kind?
3. Welche MitarbeiterInnen kannst Du schwer ertragen? Welche Eigenschaft jeweils?
4. Welche Stellen des Hauses findest Du sehr unangenehm? Was daran?
5. Welches Essen findest Du schrecklich?
6. Welche anderen Situationen könnten schwierig werden?

1.2.2 Bitte das Mädchen/den Jungen, in eine Umrisszeichnung seines Körpers diejenigen Stellen einzuzeichnen, an denen sie/er

1. nur von bestimmten Personen
2. nur nachdem es gefragt wurde
3. auf keinen Fall berührt werden möchte.

1.2.3 Notiere die Ergebnisse in einer für alle Bezugspersonen des Kindes zugänglichen Akte.

2. Stopp-Regeln, das Mädchen, den Jungen herausholen:
- Anschauen
- Anreden, ggf. anschreien
- Falls Anfassen notwendig, mit Ankündigung
- Zurückführen in das Hier und Heute je nach Erreichbarkeit durch Kontakt, durch Geräusche, durch Gerüche
- ruhige Atmosphäre schaffen, Situation erklären, beruhigen, stabilisieren

3. Möglichkeiten der Selbstkontrolle erproben
- Schöne Erinnerungen von früher suchen (das Kind, dass sich mit dem Geruch der Schokolade der Oma zurückholt und/ oder mit unserer Unterstützung den Flashback unterbricht)
- Beobachten: was war vorher, wann geht es los?
- Zeichen vereinbaren, ich zeige, ich brauche Hilfe, es geht los.

(vgl. auch Schubbe 1996)

Es geht um das Ansprechen und Benennen der Situation, um Möglichkeiten der Kontrolle und um korrektive Handlungsmöglichkeiten:

Als Maria (damals zehn Jahre alt) beim Lesen des Aufklärungsbuches vor Angst wimmert, beruhigt die Pädagogin sie sofort. Sie erklärt Maria, dass diese Angst mit ihren Erfahrungen als ganz kleines Kind zu tun hat. Auch Philipp wird, als er schreit, er will keine Schwänze mehr sehen, von einer Pädagogin beruhigt: „Das war früher, als du noch klein warst. Das ist vorbei."

Wir unterstützen sie bei der Minimierung von Flashbacks durch die Identifizierung von Auslösern und lehren sie Entspannungs- und Imaginationsverfahren. Wir klären die Mädchen und Jungen über die Dynamik der Rückblenden auf. So wissen sie, dass auch dies eine „normale Reaktion auf eine unnormale Umwelt" ist, sie sind nicht verrückt. Das gemeinsame Suchen von Möglichkeiten der Kontrolle von Rückblenden ist ein Teil der Selbstregulation und fördert die Erfahrung „Ich bin Frau oder Mann meines Leben", die Mädchen und Jungen kommen aus der Opferrolle, sie werden vom Objekt – hier der traumatischen Erfahrungen, der traumatischen Erinnerungsebenen, zum Subjekt, zum Bestimmer ihres Lebens.

Zu den vielfältigen Möglichkeiten, die die Selbstheilungskräfte der traumatisierten Kinder durch Pädagogik fördern, gehören also die korrigierende Gruppenatmosphäre, die Bewusstheit und die Auflösung traumatischer Übertragungen und die erhöhte Kontrolle über Rückblenden.

11.3 Die therapeutische Unterstützung

Die Aufgaben von Therapien sind vielfältig, die Hilfe orientiert sich an dem Wunsch, dem Alter, der Lebensgeschichte, dem aktuellen Wohlbefinden und der Stabilität des Kindes. Therapieziele sind korrigierende und wiedergutmachende Erfahrungen, Nachnähren und Unterstützung bei der Entwicklung der Ich-Kräfte. Um Sekundärschädigungen zu verhindern, müssen die TherapeutInnen in der Lage sein, die Geschichte der Kinder zu benennen, besprechbar zu machen und sie bei der Durcharbeitung der Gefühle zu begleiten. Darüber hinaus empfiehlt sich eine Therapieform, die durch eine Vielfalt von möglichen Techniken dem Kind Wege eröffnet, das Trauma mit seinen Möglichkeiten darzustellen. Der Beginn einer therapeutischen Versorgung kann nicht von strafrechtlichen Erwägungen abhängig gemacht werden. Da Begutachtungen oft monatelang auf sich warten lassen, „grenzt es an unterlassene Hilfeleistung, wenn man ein emotional verletztes Kind so lange ohne entsprechende Hilfe lässt“ (Bange 2000a, S. 16).

In den letzten Jahren wurden einige Verfahren und Methoden der Traumaverarbeitung entwickelt, die auch für Kinder und Jugendliche Erfolge versprechen. Die Kinder- und Jugendlichenpsychotherapeutin Dorothea Weinberg hat spezielle kindertherapeutische Vorgehensweisen bei akuten oder lang anhaltenden Traumatisierungen entwickelt und erprobt. Die „Strukturierte Trauma-Intervention“ (Weinberg 2005, S. 118 ff.) wird bei klar umrissenen Traumata eingesetzt, die dem Kind bewusst sind. Darüber hinaus stellt Dorothea Weinberg ein spieltherapeutisches Konzept für früh und anhaltend traumatisierte Kinder vor, die „Traumabezogene Spieltherapie“ (a.a.O, S. 197 ff.). Die mit viel Sorgfalt und Parteilichkeit für Kinder einerseits, andererseits mit Professionalität und Distanz entwickelten therapeutischen Verfahren sollten in der Fachöffentlichkeit schnell Verbreitung finden.

EMDR mit Kindern steckt zwar noch in den Kinderschuhen, dennoch wird immer wieder eine überraschend hohe Wirksamkeit festgestellt. *E*ye *M*ovement *D*esensitization and *R*eprocessing (in der internationalen Abkürzung = EMDR) ist eine von Dr. Francine Shapiro 1987 bis 1991 entwickelte neuartige traumabearbeitende Psychotherapiemethode, welche die Möglichkeiten der Behandlung seelisch traumatisierter Kinder nachweislich (vgl. Schubbe 1997) erheblich verbessern kann, wenn die nötigen Rahmenbedingungen wie unterstützende Beziehung von Eltern oder professionellen Bezugspersonen, Schutz vor erneuten Traumatisierungen etc. beachtet werden.

In der Familientherapie besteht die Gefahr, dass einzelne Familienmitglieder mit ihrer individuellen Psychodynamik – hier die Kinder als die schwächsten – nicht genügend berücksichtigt werden. Sie werden oft als ‚Symptomträger‘ bezeichnet. Dieses Konzept wie auch das Konzept ‚Patient Familie‘ bergen die Gefahr, dass die Korrektur und die Aufarbeitung von traumatischen Erfahrungen des Kindes nicht im Mittelpunkt stehen, sondern die allgemeine Verbesserung der Kommunikationsstrukturen der Familie. Gute Ergebnisse zeigen die praktischen Erfahrungen bei der Durchführung von Trauma-Gruppen mit sexuell misshandelten Kindern. In enger Kooperation mit Jugendämtern, nicht missbrauchenden Elternteilen und anderen Bezugspersonen wird in den Traumagruppen der heilende Effekt der Gleichen unter Gleichen wirksam (vgl. Buss/Schubbe 1994; Jackstell/Orywahl 1993). Er beinhaltet das Benennen der Gesamterfahrung, die Überwindung der Isolation, den Aufbau von Vertrauen und Selbstsicherheit, das Sprechen über die Erfahrung in unterschiedlichen Bezügen (auch mit den Tätern und Täterinnen). Parallel zur Gruppe der Gleichaltrigen wird eine Gruppe der Eltern und ErzieherInnen angeboten. Immer mehr entstehen themenspezifische Kindergruppen, z. B. für Kinder psychisch kranker Eltern, in denen die Mädchen und Jungen aus ihrer Isolation heraustreten, ihre Situation durch die Vermittlung von Wissen über die Dynamik kognitiv begreifen und ihre Gefühle darstellen und bearbeiten.

Therapieziele und Inhalte sind auch abhängig von den zu erwartenden Reaktionen der Bezugspersonen, da die Vernachlässigung dieser Aspekte die Mädchen und Jungen in erneute Konfliktsituationen bringt und zu weiteren Schädigungen führen kann. Sowohl in der Einzel- als auch in der Gruppentherapie sollte das Bezugssystem berücksichtigt werden. Eine therapeutische Unterstützung bei der Verarbeitung traumatischer Erfahrungen kann nur hilfreich sein, wenn sie sorgfältig als Teil im gesamten Hilfeprozess eingebettet ist. Die verschiedenen Lebenswelten und Kontexte des Kindes, das derzeitige Bezugssystem und die Herkunftsfamilie sollten immer im Blick, das Ziel der therapeutischen Arbeit ein Beitrag im gesamten Rahmen der Hilfestellung für das Kind und an der gemeinsamen Sichtweise sein. Sinnvoll erscheint die Gestaltung eines pädagogisch/ therapeutischen Milieus, in dem PädagogInnen, TherapeutInnen und die für die Elternarbeit zuständigen FachkollegInnen mit den je unterschiedlichen Aufgabenstellungen zusammenarbeiten. Die Wahl der Therapieform sollte dies berücksichtigen.

In vielen Schulen der Kinderpsychotherapie (vgl. z.B. Ramin 1987, Petzold 1995) wird heute auf drei Aspekte Wert gelegt:

Prämissen der Kindertherapie

- Die Bezugspersonen, der Lebensraum, sei es Familie oder Heimgruppe, sind ein bedeutsamer Bestandteil.
- In der Kindertherapie finden auch pädagogische Prozesse statt. Es gibt ein wechselseitiges Zusammenwirken von pädagogischen und therapeutischen (im engeren Sinn) Prozessen.
- In der Kindertherapie sind die Grenzen verschiedener psychotherapeutischer Schulen aufzuheben und eine Methodenvielfalt zu gewährleisten.

Da dies wichtige Grundlagen einer therapeutischen Versorgung für Kinder wie Jana und Philipp sind, kann die interdisziplinäre Zusammenarbeit von Pädagogik und Therapie von dieser Diskussion im Interesse der Mädchen und Jungen nur profitieren.

11.4 Über die Zusammenarbeit von Pädagogik und Therapie

Die Zusammenarbeit von Pädagogik und Therapie gestaltet sich häufig problematisch. Viele PädagogInnen fühlten und fühlen sich durch therapeutische Arbeit nicht nennenswert bei der Bewältigung ihrer erzieherischen Aufgaben unterstützt. Dies gilt auch für Pflegefamilien: „Es komme immer wieder vor, dass die Therapeuten konkurrierende Bindungen aufbauten, die Pflegeeltern als wichtigste Quelle der Störung verständen und dann versuchten, diese zu behandeln“ (Eberhard/ Eberhard 2002, S. 53), die Möglichkeiten der Psychotherapie würden häufig überschätzt. Die PädagogInnen bemängeln, dass eine Außenkontrolle der Therapie nicht möglich sei und die TherapeutInnen von ihnen verlangten, dass sie sich mehr auf die Erfordernisse einstellen, die sich aus dem jeweiligen Therapieverlauf ergeben. Einige TherapeutInnen klagen darüber, dass sie von der Hilfeplanung ausgeschlossen werden und keinerlei Austausch erwünscht sei. Offensichtlich sind dies Ergebnisse einer nicht ausreichenden Zusammenarbeit zwischen Therapie und Pädagogik. Bereits Anna Freud (1980) hat auf die Notwendigkeit der Zusammenarbeit von Therapie bzw. Kinderanalyse und Erziehung hingewiesen: „... wo die Analyse des Kindes nicht organisch mit seinem Leben verwachsen kann, sondern sich wie ein Fremdkörper in seine anderen Beziehungen einschiebt und sie stört, wird man dem Kind wahrscheinlich mehr Konflikte schaffen, als ihm die Behandlung auf der anderen Seite löst" (a.a.O., S. 81). Der Leiter einer Arbeitsgruppe Psychotherapie- und Versorgungsforschung Marc Schmid beschreibt die Probleme in der Kooperation zwischen Jugendhilfe und Kinder- und Jugendpsychiatrie/-psychotherapie als vermutlich durch unterschiedliche theoretische Sichtweisen und die damit einhergehende andere Sprache verursacht (Schmid 2007, S. 48).

Therapeutisches Wissen und Handeln ist eine Ressource der Heimerziehung. Sie bietet Aufklärung und Verständnis von Lebensproblemen und spezielle Hilfsmöglichkeiten durch Setting und Methoden jenseits pädagogischer Notwendigkeiten, wie Regeln usw. an. Sehr oft ist eine therapeutische Unterstützung zur Aufarbeitung traumatischer Erfahrungen notwendig. Eine Überbewertung der Therapie oder auch eine strikte Trennung Therapie/Pädagogik führen zur Vernachlässigung der Chancen eines offenen Umgangs mit Traumata, weg von der Vereinzelung des Themas hin zur Integration in die Alltagspädagogik und hin zur Aufwertung der Selbsthilfe, der Gleichaltrigengruppe.

Pädagogische Kompetenz beinhaltet auch die Integration therapeutischer Methoden. Das traumatisierte Kind ist auch im pädagogischen Alltag ein traumatisiertes Kind. Die PädagogInnen brauchen das Wissen um die Ursachen und Auswirkungen von Traumatisierungen, sie brauchen auch therapeutisches Wissen. Das Kind braucht die innerhalb der Alltagspädagogik mögliche Unterstützung zur Heilung. Es braucht auch die Möglichkeit zur Aufarbeitung und wiedergutmachende und korrigierende Erfahrungen im klassischen Setting der Therapie.

Transparenz im Hinblick auf Methoden, Inhalte und Therapieverlauf ist notwendig. Das gilt auch umgekehrt: Transparenz auch für die TherapeutInnen über den pädagogischen Alltag, die Einstellung der PädagogInnen zu dem Kind, zum Thema Lebensgeschichte und zu dem aktuellen Verhalten des Kindes. Inhalt und Form der Transparenz dieser Zusammenarbeit für das Kind/die, den Jugendlichen sind abhängig von ihrem/seinem Alter, Entwicklungsstand und Schutzbedürfnis.

Die bislang angesprochenen Aufgabenfelder der Pädagogik wie Herkunft, Sexualität, Geschlecht, Traumata, Selbstbild und Bindungen spielen auch im therapeutischen Prozess eine Rolle. Während es in der Pädagogik mehr um eine Korrektur durch eine kognitive Neuorientierung geht, wird es in der Therapie mehr um das Erleben, die Gefühle und die Integration der Gefühle von Kindern wie Philipp und Jana gehen. Mehrfach traumatisierte Mädchen und Jungen benötigen einen gut strukturierten Rahmen und Flexibilität in der Methodik von Pädagogik und Therapie. Die Inhalte der Zusammenarbeit bestimmen sich hieraus:

Inhalte der Zusammenarbeit von Pädagogik und Therapie

- Ein gemeinsames Verständnis dessen, was das Kind initiiert (innerseelische Prozesse).
- Ein bewusster Umgang mit Übertragungen, auch um Spaltungen zu minimieren.
- Ein gemeinsames Erarbeiten von Handlungsalternativen, (z. B. Unterstützung, Aufbau von Ich-Strukur).

In jedem Menschen sind Selbstheilungskräfte vorhanden. Sie bedürfen der Anregung und Unterstützung. Die Hilfe bei der Bewältigung der traumatischen Erinnerungsebenen wie Rückblenden und traumatische Übertragungen ist bedeutsam, da die Mädchen und Jungen den Einfluss der traumatischen Erinnerungen direkt bewältigen, eine sehr wirksame Erfahrung von Selbstregulation. Pädagogik und Therapie haben unterschiedliche, aber immer auch aufeinander sich beziehende Aufgaben. Beide Disziplinen verfügen über Wissen und Methoden, die der Unterstützung traumatisierter Kinder dienlich sind. Ich gehe davon aus, dass die bisher randständige Bedeutung der Pädagogik bei der Aktivierung von Selbstheilungskräften und der Korrektur und Bearbeitung von traumatischen lebensgeschichtlichen Erfahrungen sich ändern muss, kann und soll und die Zusammenarbeit beider Professionen zum Wohl von Philipp und Jana ausgebaut wird.

Literaturtipps

Eine dezidierte Auseinandersetzung mit Sichtweisen und Modellen der Kindertherapie, die Parteinahme für Mädchen und Jungen und die lehrreichen Falldarstellungen geben Einblick in die Möglichkeiten der therapeutischen Unterstützung von traumatisierten Mädchen und Jungen:

Gil, E. (1993): Die heilende Kraft des Spiels. Spieltherapie mit missbrauchten Kindern. Mainz

Reddemann, L. (2001): Imagination als heilsame Kraft – Zur Behandlung von Traumafolgen mit ressourcenorientierten Verfahren. Stuttgart

Reddemann, L. (2006): Imagination als heilsame Kraft. Hör-CD. Stuttgart

Sachsse, U.; Özkan, I.; Streeck-Fischer, A. (2002): Traumatherapie – Was ist erfolgreich?

Weinberg, D. (2005): Traumatherapie mit Kindern. Strukturierte Trauma-Intervention und traumabezogene Spieltherapie. Stuttgart

Ein Artikel von Oliver Schubbe: „EMDR in der Therapie psychisch traumatisierter Kinder (1997)“ ist im Internet zu finden.

Zu EMDR mit Kindern:

Greenwald, R. (2001): EMDR in der Psychotherapie mit Kindern und Jugendlichen. Paderborn

12. Schutz und Sicherheit gewährleisten

Kinder wie Jana und Philipp benötigen vor allem Schutz und Sicherheit, dies ist eine Grundlage für pädagogische Korrekturen und therapeutische Aufarbeitung; Schutz und Sicherheit gleichermaßen vor erneuten Traumatisierungen durch Eltern und durch professionelle Bezugspersonen.

12.1 Die Elternarbeit

Die Überlegungen zur Rückführung und bereits die Planung von Besuchen der Kinder zu Hause müssen sich von der Maxime der äußeren und inneren Sicherheit der Kinder leiten lassen. Mögliche Auswirkungen der Wiederbelebung von traumatischen Familienerfahrungen und chaotischen Familienerfahrungen auf die Entwicklung des Kindes sind zu berücksichtigen (vgl. Nienstedt/Westermann 1989). Die rechtliche

Grundlage hierfür ist das → staatliche Wächteramt. Ein Vorrang der Rückkehroption ist an die Verbesserung der elterlichen Erziehungsverantwortung gebunden, die im Kontext von chronischer und mehrfacher Traumatisierung – wenn überhaupt – nicht ohne große Anstrengungen zu erreichen ist. Sie beinhaltet zumindest die Thematisierung der elterlichen Verantwortlichkeit.

Die Jugendhilfe hat bislang wenig Erfahrung mit Elternarbeit, die Eltern mit dem, was sie getan haben, konfrontiert und über die Konfrontation hinaus mit ihnen an der Verbesserung ihrer Erziehungsverantwortung arbeitet. Da missbrauchende (sexuell, körperlich und psychisch) und Missbrauch duldende Eltern bedeutenden Einfluss auf die Verarbeitung von Traumata haben, kann Jugendhilfe mit diesem Zustand von Elternarbeit nicht zufrieden sein. Ziele und Möglichkeiten einer ‚Elterntäterarbeit' müssen ausprobiert werden. Nur der offene Umgang mit der Thematik ‚Gewalt gegen Kinder' ist ein sicherer Weg, nicht zum Kumpanen der Verleugnung zu werden. Im Kontext von sexueller Gewalt ist es erforderlich, das vorhandene Wissen über Täter und Täterinnen (vgl. Deegener 1995; Heiliger 2000; Bundschuh 2001; Enders 2001) zu beachten. Erfolgreiche Täterarbeit sollte Voraussetzung für den Kontakt zumindest von sexuell missbrauchenden Eltern mit den Opfern sein. Der fachliche Diskurs der Jugendhilfe über Elternarbeit muss das Thema Täterschaft und den Umgang damit beinhalten. Gerade wenn wir von einer großen Bedeutung auch der traumatisierenden Eltern für die Entwicklung der Kinder ausgehen, können diese Anteile nicht ausgeblendet werden: „Wenn gewisse systemische Vorannahmen die Familie über alles andere stellen, wird das Kind leicht überfordert oder sogar weiteren Benachteiligungen ausgesetzt" (Frommann 2000, S. 27). Natürlich kann es nicht darum gehen, die Familie zu entmachten. Wenn aber massive Traumatisierungen des Kindes eine Rolle für die Unterbringung spielen, ist es von großem Gewicht für Kinderschutz und Elternarbeit, ob diese Unterbringung wirklich freiwillig, gezwungen freiwillig oder per vormundschaftsgerichtlicher Regelung vollzogen wurde. Wenn ‚Milieu' massive körperliche und sexuelle Gewalt, massive häusliche Gewalt und extreme Vernachlässigung beinhaltet, muss Milieuorientierung diese Tatsache werten und vor allem den Schutz der Kinder vor weiteren Schädigungen beinhalten. Eine Versöhnungsarbeit, wenn sie von dem Kind und von Eltern und den Schädigern gewollt ist, muss über die subjektiven Problemdefinitionen der Familienmitglieder (die ihren Platz haben sollen) hinaus die Leiden der Kinder thematisieren.

Als die größte Herausforderung beschreibt Prof. Dr. Michael Borg-Laufs den Aufbau einer Änderungsmotivation: „Die tiefe Demoralisierung und Hoffnungslosigkeit vieler der hier ins Auge zu fassenden Klienten lässt die notwendige Änderungsmotivation häufig kaum erkennen“ (Borg-Laufs 2006, S. 47). Diese beinhalte den Aufbau einer Arbeitsbeziehung, in der die Eltern bereit sind, die Klientenrolle zu übernehmen und den Helfer oder die Helferin als wertschätzend und kompetent erleben. Borg Laufs spricht von der zentralen Rolle der aufsuchenden Arbeit.

> Der Sohn von Familie Müller lebt in einer stationären Einrichtung der Jugendhilfe. Sie telefonieren entgegen der Absprache nicht mit ihrem Sohn, sie halten sich nicht an Absprachen. Während eines Besuches bei Müllers erkennt die für Elternarbeit zuständige Kollegin die desolate Lage der Familie und unterstützt diese bei der Bewältigung. Herr Müller ist froh über die Unterstützung durch den Gang zur Schuldnerberatung etc., Frau Müller ist froh über die lebenspraktische Unterstützung und nun bereiter, über ihre Beziehung zu ihrem Sohn zu reflektieren. Die Unterstützung der für Elternarbeit zuständigen Kollegin dauert viele Stunden, letztendlich gelingt es dadurch, eine Änderungsmotivation von Müllers zu erreichen. Sie nehmen Kontakt mit ihrem Sohn auf und erklären sich bereit, schwierige Verhaltensweisen des Sohnes auch als Ausdruck ihrer eigenen Situation, ihres eigenen Verhaltens zu begreifen.

Möglicherweise wird sich das Verhalten von Markus und seinen Eltern verändern. Vielleicht sind diese in der Lage Verantwortung für das zu übernehmen, was sie Markus angetan haben. Wenn dies gelingt, ist Elternarbeit für die Persönlichkeitsentwicklung des Kindes von unschätzbarem Wert. Möglicherweise kann Markus sich dann nach einer Rückführung positiv entwickeln.

David P. H. Jones spricht von drei Themen der Elternarbeit: Das Eingeständnis des Misshandlungsgeschehens und seiner Auswirkungen, die Arbeit an der elterlichen Kompetenz und am Einfühlungsvermögen der Eltern für ihr Kind und die abschließende Entscheidung über den Verbleib des Kindes (Jones 2002). Diese drei Themen folgen der Änderungsmotivation, hier wird deutlich, welch ein schwieriger und zeitaufwendiger Prozess Elternarbeit im Kontext von Kindesmisshandlung ist. Nur wenn sich das Lebensmuster von Markus' Eltern insgesamt verbessert, können sie das Misshandlungsgeschehen eingestehen und ihr elterliches Fürsorgepotenzial deutlich verbessern (vgl. hierzu Brandt 2002).

In der Regel leben Eltern, die Leistungen der Kinder- und Jugendhilfe in Anspruch nehmen, in einem schwierigen Lebensumfeld. Wenn diese selbst traumatische Erfahrungen überstehen mussten und oder durch transgenerationale Traumaweitergabe ihre Eltern belastet sind, sollte dies in der Elternarbeit berücksichtigt werden. Die Berücksichtigung traumabezogener Bestandteile in Diagnostik und Hilfestellung, sowie das Wissen um transgenerationale Traumaweitergabe helfen die Eltern zu verstehen. Und wenn wir psychotraumatologisches Wissen auch ihnen zur Verfügung stellen, lernen sie sich und ihr Kinder besser zu verstehen. Das Konzept der Selbstbemächtigung ist auch auf die Elternarbeit anwendbar (vgl. Konzept Traumapädagogische Familienhilfe (TPFH), Welle e.V. Hanau).

Derzeit gibt es wenig Wissen darüber, wie die Entwicklung von Kindern bei Verbleib in Fremdunterbringung und nach Rückführung in die Ursprungsfamilie verläuft, ein offensichtlich schwieriges Thema. Der Zwischenbericht der empirischen Untersuchung über „Gelingende und misslingende Rückführungen von Pflegekindern in ihre Herkunftsfamilien" der Arbeitsgemeinschaft Sozialberatung und Psychotherapie (AGSP) und der BundesArbeitsGemeinschaft für Kinder in Adoptiv- und Pflegefamilien (BAG-KiAP) (2007, nachzulesen im Archiv von www.aktivverbund-berlin.de) bestätigt die Gefahren von erneuten Traumatisierungen.

Trotz aller Postulate besteht ein Erfahrungswissen über die Schwierigkeit einer umfassenden Elternarbeit. Darüber hinaus werden finanzielle und personelle Ressourcen nicht annähernd ausreichend zur Verfügung gestellt. Dennoch gilt: Eine Rückkehroption muss den Schutz der Mädchen und Jungen sicherstellen. In 21,2 Prozent, immerhin ein Fünftel der Fälle von sexueller Gewalt war bei Rückkehr nicht immer geklärt, ob die Mädchen dort vor weiteren Übergriffen geschützt waren (vgl. Finkel 1998, S. 374). Einige Länder wie die USA arbeiten bezogen auf Misshandlung und Vernachlässigung mit Verfahren, deren Ziel die Einschätzung der aktuellen und künftigen Gefährdung des Kindes ist. In Zusammenhang mit innerfamiliärem sexuellem Missbrauch schlagen Klaus Peter David, der in Kiel in einer Beratungsstelle mit Tätern arbeitet und Dirk Bange (2002) Kriterien zur Einschätzung von Gefährdungspotenzialen vor.

Kriterien der Rückführung

- Der Täter muss offen über seine Delikthandlungen sprechen, vor allen Mitgliedern der Familie die Verantwortung für den sexuellen Missbrauch übernehmen und seine Manipulationsstrategien deutlich machen.
- Die Mutter akzeptiert die Verantwortung des Täters für den Missbrauch, stellt sich auf die Seite des Kindes und kann für die Sicherheit des Kindes sorgen.
- Die Eltern übernehmen ihre Rolle und Funktion als Eltern.
- Das Kind ist selbstbewusster, emotional stärker, in eine Gleichaltrigengruppe integriert und hat AnsprechpartnerInnen bei erneut auftretenden Problemen.

(Vgl. David/Bange 2002)

Sie betreffen den Täter/die Täterin, die Mutter bzw. Partnerin, die Paarbeziehung, die Eltern-Kind Beziehung, das Kind, die soziale Integration der Familie und die Vorbereitung auf die Rückführung.

Eine Einschätzung über aktuelle und künftige Gefährdungspotenziale sollte Bestandteil jeder Rückführungsoption sein. Diese Risikoeinschätzung setzt eine Elternarbeit voraus, die die Gefährdungen thematisiert, traumabezogenes Material in

Diagnostik und Handlungsoptionen berücksichtigt und eine Veränderungsmotivation in den Mittelpunkt der Arbeit rückt.

12.2 Körperliche und sexuelle Übergriffe von professionellen Bezugspersonen

Körperliche und sexuelle Gewalt dürfen in Einrichtungen der Jugendhilfe nicht vorkommen und werden getreu diesem Motto ignoriert. In den Einrichtungen behindern Unsicherheiten der KollegInnen und insbesondere Bedenken, dieser Vorfall werfe ein schlechtes Licht auf die Einrichtung, eine Offenlegung. Bei der Vermutung eines sexuellen Übergriffes z.B. ist die Situation der KollegInnen im Team sehr kompliziert. Es ist für sie unvorstellbar, dass der geschätzte Kollege, die geschätzte Kollegin so etwas tun kann. Eine Vermutung, die im Team offen gelegt wird, führt oft zu einer Spaltung des Teams. So ist es kaum verwunderlich, dass ein Missbrauch von Personen aufgedeckt wird, die die Institution schon verlassen haben. In der Institution herrscht möglicherweise nur eine begrenzte Bereitschaft, sich an der Offenlegung zu beteiligen (vgl. Enders 1995). Die KollegInnen, die ihre Vermutung geäußert haben, beginnen zu resignieren, sie ziehen sich zurück. Das Kind gerät vollends aus dem Blickfeld.

Dank der Offenlegung von Männern und Frauen, die in öffentlichen und konfessionellen Bildungs- und Erziehungseinrichtungen sexuelle und andere Formen der Gewalt erlitten haben, wurden und sind Übergriffe von professionellen Bezugspersonen Gegenstand öffentlichen Interesses. Wenn auch die angebotenen finanziellen Entschädigungen als skandalös niedrig bezeichnet werden müssen, bleibt zu hoffen, dass – auch mithilfe des Qualifizierungsprogramms der Bundesregierung – die Situation der Mädchen und Jungen in Bildungs- und Erziehungseinrichtungen sicherer wird.

Unstrittig ist, dass Fälle von Machtmissbrauch immer auch das Ergebnis von Machtgefälle sind. Erziehungsverhältnisse beinhalten per se Machtgefälle. In Einrichtungen der Erziehungshilfe ist dieses Machtgefälle noch einmal größer: Belastende Lebenserfahrungen der Mädchen und Jungen erweisen sich als zentrale Ohnmachtsquelle. Ablehnung durch erwachsene Bezugspersonen, Machtlosigkeit, Isolation, ungenügende Versorgung, willkürliche körperliche Gewalt und sexuelle Gewalt waren und sind grundlegende Erfahrungen der Mädchen und Jungen, die in stationären Einrichtungen der Erziehungshilfe leben. Ihre Lebenserfahrungen sind von wenig Selbstwirksamkeit geprägt. Sie sind die idealen Opfer: „Ihre Leidenserfahrungen hatten sie über Gefahren und Risiken des Kinderlebens belehrt und – darüber hinaus – ihnen empirisch bewiesen, dass sie selbst Gefahren nicht abwehren konnten" (Wolf 1999, S. 301).

Die Machtbalance wird – so Wolf (1999, S. 302) weiter – durch eine Reihe von weiteren Organisationsmerkmalen beeinflusst, die die Macht der ErzieherInnen stärken:

- Organisationsregeln, die ihnen exklusiven Zugang zu wichtigen finanziellen Mitteln und Informationen festlegten
- Organisationsstrukturen, die den Zusammenhalt unter den Erwachsenen absicherten
- Den systematischen Zugang der ErzieherInnen zum privaten Lebensfeld der Kinder zu Lebensfeldern wie Schule etc.
- Eine Organisationsstruktur der Heimerziehungssysteme, die die Verlegung von Kindern prinzipiell zuließ und ermöglichte.
- Die Wahl der Bezugsbetreuer wird in der Regel durch die Organisationslogik bestimmt.

Sicherlich gibt es für die meisten dieser Regeln vernünftige Gründe. Sicherlich wird dieses Machtungleichgewicht in der Regel verantwortlich wahrgenommen. Dennoch begünstigen einige Organisationsmerkmale Machtmissbrauch:

> Marc ist neun Jahre, als er wegen sexuellem Missbrauch in einem Heim untergebracht wird. Ein Pädagoge missbraucht Marc. Marc unter Druck zu setzen ist nicht allzu schwer, er droht mit Taschengeldentzug und dem Streichen der Heimfahrten.
>
> In einer Familiengruppe mehren sich die Hinweise auf sexuelle Grenzüberschreitungen. Anna berichtet von gewalttätigen und se-

xuell gefärbten Handlungen des Ehemanns der eingestellten Pädagogin. Ihr Gesprächspartner ist der Einrichtungsleiter, der das Mädchen auf die Tragweite ihrer Aussage hinweist und ohne weitere Klärung die Aussagen des Mädchens offen legt. Das Mädchen wechselt abrupt die Gruppe (nach achtjähriger Zugehörigkeit), kurze Zeit später auch die Einrichtung. Gegen den Zusammenhalt von Einrichtungsleitung, Erziehungsleitung, Pädagogin und Ehemann der Pädagogin hatte sie nicht die geringste Chance.

Die Psychologin einer Einrichtung missbraucht während der Therapiestunden ein vierzehnjähriges Missbrauchsopfer. Melanie will das offen legen, die Psychologin erfährt durch den Heimleiter, mit dem sie gut befreundet ist, dass Melanie um ein Gespräch nachgesucht hat. Sie droht Melanie, die in ihre Wohngruppe Beziehungen aufgebaut hat und deren Herkunftsfamilie absolut keine Perspektive für Melanie ist, mit Rausschmiss. Melanie spricht dann mit dem Heimleiter über ihre beruflichen Wünsche, Träume etc. Als die Psychologin aufgrund der Krankheit ihres Mannes aus dem Umfeld wegzieht, erzählt Melanie ihrer Bezugsbetreuerin von den sexuellen Übergriffen während der Therapie.

Der Täter, die Täterin kommen ungeschoren davon. Bekanntes über Täterstrategien und über Strukturen, die Übergriffe von ‚HelferInnen' erleichtern (vgl. Conen 1997) und über den Umgang von Institutionen im Umgang mit Vermutungen und mit erwiesenem sexuellem Missbrauch bedürfen der Berücksichtigung. Im Umgang mit einer Vermutung von sexueller Gewalt durch eine(n) Kollegin (Kollegen) brauchen die PädagogInnen interne und externe Unterstützung, mit deren Hilfe sie erst in Ruhe und geschützt Verdachtsmomente formulieren und abklären können. Die Aufdeckung und die Phase nach der Aufdeckung bedürfen einer sorgfältigen Planung und eines Krisenmanagements auf allen Ebenen (Team, Kinder, Eltern, Jugendamt etc.).

In Großbritannien wurden nach der Aufdeckung von massiven und weit verbreiteten Übergriffen in der Jugendhilfe Gesetze geändert und ein Beschwerdesystem geschaffen, das die Sicherung von Kindeswohl in den Mittelpunkt stellt. „Child commissionars" und „child advocats" sind Instrumentarien eines Beschwerdesystems, dass verhindern soll, das die Beschwerden der Kinder – wie bislang – nicht ernst genommen werden. Die SozialarbeiterInnen in den Jugendämtern sind angehalten, die Mädchen und Jungen alle acht Wochen zu besuchen. Es gibt eine unabhängige Ombudsperson, an die sich die Kinder wenden können (vgl. Secretary of State for Health by Command of Her Majesty, June 2000). Zusätzlich existiert ein Index, auf dem alle „Personen, die für die Arbeit mit Kindern nicht geeignet sind“, namentlich benannt werden.

Da die der deutschen Jugendhilfe bereits zugänglichen Instrumentarien unzureichend benutzt werden (vgl. Fegert/Wolff 2002), sind in erster Linie eine Einstellungsveränderung und Strukturen notwendig, die einen veränderten Umgang mit massivem Fehlverhalten von professionellen Bezugspersonen erleichtern. Die Ideen aus Großbritannien und die in einigen Kinder- und Jugendpsychiatrien praktizierten Wege wie die Einrichtung einer internen Beschwerdestelle mit formalisierten Verfahren, Ombudspersonen außerhalb der Einrichtung, externe Beschwerdeverfahren und unabhängige Besuchskommissionen (vgl. Späth 2002) können wichtige Instrumentarien zum Schutz der Mädchen und Jungen vor körperlicher und sexueller Gewalt in pädagogischen und therapeutischen Einrichtungen werden. Die Forderungen nach einer unabhängigen Ethikkommission auf kommunaler Ebene und nach der Etablierung einer institutionellen Kultur im Umgang mit Fehlverhalten (Fegert/Wolff im Gespräch mit Hans Thiersch 2002) können nur unterstützt werden.

Die Leiter und Leiterinnen müssen gegenüber den MitarbeiterInnen ihrer Einrichtung einen offensiven Umgang gegen Übergriffe praktizieren. In den Einrichtungen können Ethikrichtlinien erarbeitet werden, die die Themen Sexualität, Kindheit und Jugend, professionelles Selbstverständnis, pädagogische Konzepte und Leitbilder sowie Hierarchieebenen, das vorhandene Machtgefälle zwischen Betreuer/innen und Betreuten und den Umgang mit Macht in der eigenen Organisation fokussieren. Die Bewerbungsverfahren aller Mitarbeiter und Mitarbeiterinnen – nicht begrenzt auf die pädagogischen – sollten über den § 72a SGB VIII hinaus eine definierte Vorgabe hinsichtlich erlaubten und untersagten Verhaltensweisen und die Ankündigung von rechtlichen Konsequenzen im Falle von Verstößen beinhalten. Denkbar wäre für den Arbeitgeber auch eine Einverständniserklärung des Bewerbers/der Bewerberin, Erkundigungen beim vorherigen Arbeitgeber einzuziehen (Backup Check) (vgl. Positionspapier zur Prävention und Intervention bei sexualisierter Gewalt in Institutionen; www.dksb-nrw.de).

Möglichkeiten der Leitungsebenen

- Die Erarbeitung von Ethikrichtlinien
- Die Berücksichtigung der Thematik im Bewerbungsverfahren (polizeiliches Führungszeugnis, Hinweis auf Verfahren wegen körperlicher oder sexueller Grenzüberschreitungen)
- Konzeptionelle Vorgaben zum Umgang mit einer Vermutung
- Die Installation eines internen Gremium zur Verdachtsbewertung

Die Kinder schützen am ehesten eine angemessene Aufklärung über Täterstrategien, Mitbestimmungsmöglichkeiten und Beschwerdeinstanzen. All das sind durchaus praktikable und notwendige Projekte zum Schutz von Mädchen und Jungen wie Jana und Philipp.

Literaturtipps

Borg-Laufs, M. (2007): Möglichkeiten und Grenzen der Arbeit mit misshandelnden Eltern – zehn Empfehlungen. In: DGgKV: Interdisziplinäre Fachzeitschrift, Heft 2/2006, S. 43–54.

Braun, G.; Hasebrink, M.; Huxoll, M. (Hrsg.) (2002): Pädosexualität ist Gewalt. (Wie) kann die Jugendhilfe schützen? Münster.

Deutsches Jugendinstitut (DJI) (2007): Themenheft Sexualisierte Gewalt durch Professionelle in Institutionen. IzKK-Nachrichten 1/2007

Fegert, J. M.; Wolff, M. (Hrsg.) (2002): Reaktionsmöglichkeiten für Einrichtungsleitungen und Aufsichtsbehörden bei massivem Fehlverhalten von MitarbeiterInnen gegenüber Abhängigen. Münster.

Helfer, M.; Kempe, R.; Krugman, R. (2002): Das misshandelte Kind. Frankfurt/M.

13. Schlussfolgerungen

In einigen Einrichtungen, Gruppen und Pflegefamilien ist die Umsetzung der dargestellten Inhalte Praxis. Aus Respekt vor den Kindern nehmen PädagogInnen und TherapeutInnen mit aufmerksamen Interesse wahr, was das Kind tut, was in ihm vorgehen könnte und reden mit ihm darüber. Die Diskussion um eine traumabezogene Pädagogik findet mittlerweile auf Tagungen, in Einrichtungen, in Veröffentlichungen statt. Sie erhält durch Ergebnisse der Resilienzforschung und der Bindungstheorie neue Nahrung, neuen Auftrieb. Immer mehr Einrichtungen der Kinder- und Jugendhilfe ergänzen ihre Konzepte mit dem Wissen der Psychotraumatologie und den Erkenntnissen und Methoden der Traumapädagogik. Diese werden sowohl als Grundlage für spezialisierte Gruppen als auch für die gesamte Einrichtung berücksichtigt (vgl. Evangelische Jugendhilfe Menden, Kinder- und Jugendhilfe St. Mauritz, Ruppert Mayer Haus Göppingen etc.). Befunde über die Auswirkungen chronischer, kumulativer Traumata auf Normen, Werte und auf die Entwicklung von Kindern wie Jana und Philipp verändern teilweise Inhalte und Bedeutungen des pädagogischen Handelns. Die Kenntnisse über die Entwicklungsbehinderungen durch Traumata und über spezifische Beeinträchtigungen durch Erinnerungsebenen müssen in pädagogische Inhalte und Methoden einfließen.

Durch die vielfältigen Möglichkeiten der Pädagogik können wir traumatisierten Mädchen und Jungen andere Perspektiven für eine gelingende Lebensbewältigung eröffnen. Dazu gehört vor allem die Unterstützung eines kognitiven Bewältigungsprozesses der belastenden Erfahrungen und die Verbesserung der Selbstregulation traumabezogener Erinnerungen als Selbstbefreiungs- und Selbstbemächtigungsprozess. Eine, vielleicht die wesentlichste, Grundlage dieses Selbstbefreiungsprozesses ist die Sicherung kontinuierlicher, transparenter und zuverlässiger Beziehungen. Die Pädagogik kann, sie muss zur geistigen Verarbeitung des Geschehenen beitragen. Indem die PädagogInnen in der beschriebenen Weise Kinder wie Jana und Philipp unterstützen, die in dem Zusammenhang mit den Traumata entstandenen beeinträchtigenden Gefühle, Werte und Normen (auch die traumatische Erwartung) zu identifizieren, können Jana und Philipp die Verfestigung dieser Normen verhindern. Bestenfalls werden sie aufgelöst. Sprachlich vermitteltes Wissen wiederum beeinflusst ihre Gefühle. Wenn wir ihnen psychotraumatologisches Grundwissen z.B. über

Übertragungen oder das dreigliedrige Gehirn z.B in Kinderworkshops zur Verfügung stellen, können sie ihre Empfindungen und Verhaltensweisen besser verstehen. Möglicherweise lernen sie, sich selbst anzunehmen und ihre Selbstregulation zu verbessern. Das ist ein langer Weg, doch jeder Schritt dahin lohnt die Mühe.

Die Voraussetzung zur Unterstützung eines kognitiven Bewältigungsprozesses ist eine Veränderung der pädagogischen Haltung. PädagogInnen sind Entdecker, Sprachforscherinnen, Sicherheitsbeauftragte, so beschreibt Martin Kuehn (2006) die unterstützende Haltung einer traumazentrierten Pädagogik. Glaube ich an Entwicklung, sehe ich die Potenziale des Mädchens, des Jungen? Möchte ich sie/ihn begleiten? Es geht darum, die Mädchen und Jungen in ihrem Sein so weit wie möglich tatsächlich zu verstehen. Dieses Verstehen setzt ein behutsames Umgehen mit eigenen Deutungen voraus. Sie setzt auch die Beachtung der Verarbeitungsmöglichkeiten der Kinder und Jugendlichen voraus. Dann ist die Unterstützung eines Bewältigungsprozesses von Traumata im pädagogischen Alltag möglich. Dieses Verstehen setzt auch eine hohe Belastbarkeit der PädagogInnen voraus. In der Konsequenz erfordert dies eine hohe Selbstreflexion und eine Einrichtungskultur, die diese Haltung stützt (vgl. Teil C) und fördert.

Für die Korrektur der lebensgeschichtlichen Erfahrungen von Kindern wie Philipp und Jana ist Partizipation ein wichtiger Ausdruck ihres Subjektseins. In der Folge muss auch in den pädagogischen Institutionen über die etablierten Machtdifferenzen und über eingeschliffene Handlungsroutinen nachgedacht werden. Dies zu einer Zeit, in der Heimerziehung durch die Ausdifferenzierung der Hilfen in ihrem Vorfeld immer weniger mit „pflegeleichten" Kindern und Jugendlichen zu tun hat, sondern zunehmend mit solchen, die nur noch schwer „auszuhalten sind; Kinder und Jugendliche, die also wenig oder keine Bereitschaft mitbringen, sich überzeugen zu lassen" (Hansbauer 2001, S. 11). Dieses ‚Schwer aushalten' kann zu einer intoleranten Atmosphäre führen, in der die PädagogInnen ausschließlich damit beschäftigt sind, den Tagesablauf abzusichern. Leben von Partizipation und Traumabewältigung sind dann nicht möglich. Ein verantwortlicher und reflexiver Umgang mit Macht im pädagogischen Alltag, in den Teams und in den Einrichtungen ist eine unabdingbare Voraussetzung für Traumapädagogik. Kinder sind Expertinnen und Experten ihrer Lebenslage und ihrer Geschichte, sie sind insofern auch ‚Spezialisten für schwierige Lebenslagen' und sollten spätestens aus diesem Grund Subjekt, nicht Objekt der Hilfeplanung, der Erziehungsplanung und der Pädagogik sein.

Die Verhaltensweisen von Kindern wie Philipp und Jana, die sicher oft sehr Kräfte raubend sind, sind als Verhaltensstrategien in einer schlechten Umgebung zu begreifen. Es geht darum, den Kindern und Jugendlichen mit Respekt gegenüberzutreten. Respekt vor dem, was Philipp und Jana in ihrem kurzen Leben bereits geleistet haben. Respekt vor der Kraft, mit der sie sich um ihre Geschwister und ihre Eltern bemühen. Respekt vor den Anstrengungen, mit denen sie ihre leidvollen Erfahrungen verarbeiten. Es kommt darauf an, ihnen mit Hoffnung und Vertrauen zu begegnen und sie nicht auf die traumatischen Erlebnisse und die Folgen zu reduzieren. Ziel dieser veränderten Haltung ist die Minimierung von und der Schutz vor massiven Sekundärschädigungen durch professionelle Bezugspersonen.

Eine „Leerstelle", leider auch in diesem Buch, muss erwähnt werden. Die Berücksichtigung anderer kultureller Vorstellungen ist in Einrichtungen der Erziehungshilfe defizitär. Die Ergebnisse der Präventionsarbeit gegen sexuellen Missbrauch verweisen z.B. darauf, dass MigrantInnen und ihre Kinder weniger von der Präventionsarbeit profitieren, da der unterschiedliche kulturelle Hintergrund in den Präventionsthemen noch nicht ausreichend berücksichtigt ist (vgl. Freund 2001). Die geringe Beteiligung ausländischer Fachkräfte und die wenigen Einrichtungen, die sich mit speziellen Angeboten für ausländische Kinder etablieren konnten, verweisen auf einen Mangel an interkulturellen Ansätzen in den Hilfeangeboten. Für viele ausländische Mädchen ist es z.B. wichtig, dass ihnen bei einer Inobhutnahme mädchenspezifische Wohnformen zur Verfügung stehen. Die Situation unbegleiteter minderjähriger Flüchtlinge ist sowohl ein gesellschaftlicher als auch sozialpolitischer Skandal. Die Hilfeangebote sind mangelhaft ausgestattet, die betreuenden PädagogInnen werden nicht genügend unterstützt und der unsichere Aufenthaltsstatus kann als retraumatisierend bezeichnet werden. Knapp 20 Prozent der Hilfen für junge Migrantinnen dauern nicht länger als sechs Monate, viele Kinder gehen nach Hause zurück, ohne dass sich etwas geändert habe (vgl. Finkel 1998). Es besteht ein Mangel an Beratungsangeboten in der jeweiligen Sprache.[20] Die „Interkulturelle Öffnung der Jugendhilfe" (gleichnamiges Themenheft der IGfH 2000) ist notwendig.

Ich höre schon meine Kolleginnen und Kollegen an der pädagogischen Front: Was sollen wir noch alles tun!? „Hochspezialisierte Einzelaufgaben" in einem entspezialisierten Kontext und in einer „besonderen Dichte und Schnelligkeit mehrerer parallel zueinander verlaufender Interaktionsprozesse" (Schwabe 2000, S. 96) verweisen auf die Notwendigkeit von Beschränkung, von Kräfteökonomie. Ich weiß aber auch von dem Zuwachs an Handlungswirksamkeit und beruflicher Zufriedenheit durch die Auseinandersetzung mit diesen Themen (vgl. Weiß 1999). Die pädagogische Unterstützung chronisch traumatisierter Mädchen und Jungen ist ein notwendiger Beitrag zur Verhinderung von Ausgrenzung und Abschiebung dieser Kinder und Jugendlichen in die Psychiatrie. In den Weiterbildungen des Zentrums für Traumapädagogik (www.ztp.welle-ev.de) bemerken wir eine zum Handeln befreiende Kraft des Wissens um die Auswirkungen von traumatischen Erfahrungen: Durch die Auseinandersetzung mit der Traumapädagogik erreichen sie – so berichten die PädagogInnen - größere Bestimmtheit und Präzision im pädagogischen Handeln: *Die Sprache der Pädagogen ist weit, die Sprache der Traumapädagogen ist präziser. Unsere Sprache ist klarer*. Eine anfängliche Skepsis wird zur Zustimmung: *Ich dachte, Traumapädagogik sei eine Engführung, dann habe ich erlebt, dass sie zum Handeln befreit*". Die Kenntnis traumatischer Übertragungen erleichtert die Erkenntnis *ich bin nicht ge-*

20 Die Beratungsstelle gegen sexuellen Missbrauch Zartbitter Köln bietet Präventionsmaterial für Mädchen in acht verschiedenen Sprachen an.

meint. Wir halten mehr aus. Einrichtungsleitungen sind gefordert, in ihren Institutionen Haltungen, Leitbilder und Strukturen zu entwickeln, die das ermöglichen. Voraussetzung ist ein respektvoller Umgang miteinander und die Verständigung über diese Haltungen, Leitbilder und Strukturen. Wenn dann – wie häufig – die Zeit und die personellen Ressourcen fehlen, müssen die Einrichtung, die öffentliche Jugendhilfe und die politisch Verantwortlichen mit diesem strukturellen Mangel konfrontiert werden.

Wenn es gelingt, dass Jana und Philipp auf der Verstehensebene ihre Lebensgeschichte einordnen können; wenn es gelingt, dass sich ihr Selbstbild verändert und sie ihre Verhaltensweisen zu ihrem Wachstum einsetzen können; wenn sie beginnen, Vertrauen in Beziehungen zu fassen, wenn sie ihren Körper wahrnehmen und für ihn sorgen; sie den Einfluss traumatischer Erinnerungsebenen minimieren und übererregte oder dissoziative Zustände regulieren lernen; wenn es gelingt, dass Philipp und Jana ihrem heutigen Dasein einen Sinn geben und sagen: „Dafür lohnt es sich, dass ich mich engagiere", dann hat die Pädagogik ihnen die bestmögliche Grundlage für eine gelingende Lebensgestaltung mit auf den Weg gegeben.

C Zum professionellen Umgang mit Traumata

Die Möglichkeiten der Pädagogik sind eng verknüpft mit den Möglichkeiten und den Belastungen der PädagogInnen. Traumapädagogik ist nicht möglich, ohne diese mitzudenken. Birgit Lang formuliert so treffend, dass die PädagogInnen in eine „… traumapädagogische Konzeption integriert sind und sich selbst auch glaubhaft als solche verstehen und erleben. Nur so wird die eigene Sicherheit, Stabilisierung und Selbstwirksamkeit erlebbar und kann als pädagogische Haltung im Umgang mit den Kindern verinnerlicht werden.“ (Lang 2011, S. 219) Oft genug habe ich in Einrichtungen der Heimerziehung erlebt, wie fachliche Unkenntnis über posttraumatische Belastungsreaktionen zur Ausgrenzung der schon genug belasteten Mädchen und Jungen führte. Auch Zweifel an der pädagogischen Identität und Resignation waren verbreitete Reaktionen von PädagogInnen. Immer noch liegen wenig gesicherte Erkenntnisse vor, welche Störungsmerkmale der betreuten Kinder zu besonderen Belastungen der sie betreuenden PädagogInnen führen. Da jedoch die stabile Betreuung ein entscheidender Faktor für die Korrektur der belastenden Erfahrungen ist, gilt es den Blick auf diese Belastungen und auf die Möglichkeiten von kompensatorischen Schutzmaßnahmen zu lenken.

Die Arbeit mit traumatisierten Mädchen und Jungen birgt spezifische Gefahren und Belastungen. Um diesen Belastungen wirksam begegnen zu können, brauchen die PädagogInnen einige persönliche Grundkompetenzen. Die persönlichen Grundkompetenzen können jedoch nur wirksam werden, wenn die Institutionen und letztlich die Gesellschaft förderliche Rahmenbedingungen bereitstellen. Oder auch: Die Institution und die Gesellschaft haben letztendlich Sorge dafür zu tragen, dass der professionelle Umgang mit traumatisierten

Mädchen und Jungen sowohl diesen nützt als auch den PädagogInnen selbst nicht schadet.

14. Auf sich selbst zurückgeworfen – potenzielle Belastungsfaktoren

Die Leidensgeschichten der Mädchen und Jungen wirken auf die professionellen Helfer und Helferinnen: durch das Verhalten der Kinder, durch ihr Selbstkonzept und durch die Erzählungen der Mädchen und Jungen. So ist es nicht verwunderlich, wenn PädagogInnen im Umgang mit chronisch traumatisierten Mädchen und Jungen häufig über Überforderung und psychische Erschöpfung klagen. Während die Belastungen durch die Konfrontation mit Traumata in der fachöffentlichen Diskussion im Kontext von Therapie berücksichtigt werden, sind die PädagogInnen auch hier eher *auf sich selbst zurückgeworfen,* da einige Ursachen der Überforderung der PädagogInnen im Umgang mit traumatisierten Menschen über die Inhalte des Begriffes Burnout (vgl. Schmidbauer 1977, 1992, Mitransky 1990, Savicki 1999) hinausgehen bzw. in diesem nicht explizit diskutiert werden. Durch ungewohntes Verhalten, der Konfrontation mit außergewöhnlichem Leid, den Verwicklungen aus dem eigenen Kinderschicksal und belastenden Übertragungs- und Gegenübertragungsgefühle wird eine *andauernde Konfrontation mit Grenzsituationen* (vgl. Stahlmann 1994) hergestellt.

14.1 Die Konfrontation mit ungewohntem Verhalten

Die Geschichten der traumatisierten Mädchen und Jungen materialisieren sich in schwierigen und ungewohnten Verhaltensweisen. Möglicherweise verursacht das normale Verhalten eines Kindes, das in sexuelle Misshandlung verwickelt ist, Abneigung und Vorurteile bei möglichen Bezugspersonen. Verwirrende → Akkomodationsmechanismen wie Heimlichkeit, Verstrickung der Kinder, abgestrittene und widersprüchliche Berichte über die traumatischen Erfahrungen, Re-Inszenierungen auf der Opfer- oder Täterseite und die beeinträchtigte Fähigkeit der Mädchen und Jungen zu vertrauen, belasten die Bezugspersonen bis an die Grenze dessen, was noch psychisch zu tragen ist. Aggression und autoaggressives Verhalten beschreiben die PädagogInnen als belastend. Die Konfrontation mit Re-Inszenierungen auf der Opfer- oder Täterseite stellt sie vor Bewährungsproben, konfrontiert sie doch auch mit eigener Hilflosigkeit. Durch Verhaltensweisen wie Prostitution und Missbrauch von Schwächeren werden zentrale Werte und Normen des menschlichen Lebens in Frage gestellt. Oft sehen die PädagogInnen dieses Verhalten nicht als *‚normale Reaktion auf eine unnormale Kindheit'*, sie werten es als einen Angriff auf ihre pädagogische Integrität und auf persönliche Wertvorstellungen: „Wieso prostituiert die sich, die braucht das doch nicht mehr.“[21]

Im Kontext der Hilfestellung für von sexueller Gewalt betroffene Mädchen und Frauen werden Verhaltensweisen wie Unzuverlässigkeit, Aggressivität, vulgäre oder provozierende Äußerungen von den Professionellen als anstrengend und extrem belastend empfunden (vgl. Roth 1997, S. 223). Ich komme in meiner Studie über den Umgang mit belastenden Verhaltensweisen zu dem Schluss, dass manche Handlungsstrategien, mit denen die PädagogInnen auf die „schwierigen“ Verhaltensweisen der Kinder reagieren, die Belastungen eher noch verstärken.

Der Umgang mit Aggression

Die meisten Reaktionen auf Aggression dienen der notwendigen Begrenzung und dem Schutz von Kindern, Jugendlichen und den PädagogInnen selbst bzw. sie werden zumindest damit begründet. Wenn diese Begrenzung die einzige pädagogische Reaktion auf Aggression ist, wird die Möglichkeit der Kinder, ihre Gefühle abzureagieren, zu Gunsten von Kontrolle und pädagogischer Einengung aufgegeben, ein folgenschweres Verhalten: „Wenn … im Beispiel einer therapeutischen Wohngruppe BetreuerInnen auf solche Aggressionen damit reagieren, von Betroffenen zu verlangen, primär diese Gefühle zu kontrollieren, führe dies dazu, dass Betroffene sich miss-

21 Diese und alle folgenden Aussagen von PädagogInnen stammen aus meiner Studie.

verstanden fühlen und noch wütender werden." (Fegert 1995a, S. 253) Der Teufelskreis Aggression – Kontrolle – sich unverstanden fühlen – Vertrauensverlust – Aggression – Kontrolle wird verstärkt. Aggression und Gewalt von Kindern und Jugendlichen können Aggression und Gewalt bei den PädagogInnen – auch gegenüber den traumatisierten Mädchen und Jungen – erzeugen. Dies zeigt sich auch an dem Bedürfnis von HelferInnen, ebenso mit Gewalt zu reagieren bis hin zu dem Impuls, aggressiven Kindern eine „runterzuhauen": „Und dann habe ich das Gefühl, ich muss Michael eine bomben."

Dass aggressives Verhalten von Kindern und Jugendlichen bei PädagogInnen störende – nämlich aggressive – Gefühle auslöst, bedeutet nicht, dass sie generell beruflich nicht kompetent sind. Es ist eher ein Indiz dafür, dass dieses aggressive Verhalten auf dem lebensgeschichtlichen Hintergrund der Kinder nicht fachlich verstanden bzw. zum Verstehen gebracht werden kann. Werden die aggressiven Gefühle der PädagogInnen tabuisiert, weil sie dem pädagogischen Ethos widersprechen oder aus Abwehr und Angst? Wehren professionelle HelferInnen die negativen Gefühle ab, weil sie sich Aggression im Angesicht des Leides der traumatisierten Kinder nicht zugestehen oder weil sie sich selbst nie mit eigenen aggressiven Impulsen auseinander gesetzt haben? Wenn die PädagogInnen aggressive Impulse nicht in der Interaktion mit den Jugendlichen verstehen, kann dies ihre Handlungsfähigkeit einschränken und die subjektiv erlebte Belastung so erhöhen, dass dauerhafte Arbeitsunzufriedenheit oder -unfähigkeit eine Folge sein können.

Der Umgang mit sexualisierten Bewältigungsstrategien

Auch zu sexualisierten Bewältigungsstrategien sind in der Praxis zu wenige Handlungsstrategien bekannt:

- Finkel findet in einer Untersuchung über Heimerziehung „... große fachliche Unsicherheiten wie bei einem ... sexuellen Missbrauch vorzugehen ist ...", die dazu führen, dass „...in vielen Hilfeverläufen eine mögliche sexuelle Gewalterfahrung weder angegangen noch bearbeitet wird." (Baur et al. 1998, S. 385)

- Verhaltensweisen, die die Mädchen und Jungen als Überlebensstrategien entwickelt haben, werden aus Unkenntnis der Dynamik sexueller Gewalt abgewertet, es kommt zu Sekundärschädigungen, pädagogischer Einengung und Kontrolle (vgl. Weber/Rohleder 1995).
- Praktizierte Sexualpädagogik und geschlechtsrollenreflektierte Pädagogik findet in den meisten Heimen nicht statt. Sie fallen der Zeit oder anderem zum Opfer (vgl. Krieger/Fath 1995; DJI 2006).

In vielen Einrichtungen fehlen pädagogische Konzepte, so dass die PädagogInnen im Umgang mit diesen Verhaltensweisen auf individuelles Aushandeln angewiesen sind. Die Gefahr ist groß, durch unreflektiertes, ‚moralisches' Handeln den Kontakt zu den Mädchen und Jungen zu verlieren. Dies gilt gleichermaßen für den Umgang mit Kindern und Jugendlichen, die sich prostituieren wie auch mit jenen, die sexuell übergriffig werden, bzw. bereits Täterstrategien entwickelt haben. Die konflikthafte Verstärkung durch Nichtwissen, Unverständnis oder durch negative Gegenübertragungsreaktionen der PädagogInnen können andere alte Erlebnisinhalte der Kinder wie Schuldgefühle, Selbstunwert, Scham, Angst festigen. Die Spirale von Unverständnis und Verstrickung kann zur Handlungsunwirksamkeit führen.

Aggressives und sexualisiertes Verhalten fordert die PädagogInnen besonders. Aggressives Verhalten der Mädchen und Jungen kann aggressives, zuweilen gewalttätiges Verhalten der PädagogInnen provozieren, was in den Teams aber nicht besprochen wird. Sexualisiertes Verhalten ist meist sowieso provokant. Auch die institutionelle Verarbeitung dieser Verhaltensweisen unterliegt einer Tabuisierung, da weder Aus- noch Weiterbildung grundlegend an der professionellen Bearbeitung eigener emotionaler Betroffenheiten arbeiten (vgl. Weiß 1999, S. 75 ff.). Im Umgang mit ungewohntem Verhalten ist die Gefahr gegeben, dass die Bezugspersonen ihre Handlungsmöglichkeiten einschränken und den Kontakt zu Kindern wie Philipp, Maria, Laura und Jana verlieren.

Dass die Beanspruchung durch ungewohntes Verhalten hoch ist, zeigt eine Studie zur Prävalenz psychischer Störungen in der stationären Jugendhilfe (Schmid 2007): 60 Prozent der Kinder und Jugendlichen erfüllten die Diagnosekriterien für eine, 37,7 Prozent für mehrere psychische Störungen! „Die Pflegekinder würden existenziell herausfordern", so ein Ergebnis des Aktionsforschungsprojektes für psychisch traumatisierte Kinder und Jugendlichen in sozialpädagogisch und psychotherapeutisch betreuten Pflegefamilien (Eberhard/ Eberhard 2002, S. 49).

Im Umgang mit sehr schwierigen Kindern reagieren manche PädagogInnen mit Erklärungsmustern, die außerhalb der Möglichkeiten des pädagogischen Alltags liegen. Möglicherweise führt die eigene Hilflosigkeit dazu, die Kinder als nicht haltbar, unmöglich, undankbar etc. einzustufen, um sich selbst zu entlasten. Der Erziehungswissenschaftler Klaus Wolf verweist auf die Gefahr, die eigene Handlungswirksamkeit damit massiv einzuschränken: „Wer ausschließlich die gesellschaftlichen Verhältnisse, irreversible pathologische Prozesse oder eine psychiatrische Erkrankung als Ursache annimmt, hat sich aus der Erziehungsarbeit verabschiedet. Die können sich dann gut die eigene Erfolglosigkeit erklären, aber sie haben einen Verlust der Kontrolle im kontrollpsychologischen Sinn erlitten: Die Überzeugung, Wirkungen durch eigene Handlungen erzielen zu können, ist gebrochen" (Wolf 1998, S. 49). Die berufliche Identität ist in Frage gestellt.

14.2 Die Bedeutung biografischer Erfahrungen

Die Themen, die die Kinder in den pädagogischen Alltag mitbringen, lassen sich aus keinem Leben ausgrenzen. Sie berühren immer auch die eigene Kindheitsgeschichte. Umgekehrt berühren die Erfahrungen der PädagogInnen auch den Alltag der Mädchen und Jungen: „Ich denke an die unbewussten positiven oder negativen Gefühlseinstellungen, die wir anderen Menschen gegenüber sogleich oder zunehmend nach einiger Zeit einnehmen, mitbedingt durch frühere prägende Erfahrungen z. B. im engsten Familienkreis und die wir ohne es auch nur zu merken unserem jeweiligen Gegenüber überstülpen" (Schacht 1995, S. 287). Ohne dies generalisieren zu wollen, können Kindheitserfahrungen bewusst oder unbewusst Motivation für die Arbeit im Heim sein. So besteht bei manchen MitarbeiterInnen eine Ahnung, dass ihr Verhalten mit der eigenen Lebensgeschichte in Verbindung gebracht werden kann, die dann jedoch in ihrer Bedeutung für das eigene professionelle Handeln nicht reflektiert ist.

In einer Untersuchung kommt Frauke Teegen zu dem Ergebnis, dass 48 Prozent der befragten und sexuell missbrauchten Menschen versuchen, durch Fürsorge an anderen ihr eigenes Leid wieder gutzumachen und ihr bestmögliches Gleichgewicht zu finden (vgl. Teegen 1992, S. 14, n = 576). Der Wunsch anderen zu helfen, andere Menschen zu erziehen, ist allerdings dann als Selbstheilungsversuch kontraindiziert, wenn er über lange Zeit unbewusst ist. Schon Anna Freud berichtete von einer Pädagogin, die „… infolge unglücklicher Familienverhältnisse das Elternhaus verließ, um eine Stelle als Erzieherin von drei Knaben anzunehmen. Der mittlere dieser Knaben war ein schwieriger Erziehungsfall“ (Anna Freud 1971 [1935], S. 59). Auf Grund ihrer Identifizierung mit dem zurückgesetzten Kind erreichte sie durch viel Liebe und Sorgfalt, die sie auf ihn verwendet hatte, die Reintegration des Jungen in die Familie. Da zerriss das Band der Identifizierung, das zurückgesetzte Kind war nicht mehr zurückgesetzt: „Die Erzieherin, der doch dieser Erfolg zu verdanken war, begann jetzt ihrerseits Schwierigkeiten mit dem Jungen zu haben … sie verließ schließlich das Haus, in dem man sie sehr schätzte, gerade des Kindes wegen, das zuerst die stärkste Anziehung auf sie ausgeübt hatte“ (Anna Freud 1971, S. 60). Unbewusste Motive wie z. B. hier die Identifizierung dieser Erzieherin mit dem ungeliebten Kind führen zu Verstrickungen, Verwicklungen aus dem eigenen Kinderleben. Auch eine Pädagogin der Wohngruppe von Jana kündigte ihre Stelle, weil sie Jana die Zuwendung, die sie selbst als Kind nie bekommen hatte, neidete.

Die unbewussten Motive können das Verständnis der Mädchen und Jungen behindern. Sie bergen weitere vielfältige Gefahren und Belastungen für die PädagogInnen; Fegert benennt im Kontext von sexueller Gewalt folgende:

Gefahren aus persönlichen Anteilen

Depression	helfen wollen (altruistische Abtretung)
Narzissmus	Pionier, besonders schwieriges Arbeitsfeld
Voyeurismus	Faszination, Abscheu, sexuelle Erregung
Zwanghaftigkeit	Forschung, Zahlen, Klassifizieren
Phobie	kontraphobische Beschäftigung mit der beängstigenden Thematik Gewalt
Hysterie	Mitschwingen in Gruppenphänomenen

(vgl. Fegert 1995b)

Mit der Reflexion der biografischen Erfahrungen soll die Gefahr, dass traumatisierte Mädchen und Jungen von professionellen HelferInnen zur Bearbeitung selbst erlebter Traumata benutzt werden, eingeschränkt werden. Die Reflexion des eigenen Kinderlebens ist Voraussetzung dafür, dass die traumatischen Erfahrungen der Mädchen und Jungen nicht durch eine (unbewusste) Abwehr der PädagogInnen verleugnet oder nicht wahrgenommen werden. Ein bewusster Umgang mit der eigenen Kindheitsgeschichte kann die Einfühlung in die Mädchen und Jungen erleichtern:

> „Ich kann mich noch so gut erinnern, wie man sich fühlt, wenn man so eine Kindheit hat. Ich denke, ich kann das ganz gut.“

Das bewusste Umgehen mit der eigenen Kindheitsgeschichte verhindert die Verfestigung von belastenden Verhaltensmustern und dient der Psychohygiene in belastenden Arbeitssituationen. Dieser bewusste Umgang mit der eigenen Geschichte kann zudem sinnstiftend und bereichernd sein.

14.3 Trauma ist ansteckend

„Trauma ist ansteckend“, so beschreibt Herman (1994, S. 193) einen Aspekt der Beziehung von traumatisierten Menschen und ihren Bezugspersonen. Die Lebensgeschichten chronisch traumatisierter Kinder und Jugendlicher sind auf Grund der Schrecken und der Missachtung des Kindes als Subjekt ein Angriff auf das innere System der Bezugspersonen. Unerträgliche Vorstellungen und Gefühle können hervorgerufen werden. Sie fordern eine Auseinandersetzung sowohl mit der Verletzlichkeit des Menschen als auch mit dem Potenzial des Bösen in ihm. Diese Lebensgeschichten erschüttern das Grundvertrauen, sie machen die eigene Verwundbarkeit stärker bewusst. Sie berühren mehrere stark emotionalisierte und tabuisierte Themen wie Familie, Gewalt, die Rolle der Mutter, des Vaters, sexuelle Gewalt, Sexualität und Gewalt. Belastende Emotionen entstehen z.B. durch die Konfrontation mit Müttern, deren Töchter von sexueller Gewalt betroffen sind, denn sie entsprechen nicht dem Bild der guten, beschützenden Mütter (vgl. Roth 1997, S. 222). Das Bewusstsein über sexuelle Gewalt, das Eindringen in den Bereich, den jeder Mensch für das Ureigene hält, all dies erfordert eine Auseinandersetzung mit Grundwerten. Diese Auseinandersetzung ist umfassend, eingreifend und nicht zu vermeiden.

Die posttraumatische Bilderwelt der traumatisierten Kinder führt bei vielen Menschen zu heftigen Reaktionen. Manche müssen Ekel und Übelkeit bekämpfen, weil sie das wiedererlebte Elend in Flashbacks, Re-Inszenierungen oder den Berichten der Kinder und Jugendlichen nicht aushalten. Das Begleiten von Flashbacks birgt Gefahren. Viele PädagogInnen stehen machtlos daneben und müssen zusehen, wie dieser Zustand Mädchen und Jungen in Angst, Schrecken und große Not versetzt. Wenn ihnen zusätzlich das Wissen um die Dynamik dieser Erinnerungsebenen und um die Möglichkeiten professionellen Handelns fehlen, reagieren sie möglicherweise mit Angst, Depressionen, Traurigkeit, Rückzug, Misstrauen in eigene Beziehungen und mit Arbeitsunfähigkeit. Manche fühlen sich schuldig, weil ihnen das Leid der Mädchen und Jungen erspart blieb:

> „Ich hatte auch keine einfache Kindheit. Und dann habe ich die Biografie einiger Kinder kennen gelernt. Da war meine Geschichte profan. Ich hatte dann ein schlechtes Gewissen."

Dieses „Schuldgefühl der Zeugen" (Herman 1994, S. 200) kann dazu führen, dass PädagogInnen zunehmend Schwierigkeiten haben, die Annehmlichkeiten des eigenen Lebens zu genießen. Sie benennen Gefühle wie Wut, Hilflosigkeit, Resignation und Ekel: „Wut, dass solche Dinge vorfallen“, „Ekel ist bei mir“ und „manchmal Hilflosigkeit“. „Ach, wieder dieselbe Scheiße“ kommentiert eine Pädagogin die Häufung sexueller Gewalterfahrungen der Mädchen. Andere sind darüber schockiert, was Kinder in den wenigen Jahren ihres Lebens erdulden und ertragen müssen. Die PädagogInnen sind einfach handlungsunfähig:

> „Also, wenn ich die Akte von Müllers gelesen hätte, mit dem, was den Kindern widerfahren ist, weiß ich nicht, ob mich das in meinen Gefühlen nicht eingeschränkt hätte. Ich hätte vor lauter Mitleid die Kinder dahinter gar nicht mehr gesehen.“

Der Einfluss auf das Privatleben ist signifikant (vgl. Roth 1997; Weiß 1999). Eigene Normen und Werte verändern sich. Für die PädagogInnen trifft zu, dass das Privatleben weniger privat und die Freizeit weniger frei als in anderen Berufen ist. Die Arbeit spielt in der Beziehung zum Lebenspartner eine große Rolle, das Leben mit eigenen Kindern wird beeinflusst:

> „Man lebt etwas anderes und vermittelt auch seinen eigenen Kindern manches anders. Manchmal stinkt ihnen das: ‚Ihr redet doch nur über die Arbeit.‘ Letzten Endes kann man das nicht rauslassen. Das hat unsere ganze Familie geprägt.“

Eine kontraphobische Beschäftigung mit der Thematik sexuelle Gewalt beeinflusst die Wahl des Freundeskreises:

> „Zeitweise war ich nur mit Leuten zusammen, die sich mit dem Thema auseinander gesetzt haben. Ich habe Dramen erzählt, mit denen ich viele erschreckte.“

Die Aufnahme eines Pflegekindes verändert das bisherige Leben nach innen. Trotz ausführlicher Einführung sei dies viel schwieriger als vorgesehen. Sie verändert das bisherige Leben nach außen. Die Pflegeeltern erleben neben Bewunderung auch Unverständnis, Ablehnung bis hin zu Rückzug von langjährigen Freunden (vgl. Eberhard/Eberhard 2002).

Zeitweise ist die Lebensfreude massiv beeinträchtigt:

> „Und manchmal habe ich keinen freien Kopf bekommen. Die Geschichte von Sarah, diesem stark traumatisierten Mädchen, hat bei mir einen inneren Schutzmantel zerstört. Da ging es mir überhaupt nicht gut. Ich habe ganz langsam versucht Abstand zu kriegen auch über die Zeit. Ich musste mich länger zurückziehen. Ich brauche langes Regenerieren und einen Ansprechpartner zu Hause."

Der Kopf ist okkupiert:

> „Ich hatte Phasen, in denen ich nichts anderes lesen konnte als Bücher über Missbrauch. Da fing es dann an, nicht mehr gesund zu sein."

Das Gefühl der eigenen Sicherheit leidet durch das Wissen um das Ausmaß traumatischer Gewalt gegen Kinder:

> „Stellenweise war ich fanatisch: Hinter jedem Busch lauern Verbrecher, der unsicherste Platz für ein Kind ist in der Familie."

PädagogInnen sind also auch von sekundärer Traumatisierung betroffen. „B. Hundnall Stamm definiert sekundären traumatischen Stress als natürliche, konsequente Verhaltensweisen und Emotionen, die durch das Wissen entstehen, dass ein (…) anderer Mensch ein traumatisches Ereignis erlebt hat. Diese Art von Stress entwickelt sich, wenn wir traumatisierten oder leidenden Menschen helfen oder helfen wollen. Somit ist sekundäre Traumatisierung eine Traumatisierung von Menschen, die mit den Primär-Trauma-Opfern in Kontakt sind." (zit. nach Hedi Gies: Sekundäre Traumatisierung und Mitgefühlserschöpfung am Beispiel familienähnlicher stationärer Betreuungen in der Jugendhilfe, www.supervision-gies.de). Immer öfter werden die Auswirkungen dieses Phänomens auch in pädagogischen Berufsfeldern zur Kenntnis genommen und diskutiert (vgl. auch Berliner Kongress zur sekundären Traumatisierung 2011).

Die traumatische Gegenreaktion

Die Auswirkungen der in der Psychoanalyse als → Übertragung – → Gegenübertragung bekannten Dynamik auf die PädagogInnen werden im fachlichen Diskurs zu wenig beachtet. Allerdings kann nicht übersehen werden, dass die Übertragungen der Mädchen und Jungen Gefühle, zum Teil heftige Gefühle in den PädagogInnen auslösen, die den Inhalten der Gegenübertragung ähnlich oder gleich sind. Forschungen hierüber stehen aus. Einige Psychoanalytiker verweisen darauf, dass die Nutzung der Gegenübertragung streng an die analytische Situation gebunden sei. Zudem ist das Konzept der Gegenübertragung nicht unumstritten, der Arzt und Psychoanalytiker Michael Balint sprach z.B. von einer ‚Gegenübertragungsmystik'. Der Analytiker Karl König schlägt als Alternative zu Gegenübertragung den Begriff *Gegenreaktion* vor, da der Analytiker eben nicht nur auf die Übertragungen des Patienten reagiert (König 1993, S. 16). Vor allem verweist er darauf, dass Gegenübertragungsreaktionen sorgfältig ausgewertet werden müssen und sie keinen direkten Aufschluss über die Übertragungen des Patienten geben (a.a.O., S. 33 ff.). Aus diesen unterschiedlichen Gründen erscheint die Verwendung des Begriffes Gegenreaktion als Alternative zur Gegenübertragung zumindest im pädagogischen Dialog als eine mögliche Lösung.

Die Diskussion um Gegenübertragung stand lange im Schatten des wissenschaftlichen Streits um die Übertragung. Im therapeutischen Setting sind Gegenübertragungsgefühle „… alle Gefühle des Analytikers einem Patienten gegenüber …" (Heimann 1950, zit. n. Thomä/Kächele 1985, S. 86). Möller bezeichnet die Gegenübertragung als die „spezifische, nichtneurotische Reaktion des Analytikers auf die Übertragung seines Patienten" – die Gegenübertragung sei die notwendige Ergänzungshälfte der Übertragung (Möller 1977, S. 145). Man kennt unterschiedliche Begriffe von Gegenübertragung: Die ganzheitliche Auffassung z.B. bezieht die Gegenübertragung auf die Gesamtheit aller Reaktionen der TherapeutIn auf die KlientIn und die Therapiesituation (Kernberg 1978; Heimann

1950). Greenson (1975) begreift die Gegenübertragung ausschließlich als die Übertragung des Analytikers.

Im Zusammenleben mit chronisch traumatisierten Kindern lösen Übertragungen zum Teil heftige Gegenübertragungsgefühle und -reaktionen aus. (Dabei muss berücksichtigt werden, dass nicht alle Gefühle gegenüber Kindern und Jugendlichen Gegenübertragungsgefühle sind. Gefühle der PädagogInnen im Arbeitsalltag können auch den Arbeits- oder eigenen Lebensbedingungen, den KollegInnen etc. gelten). Der wesentliche Unterschied zwischen positiver und traumatischer Übertragung ist die destruktive Kraft der frühen Erfahrungen der Mädchen und Jungen, die die Beziehungen zu anderen Menschen immer wieder stört. Alte Erlebnisinhalte, die z.B. eigentlich dem Täter oder der misshandelnden Mutter gelten, aggressive und/oder sexuelle Gefühle werden übertragen: „Der Terror entsteht dadurch, dass außer dem Patienten und dem Therapeuten noch eine dritte Person anwesend zu sein scheint. Diese dritte Person ist der Täter …“ (Lister, zit. n. Herman 1994, S. 188).

Ein für die Beziehungsarbeit unerlässliches Instrument, die Einfühlung, fordert die professionellen HelferInnen auf, die Position und die Geschichte des Opfers zumindest zeitweise zu verstehen. Weniger intensiv als die Kinder leben sie dann die Gefühle von Angst, Ohnmacht, Verwirrung durch. Dieses Erleben bezeichnen Psychoanalytiker als die *konkordante (deckungsgleiche) Gegenübertragung.* Die Bezugspersonen können unbewusst die Situation des ausgelieferten hilflosen Kindes mit- und nacherleben. Die konkordante Identifikation kann das Gefühl auslösen, alleine zu stehen, keine Unterstützung zu haben. Möglicherweise werden die PädagogInnen handlungsunfähig. Ohnmacht und Hilflosigkeit können dann dazu führen, dass sie ihre eigenen Grenzen übergehen und zur Kompensation dieser Gefühle in die Rolle der Retter schlüpfen (komplementäre oder ergänzende Gegenreaktion). Oder sie resignieren und werden depressiv, erschöpft bis hin zum psychischen Ausgebranntsein. Sie schwanken zwischen Allmacht und Ohnmacht. Dieses Schwanken zwischen Ohnmacht und Allmacht ist auch als ein Verhalten der traumatisierten Kinder bekannt.

Die bisherigen Erfahrungen der Kinder und Jugendlichen mit Bindung provozieren geradezu eine Bindungsfalle. Die Kinder empfinden den Mangel an Beziehung. Sie haben einen starken Wunsch nach Auflösung der früheren Deprivations- und Vernachlässigungserfahrungen. In der Gegenreaktion können PädagogInnen zum *„impertinent liebenden Menschen*" werden, der es immer gut meint. Sie möchten eine besonders gute Beziehung herstellen, ohne die begrenzte Beziehungsfähigkeit der traumatisierten Kinder zu beachten:

> „Ich wünsche mir, dass ich eine gute Beziehung zu den Kindern bekomme, dass ich den Kindern was mitgeben kann. Ich hatte auch Größenfantasien: Endlich bin ich jetzt da, und jetzt machen wir das."
> „Das Gefühl, ich muss allen helfen, und ich muss ganz viel da sein, weil gerade dieses Kind mir so wichtig ist."

Sie missachten bei ihrem Beziehungsangebot ihre eigenen Grenzen:

> „Ich möchte mit Kindern und Jugendlichen auf eine ganz intensive Art und Weise arbeiten, weil das Kind neue Beziehungserfahrungen machen kann."

Möglicherweise können Julia, Sabine und Michael dieses Angebot nicht annehmen. Sie wollen nach Hause. Ihre Fähigkeit zu vertrauen ist stark beschädigt. Philipp kennt das Angebot zu vertrauen nur in Kopplung mit sexuellem Missbrauch. Die Pädagoginnen wiederum berichten resigniert und ungehalten von einem Mangel an Vertrauen:

> „Anna hat dann so in den Sack gehauen. Ich war enttäuscht, nach allem, was wir für sie getan haben."

Die Erwartungen der PädagogInnen an die Möglichkeiten der Vertrauens- und Bindungsfähigkeit der Kinder und Jugendlichen berücksichtigen nicht die lebensbiografischen Hintergründe des Bindungsverhaltens. Als Reaktionen entwickeln sie Retterfantasien oder es entsteht ein Gefühl von Vergeblichkeit. Auf Grund der überhöhten Erwartungen an sich selbst bleiben Zweifel an der eigenen Handlungswirksamkeit zurück.

Die tabuisierten Gegenreaktionen

Scham oder falsch verstandene Berufsethik verhindern häufig, dass tabuisierte Gegenreaktionen wie Aggression und sexuelle Erregung thematisiert werden. Um diese belastenden Gefühle nicht durch Aussprechen auch noch zu zementieren, ist die Neigung groß, diese Gegenreaktionen zu ignorieren, zu bagatellisieren oder umzudeuten.

Die aggressive Gegenreaktion

Aggressive Gefühle der Mädchen und Jungen, die dem Täter oder ihrer schwierigen Lebenssituation gelten, können bei Bezugspersonen Aggressionen – auch den belasteten Kindern gegenüber – auslösen. In Kontext von Therapie mit Traumaopfern verweist J. L. Herman ausdrücklich darauf, dass die traumatische Gegenübertragung auch zu sadistischen Impulsen der Bezugspersonen führen kann (vgl. Herman 1994, S. 199). Wird zusätzlich noch eine zunehmende körperliche Aggression bei den Kindern beobachtet, kann das zu Aggressionen von PädagogInnen auf die ‘Schutzbefohlenen‘ bis hin zu Hass führen. Sie lassen sich in eine aggressive Gegenreaktion verwickeln:

> „Es fällt ihnen, den Kindern, sehr schwer, aus dieser Rolle zu schlüpfen. Sie sehen den Erzieher als Feind. Man kann pädagogisch sinnvoll reagieren, wenn man als Erzieher gelernt hat, das zu ertragen. Man muss sich bewusst sein, dass das nicht persönlich gemeint ist. Die Gefühle machen einem einen Strich durch die Rechnung. Da muss man an der Aggression vorbeikommen und oft bleibt man in der aggressiven Auseinandersetzung stecken.“

Die sexuelle Gegenreaktion

Kindliche Sexualität und die Suche nach der sexuellen Identität ist ein Berührungspunkt zwischen den Mädchen und Jungen und den PädagogInnen. Der sexuelle Aspekt der Misshandlung spiegelt sich dann in Übertragungs- und Gegenübertragungsgefühlen wider. In der Gegenreaktion kann dies durchaus zu sexueller Erregung der PädagogInnen führen, die erschrocken verdrängt oder verleugnet wird. „Sexuelle Gegenübertragungsgefühle … [werden, d. Verf.] eindeutig als Defizit, Unprofessionalität und moralische Ungeheuerlichkeit des Therapeuten oder der Therapeutin verstanden, verurteilt und gebrandmarkt. … Es fehlt und unterbleibt die absolut zentrale Unterscheidung zwischen sekundären sexuellen Gefühlen im Therapeuten als Reaktion auf die Kommunikation des Patienten, die durch den Patienten in der Übertragungs-Gegenübertragungsinteraktion ausgelöst werden und einer primär sexuellen Erregung erwachsener Therapeuten durch sexuell misshandelte Kinder, die einem pädophilen Sexualmuster folgen" (Fürniss 1995, S. 3). Dies gilt umso mehr für die Pädagogik: Erotische und sexuelle Anziehung sind stark tabuisiert, manchmal gelingt es PädagogInnen nach Information über sexuelle Gegenübertragung solche Gefühle in einem souveränen und offenen Team zu äußern. Die Fähigkeit, tabuisierte Gegenübertragungsgefühle zu kommunizieren, dient dem Schutz der Mädchen und Jungen und der Entlastung von Zweifel an der pädagogischen Integrität.

Übertragungsphänomene und Gegenreaktionen reflektieren

Die Reflexion der Gegenreaktionen oder Gegenübertragungsgefühle, insbesondere der tabuisierten, ist letzten Endes erleichternd. Sigmund Freud drückte das so aus: „Man muss also seine Gegenübertragung jedes Mal erkennen und überwinden, erst dann wird man frei" (zit. n. Thomä/Kächele 1985, S. 96). Eine professionelle Auflösung der in Übertragung und Gegenreaktion entstandenen Beziehungsfalle erfordert die Reflexion der Gefühle. Diese ist Voraussetzung für die Klarheit der PädagogIn in ihrem Beziehungsangebot, vor allem in der Begrenzung ihres Angebotes. Hilfreich können erste Erfahrungen über Entlastung und Erleichterung durch die Reflexion der Gegenreaktionen, insbesondere der tabuisierten aggressiven und sexuellen Impulse, in → Balint- oder Supervisionsgruppen sein. Sie setzen eine persönliche Souveränität voraus. Die Fähigkeit der Professionellen, mit Beschränkungen und Scheitern umzugehen, setzt die Reflexion von Allmachts- und Retterfantasien voraus.

Sicher, die Reflexion der Gegenreaktionen kann in der pädagogischen Praxis nicht so komplex sein, wie sie in den Konzepten der psychoanalytischen Therapie oder auch der psychoanalytischen Supervision vorgesehen ist. Dennoch sind die Kenntnis von Übertragung/Gegenübertragung und ihre Beachtung in der pädagogischen Praxis für die Psychohygiene hilfreich: „Es geht also um die Bereitschaft des Helfers, auch auf sich selbst aufzupassen“ (Mehringer 1979, S. 78).

Die Beschäftigung mit dem Leiden der Kinder hat auch positive Auswirkungen. Die PädagogInnen bewundern die Kraft der Kinder.

> „Ich finde es unwahrscheinlich, wie viel Kinder wegstecken können. Ich bewundere die Kinder, dass sie dann trotzdem noch so sind, wie sie sind.“

Durch die Auseinandersetzung mit den konkreten Lebensgeschichten und der Dynamik des traumatischen Geschehens im Allgemeinen ist ein gezielteres pädagogisches Arbeiten möglich. Die Stärke der Kinder macht den HelferInnen Mut. Die Vorbehalte gegen die Kenntnis der Vorgeschichte widersprechen nicht nur fachlichen Anforderungen, sie widersprechen auch den eigenen Erfahrungen: Die Handlungskompetenz wächst, wenn das Wissen um die Vorgeschichte vorhanden ist. So beschreibt auch Wolf die Rekonstruktion der Lebenserfahrungen als eine pädagogische Methode, um die eigene Interaktionsfähigkeit herzustellen: „Hat man das Lernfeld [des Kindes, d. Verf.] kennen gelernt, etwa indem man die Geschichten, die die Kinder über ihr Leben erzählen, interessiert aufnimmt, indem man wichtige Menschen im Leben der Kinder kennerlernt und beobachtet, welche Wirkungen diese bei einem selbst auslösen, oder indem man die Orte sieht und riecht, an denen das Kind gelebt hat, kann man die Strategien des Kindes oft als funktional und seine Deutungen als plausibel erkennen“ (Wolf 1998, S. 50). Durch einen realistischen Blick auf die Entwicklungsmöglichkeiten der Mädchen und Jungen werden Gelassenheit, Offenheit, eine höhere Handlungswirksamkeit erreicht. Diese höhere Handlungswirksamkeit auf Grund der Kenntnis der Schrecken ist ein notwendiges Korrektiv zur → stellvertretenden Traumatisierung.

Literaturtipps

Eine umfassende Diskussion der Gegenübertragung bieten:

Thomä, H.; Kächele, H. (Hrsg.) (1996): Lehrbuch der psychoanalytischen Therapie. Band 1 Grundlagen. 2., überarb. Aufl., Berlin, Heidelberg, New York

König, K. (1998): Gegenübertragungsanalyse. 3. Auflage. Göttingen

14.4 Im Dickicht der Institutionen

Gegenreaktionen im Team

Auch die Spiegelung der Familiendynamik in den Helfersystemen kann – unreflektiert – die Arbeitsbelastung ins Unerträgliche steigern. Die in der Familie tabuisierten Themen, die aggressiven, feindseligen und gewalttätigen Gedanken, werden auf die HelferInnen übertragen. Der Arzt für Kinder- und Jugendpsychiatrie Landsberg spricht im Zusammenhang mit dem Tabubruch der körperlichen und sexuellen Gewalt von Helferkrisen (1992, S. 74). Der Tabubruch führe zu „... spezifischen Übertragungs- und Gegenübertragungsproblemen, die u. a. aggressive, sadistische und gewalttätige Impulse auslösen können. Es könnten Reaktionen ausgelöst werden, die institutionelle, irrationale, lähmende Krisen provozieren." Auch J. L. Herman berichtet von Spaltungen der Teams in einer Klinik infolge der Patientengeschichte. Fast immer stelle sich heraus, „... dass der fragliche Patient eine traumatische Vorgeschichte hat" (Herman 1994, S. 210).

Kinder, die ihre Elternfiguren als liebevoll und böse erlebt haben, spalten diese in die „gute" und „böse" Mutter. Dies prägt alle weiteren Beziehungen dergestalt, dass immer wieder gute Menschen gesucht und Menschen, die das Kind enttäuscht haben, bekämpft werden. Teams werden aufgespalten in gute und schlechte Bezugspersonen. Wenn sich ein Kind eine PädagogIn als Vertrauensperson aussucht, kann dies zur Konkurrenz und in Folge zur Abwertung der KollegIn führen. Die Identifizierung einer Pädagogin mit dem „Opfer" kann dazu führen, dass sie Wut, Empörung, Frustration, Gereiztheit bis zum „heiligen Zorn" (vgl. Herman 1994) spürt und diese Gefühle gegen die verständnislosen KollegInnen, die Institution und/oder die Gesellschaft im Allgemeinen richtet. Das Team und die Institution reagieren verständnislos, vielleicht selbst mit Ablehnung, Ärger und Wut.

Auch unterschiedliche Aussagen der Mädchen und Jungen über die traumatischen Erlebnisse im Zusammenhang mit der Dynamik von Erinnern und Verdrängen führen zu unterschiedlichen Bewertungen. So kann Verleugnen von Kindern in der Gegenreaktion dazu führen, dass nicht verleugnende PädagogInnen sich isolieren, bzw. sie isoliert werden. Im Kontext von sexueller Gewalt ist die Frage nach der Glaubwürdigkeit der Mädchen und Jungen eine Quelle von erheblichem Konflikt- und Belastungspotenzial (vgl. Roth 1997, S. 230).

Aus diesen Konflikten entstehen Spaltungen. Sie entstehen zwangsläufig und sind kein Hinweis auf professionelles Versagen. Wenn die Kinder sich widersprüchlich verhalten, kommt es zu unterschiedlichen Bewertungen und zu Konflikten im Team. Die Arbeitsbeziehungen der einzelnen Funktionsgruppen, die auf Grund der unterschiedlichen Arbeitsaufträge schwierig genug sein werden, können sich durch unreflektierte Gegenübertragungsgefühle und -reaktionen sehr verkomplizieren: Die PädagogInnen wachen eifersüchtig über die Therapeutin, der Laura von den sexuellen Gewalterfahrungen erzählt hat. Der Erziehungsleiter ist von dieser genervt, weil die schon wieder und zwar in Unkenntnis der Rechtslage, die Besuche des Kindes in der Herkunftsfamilie unterbrechen will. Der Leiter der Einrichtung will das Jugendamt nicht mit Forderungen einer familienrechtlichen Klärung verprellen etc. Wer kennt diese Konflikte nicht zur Genüge? Die Notwendigkeit der Reflexion gilt also auch für die Zusammenarbeit der unterschiedlichen Funktionsgruppen: Alle haben Gründe für ihr Verhalten. Gründe, die dann besprechbar sind, wenn durch die Reflexion von Gegenreaktionen wie z.B. Retterfantasien u. a. der Kopf und das Herz frei werden, um die unterschiedlichen Anliegen respektieren und im Handeln frei und sachlich werden zu können.

Literaturtipps

Über die Auswirkungen von Traumata auf die professionellen HelferInnen sind Informationen zu finden in:

Herman, J. L. (1994): Die Narben der Gewalt. Traumatische Erfahrungen verstehen und überwinden. München
Roth, G. (1997): Zwischen Täterschutz, Ohnmacht und Parteilichkeit. Zum institutionellen Umgang mit „Sexuellem Missbrauch“. Bielefeld

Die Enttabuisierung von Gewalt gegen Kinder steht noch aus

Zu den benannten Phänomenen kommen noch andere Hindernisse hinzu. Das Schulsystem und die Kindertagesstätten als wichtige Instanzen zur Vermittlung von Lebenschancen sind unzureichend auf die Bedürfnisse seelisch belasteter Kinder vorbereitet. Durch Veröffentlichungen, Fortbildungen und Qualitätsentwicklungsprozesse sind das Fachwissen und die Handlungsfähigkeit in der Jugendhilfe im Umgang mit traumatisierten Kindern, speziell im Umgang mit sexuell traumatisierten Mädchen und Jungen, gestiegen. Solange die institutionelle Antwort auf dieses Wissen ausbleibt, es in den Einrichtungen keine Konzepte gibt, die Handlungssicherheit vermitteln, bleibt es den einzelnen PädagogInnen überlassen, wie sie z.B. die Erfahrungen körperlicher und sexueller Gewalt, das Thema häusliche Gewalt und die Trennungserfahrungen der Mädchen und Jungen in Hilfeplanung und Pädagogik etc. umsetzen.

Dann kann es geschehen, dass sich ProtagonistInnen dieses Themas ins Abseits stellen bzw. gestellt werden, weil das Team oder die Institution abwehren. Den Helferinnen, die sexuell traumatisierte Mädchen unterstützen wollen, fehlen sehr häufig Unterstützung durch das Team oder die Vorgesetzten (vgl. Roth 1997, S. 344). Die Kollegin, die Signale von missbrauchten und geschlagenen Kindern nicht übersehen will, die oder der Heimpädagoge, die Sexualität, sexuelle Gewalt etc. in der Gruppe oder mit Einzelnen thematisieren wollen, können als Zumutung vom Restteam zurückgewiesen werden. Im Übrigen fehlt auch tatsächlich die Zeit, bzw. es fehlen die personellen Ressourcen, damit sich alle PädagogInnen des Teams auseinander setzen können. So kann es geschehen, dass diese Arbeit an eine KollegIn delegiert wird. Möglicherweise wird diese/r dann zur SpezialistIn mit dem Spezialgebiet *Schrecken und Dreck* mit allen negativen Auswirkungen. Alle in dieser

Arbeit Tätigen kennen derartige Belastungen aus Helferkrisen, die durch Abwehr und durch institutionelle Mängel verursacht werden.

Viele Bezugspersonen klagen über zu geringe Möglichkeiten zur Reflexion: „Wir unterhalten uns auch sehr selten über Pädagogik." Supervision ist „was besonderes, was wir kriegen." Erfahrungen weisen darauf hin, dass SupervisorInnnen ohne Feldkompetenz zum Teil abenteuerliche Ratschläge erteilen:

> „Der Supervisor war niemand, der sich mit Missbrauch auskannte. Das war ein großes Manko. Der hatte auch keine Ahnung von Heimerziehung. Er hat uns Sachen geraten, die unglaublich waren. Dass man irgendwelche Jugendliche in Krisen stürzen soll, um sie dann wieder aufzubauen. Ich glaube, wenn wir das gemacht hätten, Anna wäre uns aus dem Fenster gesprungen."

Zwar wurde die Frage nach der Feldkompetenz immer schon kontrovers diskutiert: Zu enge Feldkompetenz beinhalte die Gefahr der mangelnden Distanzierung und stelle die Subjektkompetenz in den Vordergrund. Andere (vgl. Belardi 1996, Gaertner 1998) halten Wissen über das Feld für unabdingbar, um verantwortlich handeln zu können. Feldkompetenz ist sicher nicht so eng zu fassen, dass die SupervisorIn aus dem identischen Arbeitsfeld stammen muss, dennoch ist es notwendig, dass sie/er das Berufsfeld kennt, um dort fachgerecht supervidieren zu können (vgl. Remmel-Faßbender 2002).

Die Mehrheit der PädagogInnen beschreibt außerdem ein Leitungsvakuum im Hinblick auf den professionellen Umgang mit Traumata. Sie erwarten von Leitungen Transparenz, Partizipation, Übernahme von Verantwortung, konzeptionelle Unterstützung und vernünftige Rahmenbedingungen. Die PädagogInnen klagen über mangelnde Wertschätzung für diese Arbeit. Ein Basiswissen über Traumata fehle bei Leitungskräften, die deswegen einen professionellen Umgang mit traumatisierten Mädchen oder Jungen nicht wertschätzen:

> „Ich wünschte mir mehr Rückhalt und Anerkennung für diese Art von Arbeit. Wichtig ist immer noch, ob ein Schulabschluss oder eine Arbeit bei raus kommt, das ist das

> Problem bei ganz vielen Jugendämtern. Da kriegt man Anerkennung vom Chef oder vom Jugendamt. Was interessiert sie, ob ich mit der Jugendlichen ein Trauma bearbeitet habe.“

Insgesamt werden die geringen finanziellen und personellen Ressourcen als belastend beschrieben: Für alles fehlt die Zeit.

Widersprüchlichkeiten in der Jugendhilfe

Ohnmachtsgefühle und Überforderungssyndrome beschreiben die PädagogInnen auch dann, wenn sie bei vermuteter massiver Kindeswohlgefährdung die Kinder jedes zweite Wochenende nach Hause entlassen müssen. Sie wissen, was den Kindern geschieht und können diese nicht schützen. Nach längeren Aufenthalten zu Hause, z.B. in den Ferien, sind die Kinder so verändert, dass die PädagogInnen das Gefühl haben, sie müssen von vorne anfangen. Im Kontext sexueller Gewalt ist belastend, wenn der Kontakt zwischen den Kindern und dem missbrauchenden Elternteil hergestellt werden muss, da der Schutz der Kinder trotz vorhandener rechtlicher Möglichkeiten oft dennoch nicht ausreichend geklärt ist. Hier bewegen sich die professionellen HelferInnen in dem kräftezehrenden Spannungsfeld Kindeswohl/Elternrecht bzw. eines ungenügenden Opferschutzes. Sie sind in der Sicherstellung des Kindeswohls auf die Zusammenarbeit mit der öffentlichen Jugendhilfe, dem Jugendamt und auf die Justiz angewiesen. Eine interdisziplinäre Zusammenarbeit, die z.B. die Garantenstellung der Jugendhilfe in den Mittelpunkt ihrer Arbeit stellt, die vielen Aspekte fachlicher und sozialer Wirklichkeitskonstruktionen berücksichtigt und die Verbesserung der Situation traumatisierter Kinder zum Ziel hat, steckt in den Kinderschuhen. So fühlen sich Pflegeeltern vom Jugendamt unzureichend unterstützt, die Störungen der Kinder würden verharmlost, die Besuchsrechte der leiblichen Eltern würden unterstützt, ohne zu überprüfen, ob die Pflegekinder die Konfrontation mit den Eltern verkraften (vgl. Eberhard/Eberhard 2002, S. 52).

Handlungsleitende einseitige Interpretationen von Normen der Jugendhilfe tragen zur Verunsicherung der professionellen HelferInnen bei. Dazu gehört die Behauptung, die Beschäftigung mit der Vergangenheit stigmatisiere die Mädchen und Jungen: Wie soll dann Vergangenheitsbewältigung geschehen? Eine einseitige Interpretation des § 37 KJHG bevorzugt die Rückkehroption. Gute Unterbringungen sind möglichst kurz. Wie aber ist dann eine konstante Beziehung als Grundlage der Korrektur traumatischer Erfahrungen zu realisieren? Die PädagogInnen sorgen sich um die Mädchen und Jungen, die sie vielleicht zu früh ohne Unterstützung in eine unsichere Zukunft entlassen müssen (vgl. Mitransky 1990, S. 180). Größte Verunsicherung aber ruft die Frage hervor, welche Zukunft überhaupt eine im Sinne der Mädchen und Jungen parteiliche Jugendhilfe hat angesichts um sich greifenden Sparmaßnahmen und des Rückzuges des Staates aus der sozialen Verantwortung.

15. Drei Grundkompetenzen für professionelles Handeln

Zusammenfassend kann festgehalten werden, dass die PädagogInnen derzeit noch nicht über genügend Kenntnisse über die Dynamik traumatischer Erfahrungen und die Möglichkeiten der Unterstützung von Traumabearbeitung verfügen und sie deshalb größeren Belastungen ausgesetzt sind. Die Selbstbeschreibungen ihrer pädagogischen Interventionen zu Re-Inszenierungen, Flashbacks und der Umgang mit Übertragungen beinhalten zum großen Teil eher hilflose Reaktionen (vgl. Weiß 1999). Die Beschäftigung mit der Lebensgeschichte der traumatisierten Mädchen und Jungen ist teilweise noch immer tabuisiert. Um zu verhindern, dass die PädagogInnen angesichts der spezifischen Belastungen resigniert aufgeben und/oder die Mädchen und Jungen ausgegrenzt werden, müssen Grundlagen und Standards für ein professionelles Handeln im Umgang mit traumatisierten Mädchen und Jungen und den spezifischen Belastungen der PädagogInnen geschaffen werden. Angesichts ständig steigender Anforderungen ist genau zu prüfen, was und an welchem Ort dies geleistet werden kann. Dennoch, die Hilfe für Kinder wie Jana und Philipp kann nur dann professionell sein, wenn nachfolgend benannte

Grundkompetenzen zumindest in Ansätzen vorhanden bzw. möglich sind:

Drei Grundkompetenzen

- Sachkompetenz erzielen die PädagogInnen durch die Aneignung von spezifischem Fachwissen (s. u.).
- Die Selbstreflexion wird allgemein als eine der wichtigsten Kompetenzen in der sozialen Arbeit bezeichnet. Ihr Ziel ist, die eigenen Verarbeitungsmuster zu kennen und ihre Beeinträchtigung durch individuelle Ansprüche, gesellschaftlich vermittelte Glaubenssätze und institutionelle Engführungen zu durchschauen (vgl. Hinte 2001). In der Arbeit mit traumatisierten Kindern hat die Selbstreflexion eine sehr persönliche Bedeutung.
- Die Selbstfürsorge spielt im aktuellen Diskurs über Professionalisierung leider eine sehr randständige Rolle, sie ist notwendiger Bestandteil der beruflichen Identität.

15.1 Sachkompetenz zur Verfügung stellen

Wie immer und überall versetzt Wissen uns in die Lage, schwierige Situationen zu meistern. Sachkompetenz vermindert die Belastungen und Gefahren. Die im traditionellen Bereich der Heimerziehung anzutreffende Zielgruppe besteht oft aus Mädchen und Jungen, die mit chronisch traumatischen Erfahrungen besonders belastet sind. Sie stellen die Professionalität auf die Probe: Es ist der Umgang mit einer „für die sozialpädagogischen Arbeit besonders anspruchsvolle(n) Zielgruppe“ (Bürger 2000, S. 10). Die Aus- und Fortbildungsinstitute sind daher gefordert, Basiswissen über Kindesmisshandlung, über Traumatisierungen als Standard zu integrieren. Hierzu gehört:

Grundwissen

- Basiswissen der Psychotraumatologie, z. B. die unterschiedlichen Sichtweisen und die Forschungsergebnisse über Traumatisierung von Kindern
- Grundwissen über Entwicklungsrisiken, Entwicklungschancen und unterstützende Faktoren

- Basiswissen über Ausmaß, Dynamik, Folgen und Täter(innen)-strategien bei sexueller Gewalt
- Grundkenntnisse über die Dynamik traumatischer Übertragungen und Gegenreaktionen
- Methodentraining z. B. in Biografiearbeit, Genogrammarbeit, Aufklärungsarbeit, die Enttabuisierung von sexueller Gewalt, den Umgang mit der Geschlechterdifferenz, das praxisorientiert auf den Heimalltag vorbereitet
- Grundwissen über Beziehung und Bindung. Reflexionsmöglichkeiten, die die Gestaltung des eigenen Beziehungsangebotes zum Thema zumindest der Ausbildung der HeimerzieherInnen machen
- Grundwissen über die Pflege der eigenen Psychohygiene inkl. Forschungsergebnisse über Burnout und Wissen über Auswirkungen im Umgang mit traumatisierten Menschen

In den Ausbildungsgängen von Pädagogik, Sozialpädagogik und Sozialarbeit kommen diese Themen nicht, am Rande oder eher zufällig vor. Keine der von mir befragten PädagogInnen hatte in ihrer Ausbildung davon gehört (vgl. Weiß 1999). Mittlerweile haben sich als ein Ergebnis der Enttabuisierung sexueller Gewalt einige PädagogInnen im Rahmen von Fort- und Weiterbildungen über die Dynamik und über Interventionsmöglichkeiten von/bei sexueller Gewalt auseinander gesetzt. In einigen Ausbildungsinstituten werden sie auf dieses Thema vorbereitet. Wie man mit traumatisierten Kindern umgehen soll, ohne von Psychotraumatologie gehört zu haben, bleibt ein Geheimnis der sozialpädagogischen Ausbildung. Letztendlich ist dies erklärbar durch die Vielfalt von Aufgaben, von Themen der Ausbildungsinstitute, durch den mangelnden Kontakt zu Praxis und die scharfe Trennung von anderen Wissenschaften wie Psychologie/Psychoanalyse und Psychotraumatologie. Diese Erkenntnisse jedoch nützen Kindern wie Jana und Philipp wenig, sie nützen auch nicht den betroffenen PädagogInnen.

Um nicht falsch verstanden zu werden: Dies ist kein Versäumnis von Pädagoginnen und Pädagogen. Den Anforderungen, die gesellschaftliche Veränderungen und neue Erkenntnisse – hier die Enttabuisierung von Gewalt gegen Kinder –

bringen, müssen sich nicht nur die Berufsgruppe, sondern auch die Lehrenden stellen. Ihnen obliegt die Aufgabe, zumindest bei einer Spezialisierung für Erziehungshilfen die wesentlichen anwendungsbezogenen Kenntnisse und Fähigkeiten zu vermitteln.

Möglicherweise ist es kein einfaches Unterfangen, notwendiges Wissen der Psychoanalyse, der Humanistischen Psychologie und der Psychotraumatologie der Pädagogik zugänglich zu machen. Voraussetzung hierfür ist eine ausgeprägtere Zusammenarbeit der unterschiedlichen Disziplinen. So klagen schon die psychologischen Forscher und Praktiker über mangelnden Austausch ihrer unterschiedlichen Schulen. Bereits 1944 rief der Begründer der Gestalttherapie Fritz Perls dazu auf, die trennenden Abgründe zu überbrücken: „Ich kann nur hoffen, dass ich Hunderte von anderen Psychologen, Psychoanalytikern, Psychiatern usw. anregen kann, dasselbe zu tun" (Perls 1987, S. 9). Die ‚trennenden Abgründe' sind vielleicht noch trennender, wenn es um die Zusammenarbeit der psychologischen und pädagogischen Wissenschaften geht. So verweist Wilfrid Datler, ein Vertreter der Pädagogischen Psychologie und österreichischer Hochschullehrer, auf „... das Fehlen einer überregionalen Kooperation zwischen institutionalisierter Psychoanalyse und institutionalisierter Pädagogik" die „... den weitverbreiteten Eindruck, dass Psychoanalyse und Pädagogik zwei getrennte Disziplinen mit unterschiedlichen Praxisfeldern darstelle, denen bestenfalls marginale Berührungspunkte gemeinsam sind", unterstützt (1992, S. 32).

Ich halte es für eine vornehmliche Aufgabe von Psychoanalytikern und Psychotraumatalogen, das notwendige Wissen handhabbar zur Verfügung zu stellen. Es kann nicht angehen, dass PädagogInnen, um einen Überblick über die Psychotraumatologie zu erlangen, sämtliche psychologischen Schulen in deren exklusiven Ausbildungsgängen kennen lernen müssen. Und es darf nicht eine weniger zeitintensive Beschäftigung mit Grundwissen von Traumatheorie als Halbwissen und als deshalb nicht verwendbar deklassiert werden. So werden PädagogInnen von diesem Wissen ausgeschlossen. Um die Ressourcen der Pädagogik bei der Traumabewältigung zu nutzen, geht es darum, *mit der*, nicht für die Sozialpädagogik über Perspektiven und Konsequenzen nachzudenken. So findet seit einiger Zeit auf Kongressen, z. B. der deutschen Gesellschaft gegen Kindesmisshandlung und -Vernachlässigung (DGgKV, siehe Anlage) und der Stiftung zum Wohl des Pflegekindes, ein interdisziplinärer Austausch der Praktiker und Wissenschaftler statt. Die Bundesarbeitsgemeinschaft für Traumapädagogik fördert die Verbreitung traumapädagogischen und psychotraumatologischen Grundlagenwissens, initiiert die Diskussion über Standards für traumapädagogische Einrichtungen und betreibt die interdisziplinäre Vernetzung mit Verbänden der Psychotraumatologen und Einrichtungen der Kinder- und Jugendpsychiatrie. Ein Anfang ist gemacht.

15.2 Über Selbstreflexion

Neben dem nötigen Grundwissen, der Sachkompetenz, ist die Selbstreflexion eine weitere unabdingbare Hilfestellung für diese Arbeit. Und sie ist – wenn auch erst mal aufwendig und belastend – eine Voraussetzung um Belastungen zu reduzieren. Die reflexive Kompetenz in der Arbeit bezieht sich auf die Einwirkungen der biografischen, der institutionellen und gesellschaftlichen Gegebenheiten auf das pädagogische Handeln.

Um subjektive Wahrnehmungen und emotionale Verzerrungen z. B. auf Grund eigener Übertragungen und Projektionen zu minimieren, ist die Bewusstheit um die eigene Lebens- und Lerngeschichte Bedingung: Alle Menschen bringen allen Menschen gegenüber positive oder negative Gefühlseinstellungen mit. Diese werden durch frühe prägende Erfahrungen mitbestimmt. In der Kindheit bilden wir Grundeinstellungen und Werte. Um ein Überstülpen dieser Werte und ein ungeprüftes Verharren von Grundeinstellungen zu minimieren, ist eine bewusste Auseinandersetzung mit der eigenen Kindheitsgeschichte unumgänglich. Dies gilt auch für das Beziehungsangebot. Da die Mädchen und Jungen der Beziehung einen hohen Wert zumessen, besteht die Verantwortung, eigene Bindungsmuster bewusst wahrzunehmen, die Bindungsmuster gegenüber den Kindern und Jugendlichen und die Brechungen der „Beziehungsarbeit“ in den Erziehungshilfen (vgl. Schwabe 2000) zu überprüfen. Es geht um realistisch begrenzte und klar benannte pädagogische Beziehungen.

Die Reflexion der eigenen Normen in Bezug auf Familie, Sexualität, Beziehung etc. erhöht durch zusätzliche Offenheit und Klarheit die Handlungsfähigkeit. Dazu gehört das bewusste Umgehen mit dem eigenen Geschlechterbild. Die Beschäftigung mit Sexualität, die erneute Auseinandersetzung mit sexuellen Fragen ist unumgänglich, da die Kinder und Jugendlichen in stationären Einrichtungen der Jugendhilfe die PädagogInnen unweigerlich mit diesem Thema konfrontieren. Im Gegensatz dazu neigt die Mehrzahl der Bezugspersonen dazu, dieses Thema zu meiden (vgl. Conen 1997). Diese Arbeit erfordert eine Reflexion der eigenen Erwachsenensexualität. Unabdingbar ist eine reflektierte persönliche Haltung zu den Fragen sexueller Gewalt. So kann z.B. hinter manchmal anzutreffenden bagatellisierenden Handlungsstrategien und Einstellungen insbesondere gegenüber Frauen als Täterinnen und jugendlichen Tätern das Bemühen stecken, die Auseinandersetzung mit der Gewaltproblematik zu vermeiden.

Zur Selbstreflexion gehört auch die Auseinandersetzung mit den spezifischen Faktoren der jeweiligen beruflichen Situation. Andreas Mehringer spricht von Selbstkontrolle „Und gewärtig sein müssen sie der eigenen Regungen, ...“ (1979, S. 76), wenn schwierige Kinder z.B. das ‚Für-das-Kind-da-sein-wollen‘ nicht annehmen wollen. Selbstkontrolle beinhaltet auch die Reflexion der Übertragung/Gegenreaktion: „Die Vorgänge der Gegenübertragung sind oft besonders schwierig, weil der Erwachsene die eigenen schwachen Stellen sich nicht gerne eingesteht.“ (a.a.O., S. 78) Weitere spezifische Faktoren der beruflichen Situation sind z.B. die institutionellen Bedingungen, die geringen finanziellen Ressourcen und die mangelnde Wertschätzung der Jugendhilfe durch die Gesellschaft etc.

Die Selbstreflexion beinhaltet auch die Überprüfung der Motive des beruflichen Handelns. Stahlmann geht soweit, eine permanente selbstreflexive Auseinandersetzung mit der Berufsbiografie und den erlebten beruflichen Problemen zu fordern, die „… damit prinzipiell unabschließbar …“ (Stahlmann 1994, S. 537) ist. Diese permanente Auseinandersetzung mit den eigenen Motiven kann helfen, die Belastung durch ungewohntes Verhalten in Handlungsfähigkeit zu transportieren. Sie kann durch professionelle Bearbeitung eigener emotionaler Betroffenheiten die Selbstfürsorge erhöhen.

Themen der Selbstreflexion

- Kindheitsgeschichte
- Bindungsmuster
- Geschlechterrolle
- Sexualität
- Reflektierte persönliche Haltung zu den Fragen sexueller Gewalt
- Motive des eigenen Handelns
- Arbeitsbegleitende kontinuierliche Überprüfung dieser Motive
- Reflexion der Gegenübertragungsgefühle bzw. Gegenreaktionen, insbesondere der tabuisierten
- Stellvertreterkonflikte im Team
- Auswirkungen der strukturellen Bedingungen auf das eigene Handeln

Selbsterfahrung und Selbstreflexion sind nicht ohne Risiko und Anstrengung. Sie erhöhen in der Regel jedoch die berufliche Arbeitszufriedenheit und das persönliche Wachstum.

> „Durch die Gespräche in der Gruppe sei es zu Infragestellungen der eigenen Persönlichkeit gekommen, die Entwicklung zur Selbstreflexion werde herausgefordert und gestützt und führe zu wichtigen Entwicklungsprozessen, von denen dann auch die Kinder profitieren.“ (Eberhard/Eberhard 2002, S. 53)

Trösten mag alle die Menschen, die sich mit Selbsterfahrung und Selbstreflexion freiwillig oder unfreiwillig quälen, die Tatsache, dass SozialwissenschaftlerInnen heute gerade diese Fähigkeit für eine Grundlage zur besseren Lebensbewältigung in Zeiten einer individualisierten Netzwerkgesellschaft halten. Bei aller Wertschätzung der allseitigen Selbstreflexion allerdings bleiben Spontaneität, Intuition und Authentizität wichtige professionelle und menschliche Verhaltensweisen, die durch permanente Selbstbefragungen nicht in Zweifel gezogen werden. Man/frau darf auch sich selbst vertrauen.

15.3 Die Selbstfürsorge

Der Erhalt der psychischen Unversehrtheit oder die Verhinderung von Burnout ist eine, vielleicht die wichtigste Kompetenz der PädagogInnen.

Luise Reddemann versteht unter Selbstfürsorge „einen liebevollen, wertschätzenden, achtsamen und mitfühlenden Umgang mit mir selbst und Ernstnehmen der eigenen Bedürfnisse. Psychohygiene und damit Selbstfürsorge bedürfen entweder einen frühen Erfahrung mit ausreichender Fürsorge oder, wenn sie nicht erfahren werden konnten, eines Trauerprozesses mit anschließender Veränderung im Umgang mit sich selbst“ (Reddemann 2003, S. 82).

Im Umgang mit traumatisierten Mädchen und Jungen muss über die bisherige Burnout-Forschung hinaus ergänzende Möglichkeiten der Selbstfürsorge nachgedacht werden. Wenn z. B. zur Verhinderung von Burnout oft die Trennung von Arbeit und Freizeit empfohlen wird, scheint sie nicht unbedingt das Interesse aller PädagogInnen zu sein:

> „Ich lese jede Menge. Aber zwischendrin lese ich immer wieder Literatur über traumatisierte Kinder. Ansonsten versuche ich schon meine Freizeitgeschichten in anderen Bereichen zu machen. Aber auch da: Ich mache die Grundschulbücherei. Bei bestimmten Verhaltensweisen von Kindern spreche ich die Lehrerin darauf an. Man hat einfach seine Sichtweise.“

Diese Verbindung von Beruf und Privat ist sinnstiftend. Andere PädagogInnen wiederum können Berufliches und Privates nicht trennen:

> „In diesem Beruf ist es sehr schwer, Beruf und Privatleben zu trennen, weil man immer Probleme mit nach Hause

nimmt. Zu Hause fällt mir ein, was ich tun kann und wie ich reagieren kann."

Die Themen und Belastungen des beruflichen Alltags und die Fragen zur eigenen Professionalität wirken in das Privatleben hinein, manchmal im Unbewussten und gegen den eigenen Willen:

> „Ich habe ganz große Schwierigkeiten abzuschalten. Nachts träume ich oft von den Kindern, von mir selbst, aber ungewollt, ich hatte immer den Anspruch, ich möchte jetzt für mich sein, aber oft ist es nicht gelungen zu trennen."

Die Berufsbindung der im Rahmen meiner Studie befragten PädagogInnen hatte – trotz oder vielleicht wegen eines sehr hohen Einflusses auf das Privatleben – nicht nachgelassen (vgl. Weiß 1999). Alle wollen in der Heimerziehung bleiben, diese zwar verändern, aber bleiben. Zumindest haben die PädagogInnen mit hoher Verweildauer in der Heimerziehung und hoher Arbeitszufriedenheit Beruf und Privatleben sehr bewusst verbunden. Die Sinnstiftung scheint so hoch zu sein, dass die PädagogInnen die Belastungen auch als Bereicherung empfinden. Dies untermauert Wolf, der Heimerziehung als ein Feld sieht, in dem der zunehmende Bedeutungsverlust der Berufsarbeit durch die Chance zur Bedürfnisbefriedigung und Wertrealisierung verhindert oder verlangsamt wird (vgl. Wolf 1999, S. 194). So scheint Selbstfürsorge, die nicht auf Trennung von Privatleben und Beruf abzielt, eher Zufriedenheit und Ausgeglichenheit zu sichern.

Um eine stellvertretende Traumatisierung zu vermeiden, sind erhöhte Selbstaufmerksamkeit für körperliche Signale, Versuche, Worte für die eigenen Erfahrungen und Gefühle zu finden, das eigene Niveau an Behaglichkeit zu regeln und zu lernen, überwältigende Gefühle zu vermindern, ohne in Abwehr abzugleiten, mögliche und notwendige Schutzmaßnahmen. „Eine konsequente Haltung des inneren wohlwollenden Beobachtens ist für Selbstfürsorge und Burnout-Prophylaxe unschätzbar." (Reddemann 2003, S. 83)

Die erschütternden Erfahrungen, die erschütterten Normen, die Beunruhigung aus dem Wissen, wozu Menschen fähig sind, brauchen ihren Platz und die Möglichkeit, Gefühle zuzulassen, sie zu beruhigen und auszuheilen. Die Akzeptanz der Tatsache, dass nichts mehr so ist wie früher: „Ich gucke anders wie früher“, beschreibt einen schmerzhaften Reifeprozess, der dennoch Grundlage von Selbstfürsorge im Umgang mit den Lebensgeschichten der traumatisierten Mädchen und Jungen ist. Professionelle Netzwerke und Entspannungs- und Freizeitmöglichkeiten können zusätzlich zur Stressabfuhr genutzt werden.

Die Selbstfürsorge beinhaltet auch ein realistischeres Bild der Möglichkeiten des beruflichen Handelns. Mitransky erlebte diejenigen ErzieherInnen als weniger belastet, die Störungen und Konflikte als berufliche Anforderung im Handlungsfeld Heimerziehung annehmen (1990, S. 330).

Möglichkeiten der Selbstfürsorge

- Erhöhte Selbstaufmerksamkeit
- Akzeptanz von Leiden
- Wahrnehmen und Ausagieren der beeinträchtigenden Gefühle
- Regenerieren durch körperliche Aktivitäten
- Urlaub und häufiger Umgebungswechsel
- Gegengewicht zur Arbeit mit solch gravierender Schwere wie Lehren, Schreiben, Tätigkeitswechsel
- Darauf achten, sich privat und beruflich nicht zu überlasten
- Physische Selbstfürsorge, Schlaf, Ernährung, Bewegung
- Schöne Umgebung
- Kreativer Ausdruck
- Entspannung, Naturkontakt, Meditation
- Gute Beziehungen

Die Aneignung von Sachkompetenz, die Selbstreflexion und die Selbstfürsorge sind anspruchsvolle Unterfangen. Ihre Gewährleistung kann nicht vorwiegend die persönliche Aufgabe der einzelnen Pädagogin/des einzelnen Pädagogen sein. Das gilt nur für die Selbstfürsorge und setzt voraus, dass über spezifische Belastungen informiert wurde. Für die Aneignung von Grundwissen, Sachkompetenz und für die Anleitung zur

Selbstreflexion tragen Ausbildungsinstitute und die Institutionen der Jugendhilfe Verantwortung. Persönliche Initiative, die entsprechenden Rahmenbedingungen und Trägerqualität sind Faktoren, die letztendlich diese Arbeit erst wirklich ermöglichen.

16. Strukturelle Anforderungen

Rahmenbedingungen bestimmen in entscheidendem Ausmaß z. B. in Form von Aus- und Weiterbildung und institutionellen Standards oder Verfahren, ob die KollegInnen, selbstreflektiert und mit dem nötigen Wissen ausgestattet, ihre pädagogischen Möglichkeiten in dem beschriebenen Sinne nutzen können. Wie bei den Kindern die protektiven Faktoren vor Beeinträchtigungen schützen bzw. das Ausmaß der Beeinträchtigungen mildern können, ist es möglich und auch notwendig, die PädagogInnen vor den spezifischen Belastungen der Arbeit mit traumatisierten Mädchen und Jungen durch Veränderung von Rahmenbedingungen, durch kompensatorische Schutzfaktoren zu schützen.

Über das Wissen um die persönlichen Grundkompetenzen hinaus haben Menschen in Einrichtungen der Jugendhilfe Strukturen geschaffen bzw. Erfahrungen gesammelt, die darauf hinweisen, wie diese Arbeit unterstützt werden kann. Auf die Leitungen kommt hierbei eine zentrale Gestaltungsaufgabe zu. Die gesellschaftlichen Bedingungen und Werte sind der zentrale Rahmen, der Grenzen und Möglichkeiten der Hilfestellung für Kinder wie Philipp und Jana bestimmt.

16.1 Kompensatorische Schutzfaktoren

Das Ausbildungsprofil

Die Wandlungsprozesse sozialer Zusammenhänge und die gesellschaftliche Komplexität erhöhen die Anforderungen an die Sozialpädagogik im Allgemeinen und in den Erziehungshilfen im Besonderen. Maykus beschreibt Jugendhilfe als ein permanentes Entwicklungsfeld, dass zur Selbstverortung, zur Vergewisserung über eigene Ziele und Anforderungen von außen gezwungen ist (vgl. Maykus 2001, S. 250). Sozialpädagogik vollzieht sich in vielen Handlungsfeldern, die sich untereinander noch einmal von den Anforderungsprofilen spezialisieren. Innovationen auf Grund gesellschaftlichen Wandels gehören zur Berufsgeschichte. Neue Arbeitsfelder entwickeln sich immer wieder. So ist der Forderung, die Ausbildung solle in „eine mehr generalistische, auch stärker wissenschaftliche Ausbildung in Sozialpädagogik“ (Trede 1993, S. 35) transformiert werden, die handlungspraktische und wissenschaftliche Kompetenzen vermittelt, zuzustimmen. Insgesamt wird derzeit die Ausbildung eher als unzureichend bewertet. Die Fachschulausbildung wird mehr noch als die akademischen Ausbildungen fast in der gesamten Fachliteratur für untauglich – zumindest, was die Vorbereitung auf eine Tätigkeit in der Heimerziehung betrifft – beschrieben. Und so ist die Entwicklung der Personalstruktur in den Erziehungshilfen folgerichtig: In den letzten Jahren wird eine Verfachlichung beobachtet, der Anteil der einschlägig ausgebildeten AkademikerInnen ist deutlich angewachsen, zwar streben diese meist in die neuen innovativen Felder der Erziehungshilfen, dennoch wird auch die klassische Heimerziehung hiervon berührt (vgl. Trede 1993).

Auch in den formal höherwertigen Ausbildungsgängen sind Defizite hinsichtlich der Grundlagenkenntnisse und des spezialisierten Fachwissens über alle Kinderschutzbelange zu beklagen. Gefordert wird – hier im Zusammenhang mit der Hilfe gegen sexuelle Gewalt – eine bundesweite und fachöffentliche Diskussion über Inhalte und Qualität der Aus- und Fortbildung, eine feste Verankerung von Grundkenntnissen und spezialisiertem Fachwissen in den Curricula der einschlägigen Berufs- und Studiengänge (vgl. Zitelmann 1998, S. 24). Die Ausbildungsgänge sollen darüber hinaus besser auf die Arbeit mit traumatisierten Mädchen und Jungen in den Erziehungshilfen vorbereiten. Diese könnte z.B. in einem Projektstudiengang oder in eher allgemeineren Einführungen in die Traumatheorie geschehen. Voraussetzung ist die Bereitschaft der TheoretikerInnen, der Lehrenden an Fachschulen, Fachhochschulen und Universitäten, sich auf die Praxis einzulassen: „Es bedürfte also einer sehr viel sorgfältigeren Pflege der Beziehungen zwischen Ausbildungsinstitutionen, Wissenschaftlern und Berufspraktikern. Denn letztlich können aus einem solchen Verfahren alle nur profitieren“ (Gildemeister 1992, S. 218).

Weiterbildung und Supervision als fortlaufende Sicherung von Professionalität

Mit der Ausbildung ist die Berufsbildung nicht abgeschlossen. Zum Erwerb beruflicher Identität führen zusätzlich Berufserfahrung, das Erleben gelingender und misslingender Handlungsprozesse, die Reflexion in Supervision und kollegialen Besprechungen. Grundqualifikationen im Sinne einer Analyse- und Reflexionsfähigkeit, Sensibilisierung für Fremdheitssituationen und auch Techniken, die das Handeln erleichtern, sollten allerdings während des Studiums schon entwickelt werden. Auf Grund der ständig anwachsenden und sich verändernden Kenntnisse sind die berufsbegleitende Fortbildung und die Supervision zur Integration des Wissens in die Handlungskompetenz ein unverzichtbarer Bestandteil der Sicherung von Professionalität.

Bis die Ausbildungsgänge in ausreichendem Maße Grundkenntnisse der Traumatheorie und notwendige Fachkenntnisse über Kinderschutzbelange vermitteln, muss dieses Defizit zusätzlich in der Fort- und Weiterbildung aufgehoben werden. Das beinhaltet auch die Vermittlung von methodischen Qualifikationen. Die ständige Weiterentwicklung der Forschung erfordert eine regelmäßige Beschäftigung mit neuen Erkenntnissen.

Nicht wenige pädagogische Fachkräfte nutzen zeit- und kostenintensive Weiterbildungen, um sich nachzuqualifizieren. Im Interesse der Kinder, die jetzt in den Heimen leben, ist das derzeit eine gute Lösung. Zu Recht wird allerdings auf die Gefahr hingewiesen, dass die gegenwärtige Struktur vieler Fort- und Weiterbildungen die „Gefahr berge, Hierarchien und traditionelle Abschottungen zwischen Berufsgruppen eher zu verfestigen als abzubauen“ (Zitelmann 1998, S. 26). Langfristig sind die Curricula und die formalen Aus- und Weiterbildungszugänge zu reformieren und den institutions- beziehungsweise professionsübergreifenden Arbeitskreisen, Fortbildungsangeboten und Tagungen größere Aufmerksamkeit zuzuwenden.

Fortbildungen können keine kontinuierliche Praxisbegleitung ersetzen. Diese ist notwendig, um die Professionalität im Umgang mit Kindern wie Philipp und Jana zu sichern. Dabei ist Folgendes zu bedenken: Die Supervidierung der Arbeit mit traumatisierten Mädchen und Jungen erfordert Feld- bzw. Grundkenntnisse. Sie sind Voraussetzung, um z. B. eine stellvertretende Traumatisierung thematisieren zu können. Weiterhin ist zu fragen, ob es den PädagogInnen möglich ist, tabuisierte Gegenübertragungsgefühle, Belastungen wie stellvertretende Traumatisierung und Verwicklungen in das eigene Kinderschicksal im Rahmen der Teamsupervision innerhalb der Institution zu thematisieren. Sie haben einen Anspruch auf Schutz ihrer Intimität. Wenn auch in einigen Teams das Vertrauen so groß und die Bewertung der beruflichen Tätigkeit so weitreichend sind, dass persönliche Erlebnisse und/oder tabuisierte Gegenübertragungsgefühle in der Teamsupervision thematisiert werden können, sollten ergänzend einrichtungsfremde Formen von Supervision für PädagogInnen in Erziehungshilfen – ähnlich der Balintgruppen für PädagogInnen an Schulen – angeboten werden.

Kultur von Personalentwicklung und Berufslaufbahnplanung

Die bisherigen Erfahrungen verweisen darauf, dass Pädagogik im Heim oder in ähnlichen Arbeitszusammenhängen nur eine begrenzte Lebenszeit lang geleistet werden sollte, um ein Ausbrennen und ein im negativen Sinne routiniertes Vorgehen zu verhindern. Dies gilt in gleichem Maße für die Arbeit mit chronisch traumatisierten Kindern. Gleichzeitig wird und muss es auch ein Ziel sein, Fluktuation zu verhindern. Mit diesen Vorzeichen ist in den Institutionen eine Kultur der Personalentwicklung und Berufslaufbahnplanung mit einer noch stärkeren Verankerung von Fort- und Weiterbildung zu entwickeln (vgl. Trede 1993).

Das Team als Kraftquelle

Gute Teams können potenzielle spezifische Belastungen eingrenzen. Dazu gehört eine Teamkultur, in der über die Belastungen und Schwierigkeiten des pädagogischen Alltags gesprochen werden kann. Ein vertrauensvolles Miteinander ist ein guter Puffer gegen Burnout. Offene, direkte Kommunikation und Transparenz sind ein Korrektiv zu Geheimhaltung, Tabuisierung, Verwirrung, Spaltung (alles Grundzüge vieler Familiendynamiken der Kinder) und damit ein wünschenswertes Ziel von Teamkultur. Die Reflexion der Auswirkungen von Übertragungen und Gegenübertragungen auf das Team verhindert Spaltungen und Schuldzuweisungen und ermöglicht die Handlungsfähigkeit der einzelnen Pädagoginnen und Pädagogen als Team. Ein offenes Team bietet Schutz für die Mädchen, Jungen und für die Bezugspersonen. Das Team nimmt als schützende Instanz eine herausragende Rolle ein.

Judith L. Herman empfiehlt Therapeuten, erst dann wieder mit traumatisierten Patienten zu arbeiten, wenn sie Kollegen gefunden haben, die sie bei dieser Arbeit zuverlässig unterstützen (vgl. Herman 1994, S. 211). In mindestens genauso hohem Maße gilt dies für die pädagogische Arbeit mit Kindern wie Jana und Philipp. Diese leiden unter entsprechenden Entwicklungsbehinderungen, sie zeigen komplexe Übertragungsreaktionen und provozieren entsprechende Gegenreaktionen. Um auf diesem Hintergrund handlungsfähig zu sein, benötigt ein Team innere Grundlagen wie Vertrauen, Fachwissen und Handlungskompetenz, äußere Grundlagen wie Teamzeiten, Möglichkeiten zur Reflexion im Rahmen von Supervision und von Fort- und Weiterbildung. Wünschenswert ist dabei, so Weber/Rohleder (1995, S. 212) in Bezug auf Hilfe gegen sexuelle Gewalt, stärker teambezogene Fortbildungen anzubieten, die den Vorteil des angeglichenen Wissensstandes haben. Der Austausch mit kompetenten GesprächspartnerInnen ist sehr wichtig:

> „Wenn man nicht die Möglichkeit hat, mit kompetenten Leuten darüber zu reden, ist das verheerend. In dieser Familiengruppe hatten wir oft Situationen, wo man sich un-

endlich alleine gefühlt hat. Es war keiner da, mit dem man mal die Sachen hätte reflektieren können."

Das offene Team als Korrektiv

reagiert auf ...	*mit ...*
Verwirrung	Fachwissen
Misstrauen	Vertrauen
Ohnmacht	Handlungswirksamkeit
Tabuisierung	Enttabuisierung
Geheimhaltung	offener, direkter Kommunikation
Willkür	Transparenz, klaren Strukturen
Verwirrung	Klärung von unterschiedlichen Sichtweisen
Rollenkonfusion	klaren Arbeitsaufträgen
Spaltung	gemeinsamer Sichtweise
traumatische Übertragung	Erkenntnis und Selbstfürsorge
Grenzenlosigkeit	Grenzen

Ein funktionierendes Team hat auch die Funktion, sich überfordernde KollegInnen immer wieder an die eigenen Grenzen zu erinnern. Wer Tag für Tag mit Kindern konfrontiert wird, die besonders viel Zuwendung benötigen, läuft Gefahr sich zu überfordern. Diesem nötigen Korrektiv widerspricht oft die unter dem realen Druck aufgestellte, unausgesprochene Norm, jeder möge ungefragt möglichst viel für die Arbeit tun.

Kooperative Teamarbeit braucht Zeit. Ein interdisziplinäres Team, in dem Sozialpädagogik, Heilpädagogik und die psychoanalytische Pädagogik vertreten sind, hat ein großes Spektrum an Handlungsmöglichkeiten. Ein Team als Kraftquelle muss ein Ort sein, in dem sich die MitarbeiterInnen angenommen fühlen, in dem zugleich aber Konflikte angesprochen und ausgetragen werden können.

Die Einstellungspraxis

Ein Ergebnis meiner Studie kennzeichnet die Einstellungspraxis eher als Hindernis für ‚schützende' Teamarbeit (vgl. Weiß 1999). Dies betrifft die Beteiligung der Teams an der Entscheidung über Einstellung: Alle Techniken für eine gute Kooperation sind unwirksam, wenn die Bereitschaft der PädagogInnen dafür nicht besteht bzw. sie nicht zusammenpassen. Dem kann nur durch Einflussnahme der MitarbeiterInnen auf die Zusammensetzung ihres Teams Rechnung getragen werden. Die oft praktizierte letztendliche Entscheidung der Einstellung durch Leitung berücksichtigt zu wenig die Anforderungen an das Team als Gesamtheit. Analog der Wahl der BezugsbetreuerInnen wird hier nachvollziehbaren strukturellen Erwägungen gegenüber anderen Gründen wie Beziehung und Zusammenarbeit der Vorzug gegeben.

Und es betrifft eine Einstellungspraxis, die nicht auf die in diesem Arbeitsfeld unweigerliche Konfrontation mit Traumata hinweist, bzw. diese bereits in Arbeitsplatzbeschreibungen als Anforderung aufnimmt. Die BewerberInnen werden nicht darauf hingewiesen, dass sie mit traumatisierten Kindern konfrontiert werden. Nach einem der wichtigsten Kriterien, nämlich nach den Kenntnissen aus der Traumaforschung, wird nicht gefragt. Möglicherweise verbirgt sich dahinter aber die tendenzielle Verleugnung der von Eltern ausgeübten sexuellen und körperlichen Gewalt. Die Motivation und Qualifikation auch in diesen Fragen müsste ein Thema der Einstellungspraxis werden.

Konzepte, Handlungsanleitungen

In vielen Einrichtungen fehlen pädagogische Konzeptionen, die die große Einsatzbereitschaft und vorhandenen Kompetenzen der PädagogInnen bündeln (vgl. Weber/Rohleder 1995; Finkel 1998; Bange 2000). Schon seit längerem werden z. B. im Kontext des Umgangs mit sexueller Gewalt Konzepte, Handlungsanleitungen angemahnt: Es herrscht Unsicherheit im Umgang mit der Enttabuisierung sexueller Gewalt. Es fehlen Handlungsstrategien im Umgang mit den Eltern/Tätern. Die sozialpädagogische Diagnostik von traumatischen Erfahrungen bewegt sich im Spannungsfeld zwischen starkem Elternrecht und dem Schutz der Betroffenen und kennt kaum Optionen um aus diesem Dilemma heraus zu kommen. Der Umgang mit Vermutungen von sexuellen Grenzüberschreitungen durch Kinder und Jugendliche und durch erwachsene Bezugspersonen ist weitgehend ungeklärt. Pädagogische Handlungsoptionen mit gewaltbereiten Jugendlichen fehlen häufig ebenso wie eine präventive Erziehungshaltung in den unterschiedlichen Einrichtungen von Erziehungshilfen. All das sind Fragen, die dringend der Konzeptualisierung bedürfen. Dies ist eine Aufgabe der Einrichtungen und der Jugendhilfe. Hier ist aber auch die Politik gefragt.

16.2 Auf die Leitungsebene kommt eine zentrale Gestaltungsaufgabe zu

Die oben genannten Schutzfaktoren verweisen auf die bedeutende Rolle von Leitung. Die Burnout-Forschung (z. B. Savicki 1999) bestätigt die Bedeutung von Unterstützung durch Vorgesetzte und Leitungen für die Psychohygiene der PädagogInnen. Im Umgang mit *Risiken sozialpädagogischer Arbeit* werden Anforderungen an die Leitungskräfte der öffentlichen und freien Jugendhilfe formuliert (u. a. Schmidt-Nieraese 1998, S. 30). Die PädagogInnen selbst haben konkrete Vorstellungen darüber, wie Leitung ihre Aufgabe als „schützend und stützend“ erfüllen sollte:

> „Die ganzen Rahmenbedingungen müssen stimmen. Ich wünsche mir von Leitung Diskussionsbereitschaft, dass wir uns Gedanken machen können und ernst genommen werden, das ist eigentlich das Wichtigste. Dass der Einsatz, den wir leisten, ohne Wenn und Aber honoriert wird.“

Sie erwarten Transparenz, Partizipation und Wertschätzung. Die Leitung ist verantwortlich für die Rahmenbedingungen. Sie erwarten eine Wertschätzung von Trauma-Arbeit und Schutz durch die Übernahme von Verantwortung:

> „Dennoch gab es manchmal Situationen, wo ich mir gewünscht habe, jemanden über mir zu haben. Es war mir immer ganz wichtig, an Entscheidungsprozessen beteiligt

zu sein, gefehlt hat mir ein Gefühl von Sicherheit. Diese Person übernimmt mit Verantwortung, ich brauche sie nicht alleine zu übernehmen."

Sie erwarten größeren Handlungsspielraum und weniger Druck:

„Ich wünsche mir eine Heimleitung, die hinter mir steht und keinen Druck macht, wenn die Belegungszahl nicht stimmt. Dass man gucken kann, wer kommt in die Gruppe, ein neues Kind, als neuer Mitarbeiter. Dass Probewohnen und Aufnahmeverträge möglich sind. Ich möchte mehr Zeitautonomie und dass mindestens zwei Mitarbeiter im Dienst sein können."

Die Bereitstellung von Supervision und Fachwissen ermöglicht den MitarbeiterInnen, ihre Handlungskompetenz zu entwickeln. Von der Leitung erwarten die PädagogInnen größeren Handlungsspielraum, kleinere Gruppen und die Erhöhung der Mitarbeiterzahl. Eine therapeutische Begleitung der Mädchen und Jungen gehört „auf alle Fälle dazu".

Einrichtungsleitungen sind gefordert, in der Institution ein Klima von Respekt und Sicherheit zu schaffen, dass eine Grundlage zur Erhaltung von stabilen, transparenten und zuverlässigen Beziehungen sowohl im Interesse der Mädchen und Jungen als auch im Interesse der dort beschäftigten Männer und Frauen ist.

Einige Einrichtungen haben gute Erfahrungen mit der Implementierung eines traumapädagogischen Konzeptes durch Weiterbildungen und die nachfolgende Diskussion der Inhalte des Konzeptes mit allen KollegInnen (vom Küchenpersonal über PädagogInnen, Leitungen und therapeutische Dienste) gesammelt.

In der Diskussion um Traumapädagogik spielen der sichere Ort auf allen Ebenen und die Umsetzung der traumapädagogischen Haltung als Leitungsaufgabe eine herausragende Rolle. Das bedeutet, die PädagogInnen als Teil eines traumapädagogischen Konzeptes zu sehen und sie bei der Aneignung von Fachwissen, Selbstwahrnehmung und Regulation von Stress inhaltlich und methodisch zu unterstützen (vgl. Lang 2011).

Sichere PädagogInnen	Sichere Mädchen und Jungen	Sichere, halt gebende Strukturen
Förderung von …	Förderung von …	Förderung von …

… Fachwissen
… Emotionsregulation
… Sinneswahrnehmung und Körperwahrnehmung
… Resilienz
… Selbstbemächtigung
… Sichere Bindung

Die in Kapitel 6 beschriebene traumapädagogische Haltung ist vielen Gefahren ausgesetzt. Wenn die zu erledigenden Aufgaben zu viel werden, ist es nicht immer möglich, hinter den Verhaltensweisen der Mädchen und Jungen den „guten Grund" zu sehen. Wenn das Fachwissen z. B. über dissoziative Zustände nicht ausreicht, fehlen möglicherweise fachliche Hintergrunde, um die Ursache der Verhaltensweisen zu erkennen. Die PädagogInnen können in Bindungsfallen geraten. Vielleicht sind sie in traumatische Übertragungen/Gegenreaktionen verwickelt und verlieren ihre Handlungsfähigkeit. Wenn nun Leitungen auf allen Ebenen diesen Schwierigkeiten gegenüber verständnislos reagieren, fehlt die Frage nach dem „Guten Grund" der PädagogInnen. Die Übersetzung dieses Konzeptes auf die Beziehung PädagogInnen/Leitungen bedeutet folgendes:

- Ich habe Respekt vor Deiner Arbeitsleistung
- Störende Verhaltensweisen, wie Abwehr, Ignoranz, Rückzug, unverständliche pädagogische Entscheidungen, … sind Ausdruck von erlebter Unsicherheit und dienen dem Erhalt von Sicherheit
- Ich bin mit meiner Stabilität und Sicherheit Teil des sicheren Ortes der MitarbeiterInnen
- Jeder hat jederzeit ein Recht auf Klarheit. Transparenz heißt vor allem auch den guten Grund des eigenen Handelns zu kennen und zu erklären.

Da die Gruppenleitungen in diesem Prozess im Zentrum stehen, bedürfen sie besonderer Unterstützung der übergeordneten Leitungen. Und es wäre sicher kein Nachteil, würde sich diese Bedeutung auch finanziell ausdrücken.

Die PädagogInnen haben ein Recht auf konzeptionelle Sicherheiten. Die Entwicklung von Handlungssicherheit der MitarbeiterInnen beinhaltet auch die Diskussion über den Umgang mit chronisch traumatisierten Mädchen und Jungen in Erziehungshilfen.

Da die Anbindung an die lokale Jugendhilfestruktur auch auf Grund knapper Ressourcen immer dringlicher wird, ist der Verbesserung der Kooperationsstrukturen und der interdisziplinären Zusammenarbeit ein hoher Stellenwert zuzuerkennen. Dem muss gerade in Kinderschutzbelangen durch die Bereitstellung zeitlicher Ressourcen für Netzwerkarbeit Rechnung getragen werden.

Es ist Aufgabe der Einrichtungsleiter, Rahmenbedingungen zu fördern und zu fordern, die Kindern wie Philipp und Jana eine bestmögliche Hilfe garantieren:

Förderliche Rahmenbedingungen

- Unterstützung der Teamprozesse und der Förderung eines Arbeitsklimas, das Selbstkontrolle und Verantwortlichkeit der Fachkräfte beinhaltet
- Überprüfung der Einstellungspraxis
- Die fortlaufende Qualifizierung durch Fortbildung und kontinuierliche Supervision
- Aktivitäten zur Unterstützung der Berufs- und Laufbahnplanung
- Handlungssicherheit durch Richtlinien in der Hilfe bei sexueller Gewalt
- Bereitstellung eines organisatorischen Rahmens z. B. eines Qualitätszirkels für die Konzeptualisierung und Überprüfung der Hilfe für traumatisierte Mädchen und Jungen
- Die Unterstützung in Krisen und der Schutz vor Überlastung
- Sicherstellung von Kooperationsstrukturen und Netzwerkarbeit
- Die Entwicklung von geeigneten Strukturen zur Gestaltung auf den individuellen Bedarf zugeschnittener, geeigneter Hilfeangebote

Die schwierigen Bereiche wie Wahlmöglichkeiten und Kontinuität von Beziehung, Kinderschutz und Partizipation sollten im Interesse der Kinder wie Jana und Philipp ein weiterer Mittelpunkt von Leitungsarbeit sein. Da die Berücksichtigung geschlechtsspezifischer Lebenswelten im Gegensatz zur gesetzlichen Verpflichtung noch keine selbstverständliche Grundlage ist, muss auch dies eine Aufgabe von Leitung werden. Möglicherweise ist die Tatsache, dass Sozialarbeit eine von Männern geleitete Frauendomäne ist, in Zeiten von Gender Mainstreaming kein Hindernis.

Trotz der „schwierigen Zeiten" besteht eine Bereitschaft von Leitungen die Rahmenbedingungen für die Arbeit mit Kindern wie Jana und Philipp zu verbessern. Einige Einrichtungen befassen sich mit der Konzeptualisierung der Hilfe für sexuell missbrauchte Mädchen und Jungen oder mit Angeboten für jugendliche Täter. Immer öfter beginnen Einrichtungen, sich traumapädagogisch zu orientieren. Und ich beobachte – wenn Leitungen sich diesem Thema stellen – einen hoffnungsvollen, wenn auch anstrengenden Prozess der Veränderung der Institution.

16.3 Gesellschaftliche Fragen

Gesellschaftliche Veränderungen beeinflussen auf tiefgreifende Weise die Situation von Kindern und Jugendlichen. Die Auflösung herkömmlicher Strukturen wie verwandtschaftliche Bezüge, die Veränderung der Familie und die wachsende Gewalt gegen Kinder in der Familie[22] markieren Eckpunkte, in denen Kindheit und Jugend neu definiert werden muss. Die ungeschützten Kinder sind auf öffentliche Hilfe angewiesen. In diesem Kontext kommt Heimerziehung eine weitaus größere Bedeutung zu als dies in der Öffentlichkeit wahrgenommen wird. Kinder, die sexueller Gewalt, massiver körperlicher Misshandlung oder lebensbedrohender Vernachlässigung ausgesetzt sind, können nur in stationären Einrichtungen der Jugendhilfe und fachlich gut unterstützten Pflegefamilien betreut

22 Eine Gewaltstudie des Münchener Sozialdienstes beobachtet die Zunahme von Kindesmisshandlung um 54 Prozent, von Kindesvernachlässigung um 45 Prozent und von sexueller Gewalt um 30 Prozent seit Anfang der neunziger Jahre (zit. n. Freitag, 31.01.1997).

und geschützt werden. Diese Tatsache wird in der Öffentlichkeit wenig wahrgenommen. Heimerziehung wird häufig im ordnungspolitischen Kontext – im Zusammenhang mit der Unterbringung von auffälligen Jungen und Mädchen in geschlossenen Einrichtungen – thematisiert. Zusätzlich ist die stationäre und teilstationäre Heimerziehung auch innerhalb der Jugendhilfe eher aus dem Blickfeld geraten. Sie kommt in der fachöffentlichen Diskussion fast nur noch unter dem Aspekt von Kostenersparnis vor. Die Einsparungen auf dem sozialen Sektor haben bereits heute zur Folge, dass Jugendhilfe zuerst alle Maßnahmen ‚probiert', bevor Heimerziehung als Alternative erwogen wird. Wenn ambulante Unterstützungen auch für viele Kinder und Familien hilfreich sind, gibt es dennoch auch die Kinder und Jugendlichen, deren Leiden hierdurch verlängert werden. Ihre Problematik wird größer, die Anforderungen an die PädagogInnen werden höher.

Oder aus der Sicht der PädagogInnen: „Professionalisierung und Personalentwicklung sind auch Ausdruck des Zustandes oder der Entwicklung der Jugendhilfe als Ganzes, die als gesellschaftlicher Teilbereich ebenfalls Spiegelbild gesamtgesellschaftlicher Standards sind." (Hartwig/Kriener 1993, S. 141) Insofern verweisen der zu beobachtende Personalnotstand und mangelnde Professionalisierung auf fehlende gesellschaftliche Wertschätzung und zu geringe Förderung dieses Arbeitsbereiches.

Die Garantenpflicht des Staates erfordert die Berücksichtigung des Kinderschutzes im Rahmen der Diskussion um Sparmaßnahmen. Unter den bestehenden institutionellen und konzeptionellen Bedingungen kann den Bedürfnissen der chronisch traumatisierten Mädchen und Jungen zum großen Teil nicht Rechnung getragen werden. Die bislang unaufgelöste Idealisierung der Familie sollte durch wissenschaftliche Erkenntnisse mehr Realitätsbezug erhalten. Meines Erachtens bedürfen ungeklärte Normen im Spannungsfeld Kinderschutz/Elternrecht, die weitgehende Rechtlosigkeit der Kinder und Jugendlichen bei gerichtlichen und verwaltungsrechtlichen Verfahren etc. der Diskussion und der Überprüfung anhand vorhandener und noch zu erbringender Forschungsarbeiten.

Die Erziehungshilfen sind von den gesellschaftlichen Normen abhängig, von ihren ideologischen sowie materiellen Bedingungen. Die Heimarbeit unterliegt den Auswirkungen der Einschränkung von Sozialausgaben und den restriktiven jugendpolitischen Tendenzen. Die Jugendhilfe muss sich mit den Ergebnissen der gesellschaftlichen Prozesse wie Arbeitslosigkeit, Auflösung der familiären Strukturen und der voranschreitenden Individualisierung auseinander setzen. Als Träger öffentlicher Erziehung hat Heimerziehung einen im KJHG formulierten Auftrag. Dieser umfassende Auftrag wird im Rahmen des Umbaus Richtung Marktorientierung von der Heimerziehung zum Teil selbst eingeschränkt. Ich halte es für durchaus denkbar, weitaus offensiver mit den im KJHG formulierten Aufträgen und den Möglichkeiten der Erziehungshilfen umzugehen und wie Jörg Fegert vorschlägt „... die zunehmende Diskussion um eine Qualitätssicherung in der Jugendhilfe ... vielleicht zuallererst im Bereich der Gefährdung des Kindeswohls ...“ (Fegert u.a. 2001, S. 21) zu führen. Kinder wie Jana und Philipp sind darauf angewiesen, dass sie vor weiteren körperlichen, sexuellen und seelischen Traumatisierungen geschützt werden und die bestmögliche Unterstützung zur Verarbeitung, bzw. zur Korrektur von beeinträchtigenden Auswirkungen bekommen. Eine *selbstbewusste Standortbestimmung und Perspektivenentwicklung* sind eine Grundlage für eine professionelle Unterstützung, auf die Jana und Philipp einen berechtigten Anspruch haben.

17. Schlussfolgerungen

Die Beachtung der spezifischen Belastungen ist ein Teil des professionellen Umgangs mit Traumata. Bereits die Kenntnis dieser Belastungen erleichtert den pädagogischen Alltag. Mit Grundkompetenzen wie Sachkompetenz, Selbstreflexion und Selbstfürsorge können wir die Professionalität erhöhen. Der „sicherer Ort“ umfasst auch die PädagogInnen. Der Anerkenntnis, das diese den Hauptanteil der Traumaarbeit leisten, muss die fachliche Unterstützung der Leitungen und der Lehrenden folgen. Auch ist es richtig: Die Institutionen und die Gesellschaft haben letztendlich Sorge dafür zu tragen, dass der professionelle Umgang mit traumatisierten Mädchen und Jungen sowohl diesen nützt als auch den PädagogInnen selbst nicht schadet. Jeder kann an der fachpolitischen Diskussion teilnehmen: Auf Fachtagungen und Fortbildungen, in Veröffentlichungen und im Internet (www.traumapaedagogik.de) thematisieren Praktiker und Wissenschaftler den „Umgang mit Traumaerfahrungen und Traumafolgen in der Jugendhilfe. Von dem interdisziplinären Austausch der Praktiker und Theoretiker über Möglichkeiten und Inhalte einer pädagogischen Unterstützung von Kindern wie Jana und Philipp sind weitere Impulse zu erwarten.

Den wichtigsten Teil der Selbstfürsorge allerdings muss die PädagogIn selbst tun, sie muss immer wieder das Für und Wider dieser Arbeit prüfen. Beenden möchte ich die Ausführungen über die spezifischen, potenziellen Belastungsfaktoren mit einem Hinweis von Judith L. Hermann über den spezifischen Gewinn von Trauma-Arbeit: „Durch die Verknüpfung von Integrität und Vertrauen in fürsorglichen Beziehungen wird nicht nur der Kreis der Generationen geschlossen, sondern es wird auch das Bewusstsein wiederhergestellt, Teil einer menschlichen Gemeinschaft zu sein, das durch das Trauma zerstört wurde.“ (Herman 1994, S. 213)

Literaturtipps

Birtsch, V.; Münstermann, K.; Trede, W. (2001): Handbuch Erziehungshilfen. Münster

Lang, B. (2011): Stabilisierung und (Selbst-) Fürsorge für pädagogische Fachkräfte als institutioneller Auftrag. In: Bausum/Besser/Kühn/Weiß (2011): Traumapädagogik. Grundlagen, Arbeitsfelder und Methoden für die pädagogische Praxis.

Savicki, V. (1999): Stress und Burnout bei MitarbeiterInnen der Jugendhilfe – ein interkultureller Vergleich. In: Forum Erziehungshilfen 5. Jg., Heft 4, S. 232-238

Woltereck, B. (1994): Ungelebtes lebbar machen: sexuelle Gewalt an Mädchen im Zentrum von Therapie und Supervision. Ruhnmark

Schlussbemerkungen

Die Traumata, um die es in diesem Buch geht, sind von Menschen verursacht. Schon aus diesem Grunde sollte die Gewalt gegen Mädchen und Jungen nicht nur in der Therapie, sondern auch im Lebensalltag, in pädagogischen Bezügen wahrgenommen und ‚bearbeitet' werden. Der Individualisierung von Gewalt gegen Kinder muss eine Diskussion über Ursachen, individuelle wie gesellschaftliche, und über Perspektiven im Umgang damit entgegengesetzt werden. Die Verabschiedung des § 8a SGB VIII hat durch die Konkretisierung des Schutzauftrages der Kinder- und Jugendhilfe bei Kindeswohlgefährdungen vielfältige fachliche, interdisziplinäre und interinstitutionelle Diskussionen in der Fachöffentlichkeit in Gang gesetzt. Es bleibt die Hoffnung, dass diese Diskussionen sich nicht zu einem Verschiebebahnhof der Verantwortlichkeiten entwickelt, sondern das Wohl des Kindes, die Hilfe für belastete Kinder und Jugendliche ein inhaltlicher Schwerpunkt bleibt. Noch gibt es keine sozialpolitischen Anstrengungen, um die beeinträchtigenden Auswirkungen der Gewalt auf die Mädchen und Jungen zu minimieren. Im Gegenteil, durch die wachsende Kluft zwischen Arm und Reich wird das Anwachsen von Gewalt, sei es körperlich, sexuelle oder auch strukturelle Gewalt gegen Mädchen und Jungen aus benachteiligten Familien billigend in Kauf genommen. Dennoch: In Einrichtungen der Kinder- und Jugendhilfe, aber auch und vor allem in Bildungs- und Erziehungseinrichtungen entscheidet sich, ob Kinder wie Jana und Philipp eine Chance auf soziale Teilhabe bekommen, ob sie eine Chance für ein gutes Leben haben.

Ich bin davon überzeugt – die Zusammenarbeit mit PädagogInnen, LehrerInnen und TherapeutInnen in Fortbildungen und Supervisionen bestätigt dies immer wieder –, dass pädagogische Anstrengungen eine Traumabearbeitung und die Korrektur von beeinträchtigenden Auswirkungen wesentlich unterstützen können. Traumabearbeitung geschieht auch im Alltag. Sie beginnt mit Integrationsleistungen, indem PädagogInnen und LehrerInnen Kinder mit störenden Verhaltensweisen verstehen und integrieren. Jana und Philipp können von

PädagogInnen eine Unterstützung bei den beiden wesentlichen Aufgaben, die traumatisierte Menschen haben, erhalten: *der Lebensgeschichte einen Sinn zu geben und im Hier und Heute in Beziehungen leben zu lernen.* Im Respekt vor der persönlichen Freiheit der Kinder und Jugendlichen und in der Verantwortlichkeit gegenüber den Mädchen und Jungen kann Pädagogik die Sinnfindung unterstützen. In den Einrichtungen der Erziehungshilfen bedeutet dies vor allem ein anderer Umgang mit den Lebensgeschichten der Kinder und eine Neubewertung der kontinuierlichen Beziehung. Die Bereitstellung von größtmöglicher äußerer Sicherheit und die Unterstützung zur Entwicklung innerer Sicherheit mithilfe des traumapädagogischen Konzeptes der Selbstbemächtigung sind Bestandteile der Pädagogik des sicheren Ortes. Voraussetzung ist eine Enttabuisierung der Gewalt von Eltern und verantwortlichen Bezugspersonen gegen ihre Kinder. Die geistige Auseinandersetzung mit verwirrten Normen z.B. in Bezug auf Sexualität, Familie und fremdbestimmten Rollenübernahmen ist eine wesentliche Unterstützung in einem Selbstfindungsprozess, der Voraussetzung für eine selbsttätige Wahrnehmung von Entwicklungschancen ist.

Hierdurch entstehen neue Anforderungen an die PädagogInnen, an Organisation und Strukturen von Einrichtungen und an die Jugendhilfe als Ganzes. Traumapädagogische Konzepte wirken dann, wenn die PädagogInnen als Teil des Konzeptes begriffen werden und ein transparenter, für alle nachvollziehbarer Prozess der Veränderung der Institution beginnt. Die Veränderung oder Stabilisierung einer wertschätzenden, die Verhaltensweisen der Mädchen und Jungen als Bewältigungsversuche verstehende Haltung minimiert die Eskalationen deutlich und erhöht die Handlungswirksamkeit der PädagogInnen und Pflegeltern. Dafür müssen ihnen das entsprechende Fachwissen und die Möglichkeiten der Selbstreflexion und Selbstbemächtigung zur Verfügung gestellt werden. Leitungen auf allen Ebenen sind aufgefordert, Haltungen, Strukturen und Räume und Methoden der Unterstützung der PädagogInnen und Pflegeeltern, die den Hauptanteil an Traumaarbeit leisten, zu entwickeln. Traumabezogene Bestandteile müssen in die sozialpädagogische Diagnostik und in die Hilfeplanung einfließen. Eine Zusammenarbeit auf Augenhöhe von PädagogInnen und ihren Einrichtungen, KollegInnen der öffentlichen Jugendhilfe, TherapeutInnen und dem Gesundheitssystem dient Kindern wir Jana und Philipp und unterstützt die Handlungswirksamkeit aller beteiligten Menschen. Sie ist unabdingbar notwendig. Auch die Ergebnisse des 13. Kinder- und Jugendberichtes der Bundesregierung verweisen in diese Richtung: Leitlinien empfehlen die Berücksichtigung von Traumawissen in Aus- und Weiterbildungen und interdisziplinäre Netzwerkbildungen für eine verbesserte Kooperation von Kinder- und Jugendhilfe, Gesundheitssystem und Eingliederungshilfe. Immer öfter findet auf Fachtagungen oder in Kooperationsveranstaltungen zwischen TherapeutInnen und pädagogisch arbeitenden Menschen ein Austausch über die effektive Hilfe für traumatisierte Menschen statt. Und es ist hilfreich und notwendig, wenn sich auch die Erziehungsverbände dieser Diskussion öffnen. Jugendhilfe und ihre Organisationen müssen Forschungsergebnisse aus dem klinischen Bereich aufnehmen und diskutieren und die Zusammenarbeit mit dem klinischen Fachbereich intensivieren. Neue Forschungsfragen ergeben sich wie z.B. der Verarbeitungszyklus von Kindern (Rolle von Verdrängung), den Verarbeitungsmöglichkeiten von traumatisierten Kindern im pädagogischen Setting etc. In Bezug auf die PädagogInnen sind die Bedeutung der stellvertretenden Traumatisierung und die Gegenreaktionsmechanismen in der Pädagogik wichtige Fragestellungen.

Traumabearbeitung ist vielfältig und hat immer auch eine sozialpolitische Komponente. Soziale und psychische Prozesse sind in Bezug aufeinander zu diskutieren. Traumaarbeit ist vor allem Selbstbemächtigung in sozialen Beziehungen und bedeutet der politischen Natur von Leid Rechnung zu tragen, ohne psychologische Dimensionen zu verleugnen. Eine ursachenorientierte Aufarbeitung – auch der gesellschaftlichen Ursache von Leid – wirkt der Tendenz des traumatischen Prozesses entgegen. Ziel einer fachlichen Auseinandersetzung aller Helfer und HelferInnen traumatisierter Menschen muss es sein, eigene Wege in der Traumaarbeit zu gehen, den Kontext der traumatischen Erfahrungen immer zu berücksichtigen, ihre

Menschen zu schützen und zu ermächtigen und sich über die unterschiedlichen Wege auszutauschen. Darüber hinaus gilt es, die Individualisierung von Leid aufzubrechen. Diese Auseinandersetzung wirkt dann politisch und sozialpolitisch, wenn es gelingt, die Individualisierung des Leides und die mitleidlose Vermarktung von Schrecken zu durchbrechen, zu unterbrechen und gesellschaftliche und sozialpolitische Bedingungen zu schaffen, in denen traumatisierte Mädchen und Jungen und erwachsene Menschen nicht auf das Opfersein reduziert werden, in sozialen Bezügen für das Leben lernen und sich Grundlagen für ein gutes Leben schaffen können.

Wir vermögen nicht alles Leid, das Kinder erfahren, aus der Welt zu schaffen. Manche Kinder wie Anna brauchen andere Hilfen, brauchen intensivere stationäre Unterstützung zur Traumabearbeitung. Andere wie Sonja z.B. haben es geschafft. Und Sonja hat darüber hinaus eine transgenerationale Folge unterbrochen: Sie wird ihre Kinder keinem Mann zum Missbrauch zuliefern. Eine Voraussetzung für Sonjas Weg war eine kontinuierliche Unterstützung durch PädagogInnen, die die Lebensumstände von Sonja, die traumatischen Erlebnisse wahrgenommen und thematisiert haben.

Natürlich ist eine solche Pädagogik nicht zum Nulltarif zu haben. Es bedarf einiger professioneller Voraussetzungen, die Geld kosten. Bevor es allerdings um Geld geht, geht es um Inhalte. Wenn wir Philipp und Jana helfen wollen, müssen wir die Realität von Traumata anerkennen. Wie helfen wir traumatisierten Kindern am besten? Indem wir Familie erhalten, möglichst schnell zurückführen? Müsste hier nicht noch ein Perspektivenwechsel erfolgen, zumindest für die Kinder, die geschlagen, sexuell missbraucht, vernachlässigt, seelisch missbraucht werden und die Gewalt des Vaters gegen die Mutter miterleben müssen? Nicht die Rückkehroption sollte im Vordergrund der Hilfe stehen, sondern die bestmögliche Bewältigung der beeinträchtigenden Erfahrungen und das Erreichen guter Prognosen für die Zukunft von Kindern wie Philipp und Jana. Noch fehlen ja Zahlen über die Häufigkeit traumatischer Vorgeschichten der in Erziehungshilfen untergebrachten Mädchen und Jungen, immer noch kann man der Meinung sein, diese Kinder sind auch in Einrichtungen der Erziehungshilfen in der Minderheit. Wie auch immer, die Auseinandersetzung um die Thematik hat begonnen, Kinder wie Jana und Philipp können davon profitieren. Ich betrachte dieses Buch als Diskussionsbeitrag und als Einladung an die PraktikerInnen in den Einrichtungen der Jugendhilfe, an die WissenschaftlerInnen sich den vielen offenen Fragen zu stellen, Erfahrungen mit den pädagogischen Möglichkeiten von Traumabewältigung zu sammeln und Handlungskompetenz und Kreativität zu entwickeln.

Philipp und Jana sind nun erwachsen. Philipp habe ich aus den Augen verloren. Als ich das letzte Mal von ihm hörte, will er zur Bundeswehr gehen. ER habe begriffen – so formuliert er – dass er für sein Leben verantwortlich ist. Es gehe ihm gut, er sei relativ zuversichtlich. Sein Liebesleben macht ihm ein wenig Sorgen, er lebt mit seiner Freundin zusammen. Ob er immer noch Angst vor den Albträumen hat, kann ich nicht sagen. Ich hoffe nicht, denn Philipp weiß heute, wo sie ihren Ursprung haben, und er hat von Anja, seiner Bezugsbetreuerin und von seinem Therapeuten Techniken erlernt, die ihm helfen, die Angst einzudämmen. Er ist hoffentlich immer noch zuversichtlich, dass er keinen Menschen missbrauchen wird, um Macht zu spüren. Er kennt seinen Misshandler-Zyklus. Philipp hat in den sechs Jahren in der Jugendhilfe viel geschafft. Er hat seine Lebensgeschichte kognitiv erfasst und teilweise auch betrauert. Er hat Möglichkeiten der Selbstkontrolle gelernt die ihm manchmal gelingen, manchmal ging er einen Umweg. Selbst- und fremdschädigende Wege betreffen meist die Sexualität. Philipp suchte dann die Auseinandersetzung mit seinen früheren Bezugspersonen und mit seinem Therapeuten. Philipps Gesichtszüge sind nicht mehr die eines traurigen kleinen Jungen, Philipp sieht aus wie ein junger Mann, dessen Leben wohl schwierig, aber doch zu meistern ist.

Jana lebt in einer Wohnung in der Nähe ihrer früheren Bezugspersonen und verwirklicht einen ihrer Träume: Sie macht eine Lehre als Buchhändlerin. Sie besucht ihre Verwandten und sie freut sich auf das Nachhause-Kommen. Sie ist eine lebendige junge Frau, die ihre Freizeit u.a. mit vielen verschiedenen künstlerischen Ausdrucksmöglichkeiten gestaltet. Nach dem Abschluss der Realschule und einer schulischen Berufsausbildung versucht sie nun das Fachabitur. Jana fühlt sich nicht mehr schuldig am Tod ihrer Mutter, zeitweise hat sie um ihre Mutter getrauert. Manchmal – zumindest häufiger als vorher – erzählt sie von ihren Eltern. Sie fühlt sich auch nicht mehr verantwortlich für das Wohlergehen ihrer Verwandten und ihrer Stiefmutter. Jana thematisiert immer öfter Sexualität. Manchmal ist sexueller Missbrauch Thema, es geht um die Verantwortlichkeit der Erwachsenen, um die Manipulationen von Täter und Täterinnen und um weitere Aspekte der Dynamik sexueller Gewalt. Über Männer redet sie abwertend. Die schlechten Träume werden weniger. Jana zeichnet mit großer Leidenschaft und großem Können Comics, verfremdete Gesichter, sie entwirft Kleidungsstücke. Jana liest viel und spricht fließend Englisch. Mittlerweile kann sie ihre Stärken akzeptieren. Die Angst vor Fremdem ist geblieben. Jana hat stabile Beziehungen, entwickelt ihre Potenziale und hat Teile ihres Lebens früher in der Therapie und im Alltag zusammengesetzt, sie ist „ganz“ geworden. Nach wie vor findet sie Matronenhaarschnitte unmöglich und liebt die Farbe Gelb. Jana hat gute Prognosen.

Glossar

Abreaktion Die Affekte/Gefühle, hier z. B. durch traumatisierendes Erlebnismaterial hervorgerufen, finden einen angemessenen Ausdruck in Handlungen, die innerpsychische Spannung wird verringert.

Abwehrmechanismen Die wichtigsten Abwehrmechanismen sind Verdrängung, Verleugnung, Vermeidung, Spaltung, Projektion, Rationalisierung und Distanzierung. Sie dienen dem Schutz vor übermäßiger Spannungszufuhr und sollen dem Individuum das Überleben in bedrohlichen und als ohnmächtig erlebten Situationen ermöglichen.

Amygdala Teil des limbischen Systems, die Amygdala ist an komplexen Hirnfunktionen wie bei Lernprozessen, bei der Gedächtnisbildung, bei Emotionen wie der Furcht und bei Verhaltensaktionen, beteiligt.

Ätiologie Ursächliche Faktoren, Lehre von den Ursachen.

Akkomodationsmechanismen Angleichung an die Anforderungen der Umwelt, Auslöser sind Störungen des inneren Gleichgewichtes

Balintgruppe Fallbezogene Reflexionen innerhalb einer Gruppe der gleichen Profession, entwickelt von dem Arzt und Psychoanalytiker Michael Balint, vergleichbar mit kollegialer Supervision.

Batakas Stoffbezogene Aggressionsschläger aus Schaumstoff

Bindungstheorie Von John Bowlby entwickelte Theorie, die sich mit den gleichen Phänomenen, die in der Psychoanalyse unter den Begriffen ‚Abhängigkeitsbedürfnis' oder ‚Objektbeziehungen', oder ‚Symbiose und Individuation' behandelt worden sind, beschäftigt. Er geht davon aus, dass das Bestreben des Menschen, intensiv, affektive Bindungen zu anderen Menschen einzugehen, angeboren ist. In Abhängigkeit, davon, in welcher Weise die Bezugspersonen auf die Bedürfnisse des Kindes nach Nähe und Versorgung fürsorglich, grundsätzlich zurückweisend oder ängstlich überfürsorglich reagieren, verinnerlicht das Kind dieses Erfahrungen und entwickelt seinerseits innere Arbeitsmodelle von Bindungsverhalten. Der konzeptionelle Rahmen der Bindungstheorie umfasst u. a. Generalisierungen zu der Definition, Genese und Organisation von Bindungsverhalten. Die aktuelle Bindungsforschung beschäftigt sich mit Re-Formulierungen der Erkenntnisse von J. Bowlby, vergleiche auch Dornes 2000, Schleiffer 2001, Brisch 2006.

Bindungsrepräsentationen Die Beziehungserfahrungen, die Säuglinge und kleine Kinder mit ihren Bezugspersonen machen, ergeben interne Vorstellungen über andere Personen und Beziehungen (s. o.). Diese internen Vorstellungen leiten das Verhalten im Umgang mit anderen nahe stehenden Menschen an.

Borderline Identitätsstörung: andauernde Störung im Selbstbild (z. B. durch das Gefühl nicht zu existieren oder durch die Überzeugung von der eigenen Schlechtigkeit) meist mit intensiven, aber unbeständigen Beziehungen und wiederholten emotionalen Krisen wie Suiziddrohungen und selbstschädigenden Handlungen, stressabhängigen Dissoziationen oder paranoiden Ideen. Derzeit wird darüber nachgedacht, die Borderline-Diagnose neu zu konzeptualisieren, sie gemeinsam mit anderen ‚Störungen' als Ausdruck einer Variante einer „Komplexen Posttraumtischen Belastungsstörung" zu verstehen.

Burnout Syndrom, das emotionale Erschöpfung von sozialen Fachkräften durch ihren Beruf beschreibt, auf den Verlust der Beziehung zu den KlientInnen (Distanziertheit) und auf den Verlust von Leistungszufriedenheit hinweist. Als mögliche Ursachen werden Arbeitsumwelt und persönliche Merkmale benannt, ergänzt durch gesellschaftliche Rahmenbedingungen und soziales Umfeld.

CRP Das Capsel-reaktive Protein wird in der Leber gebildet und ist Teil des Immunsystems.

Deprivation Entbehrung, Mangel, Verarmung

Depersonalisation Störung der Selbstwahrnehmung; als fremd können der ganze Körper oder Teile davon wahrgenommen werden.

Developmental Trauma Disorder Von Bessel van der Kolk 2005 entwickelte diagnostische Kriterien, die kindliche, komplexe Traumatisierungen erfassen. Er ordnet sie in die vier Symptomgruppen Exposition, Wiederholte Dysregulationsmuster als Antwort auf Trauma-Trigger, anhaltend veränderte Attributionen und Erwartungshaltungen und Beeinträchtigung sozialer und anderer Funktionen.

Devianz Abweichendes Verhalten

DGgKV Deutsche Gesellschaft gegen Kindesmisshandlung und -Vernachlässigung e.V., Köln

Dissoziation ist ein Zustand, in dem das Bewusstsein nicht mehr in der Lage ist, die Informationen von außen und von innen sinnvoll in Einklang zu bringen und in Folge Gedanken und Gefühle getrennt werden. Dissoziation taucht häufig im Zusammenhang mit traumatischen Erfahrungen auf und wird auch als das Gefühl beschrieben, neben sich gestanden zu haben. Bei Traumatisierung kann ein teilweiser oder völliger Verlust der normalen Integration von Erinnerungen an die Vergangenheit eintreten, um diese aus dem Bewusstsein zu rücken.

Dreigliedriges Gehirn Konzept von Levine/Kline, dass das Verstehen traumaspezifischer Reaktionen erleichtert. Das dreigliedrige Gehirn ist aus drei integralen Bestandteilen aufgebaut, dem Neokortex, dem Denker, dem Mittelhirn, dem limbischen System, das fühlende Gehirn, mit der Warnzentrale, der Amygdala, zuständig für Emotionen und Gedächtnis und dem ältesten für das Überleben zuständige Reptiliengehirn, spricht die Sprache der Empfindungen.

DSM III R, DSM IV Dritte revidierte und vierte Ausgabe des „Amerikanischen, diagnostischen und statistischen Manuals psychiatrischer Erkrankungen", in dem die Diagnosekriterien für psychiatrische Erkrankungen bei Kindern, Jugendlichen und bei Erwachsenen festgelegt sind. Das DSM wird von der Amerikanischen Psychiatrischen Gesellschaft (APA, American Psychiatric Assocation) herausgegeben und ist neben dem ICD

10 das andere große Diagnoseschema für Psychologie und Psychiatrie. Für 2012 ist eine grundlegende überarbeitete fünfte Auflage geplant, DSM V.

Empathie Die Fähigkeit, sich in andere einzufühlen und ihre Sichtweise zu verstehen

Exploration Untersuchung, Erforschung, Befragung

Flashback Ein Flashback ist ein veränderter Bewusstseinszustand, in dem Gedächtnisinhalte aus einer vergangenen Stresssituation Macht über Erleben und Verhalten in der Gegenwart gewinnen. In einem Flashback wird die traumatische Situation durch einen Auslösereiz erneut reaktualisiert.

Forensisch Forensische Pädagogik: umfasst die Bereiche Kriminalpädagogik, Gefängniserziehung und Jugendstrafvollzug. Forensische Psychologie befasst sich mit den in der Gerichtspraxis auftretenden psychologischen Problemen (z. B. Glaubwürdigkeit, Zurechnungsfähigkeit)

Frühgenese Entstehen einer Störung in der frühen Kindheitsentwicklung

Garantenstellung, Garantenpflicht Ergibt sich aus dem staatlichen Wächteramt (Art. 6 Abs. 2 S. 2 GG). Die öffentliches Jugendhilfe, speziell das Jugendamt (§ 1 Abs. 2 S. 2 SGB VIII) hat die Pflicht, Kinder vor Gefahren zu schützen (§ 1 Abs. 3 Nr. 3 SGB VIII).

Gegenübertragung Begriff aus der Psychoanalyse: Gefühle und Gedanken, die in einer Person durch eine andere aufgerufen werden. Wichtiger Mechanismus im pädagogischen und im therapeutischen Prozess. Ich empfehle zur gründlicheren Beschäftigungen mit dem Thema Gegenübertragung Thomä/Kächele 1996; König 1993; zur traumatischen Übertragung/Gegenübertragung: Hermann 1994, S. 187 ff.

Gender Mainstreaming Eine Strategie zur Herstellung von Chancengleichheit zwischen den Geschlechtern, die 1996 als EU-Richtlinie für politische Maßnahmen und Konzepte der verschiedenen Mitgliedsstaaten für verbindlich erklärt wurde. Die Realisation von Chancengleichheit wird als allgemeine Aufgabe aller politischen Handlungsfelder erklärt und die vermeintliche Geschlechtsneutralität ad acta gelegt. Für den Aufgabenbereich der Jugendhilfe muss dieser Begriff noch präzisiert und inhaltlich spezifiziert werden. Als Optionen von Gender Mainstreaming werden die Entdramatisierung der Geschlechterdifferenz und die Erweiterung und Verbreiterung des geschlechtsbezogenen Ansatzes beschrieben. Zur Vertiefung: von Ginsheim, G./Meyer, D. Gender: Mainstreaming – neue Perspektiven für die Jugendhilfe. Berlin 2001.

Genogrammarbeit Mit Hilfe der Genogrammarbeit können verwandtschaftliche Bezüge exploriert werden, ähnelt der Arbeit an einem Stammbaum. Die manuellen Grundlagen sind als CD-ROM erhältlich: Genograph 2.02, zu beziehen über Klaus Wessiepe, Am Sprenger 96, 41516 Grevenbroich.

Helfersyndrom Nach Schmidbauer handelt es sich dabei um die zur Persönlichkeitsstruktur gewordene Unfähigkeit, eigene Gefühle und Bedürfnisse zu äußern, verbunden mit einer scheinbar omnipotenten, unangreifbaren

Fassade im Bereich der sozialen Dienstleistungen (vgl. Schmidbauer 1992, S. 15).

Hilfeplanung Verfahrensvorschrift für das Jugendamt: Der § 36 SGB VIII regelt u. a. die Beteiligung der Kinder und Eltern, der beteiligten Fachkräfte und schreibt eine zeit- und zielgerichtete Planung und Überprüfung der Hilfen zur Erziehung vor.

Humanistische Psychologie Psychologische Richtung, die Ende der Fünfzigerjahre als „Dritte Kraft" neben der Psychoanalyse und dem Behaviorismus in den USA entstanden ist. Das humanistische Menschenbild geht von einem sinnhaften Streben in Richtung Selbstbestimmung aus, der heute weit verbreitete Begriff Ressourcenorientierung geht auf dieses Konzept vom Menschen zurück. Die bekanntesten humanistisch orientierten Therapieverfahren sind die Gestalttherapie, Gesprächspsychotherapie bzw. klientenzentrierte Psychotherapie.

Hypnose Therapeutische Methode, durch die Menschen in einen Trancezustand versetzt werden. Trance ist ein alltäglicher Zustand, wie er z. B. beim Betrachten eines Films auftreten kann. Er zeichnet sich aus durch Entspannung und eine eingeschränkte Wahrnehmung.

ICD 10 International Classification of Diseases, neben dem DSM-IV das andere große Diagnoseschema, herausgegeben von der Weltgesundheitsorganisation (WHO, World Health Organisation). In der Internationalen Klassifikation psychischer Störungen sind wie im DSM-IV psychische Störungen mit ihren Symptomen beschrieben, die es den PsychologInnen oder ÄrztInnen ermöglichen, eine Diagnose einer psychischen Krankheit zu stellen, sich mit Kollegen darüber zu verständigen und eine geeignete Therapiemöglichkeit zu finden.

IGfH Internationale Gesellschaft für erzieherische Hilfen e.V. in Frankfurt am Main.

Inkohärenz Zusammenhanglosigkeit von Gedanken, Beziehungen etc.

Inkonsistenz Keinen Bestand habend (Duden), kein beständiges Verhalten, Unzuverlässigkeit, widersprüchlich

Introjektion Das In-Sich-Aufnehmen von Auffassungen und Gefühlen. Nach Freud das Übernehmen von Lebens- und Moralauffassungen der Personen, mit denen sich der heranwachsende Mensch identifiziert

Intrusion Sich ins Gedächtnis drängende Erinnerungen und Gedanken an ein traumatisches Erlebnis

Kindeswohl Leitprinzip des deutschen Kindschaftsrechts mit den zentralen Komponenten der seelischen, körperlichen und geistigen Integrität des Kindes, der Beachtung der Bindungen an Eltern und andere Bezugspersonen, der Kontinuität der Erziehung und der Achtung und Förderung der Selbstbestimmungsfähigkeit

KJHG Kinder- und Jugendhilfegesetz, Achtes Buch des Sozialgesetzes (SGB VIII)

Kognitionen Sammelbezeichnung für jeden Vorgang, mit dem ein Individuum etwas wahrnimmt und weiß, schließt Wahrnehmen, Erkennen, Denken, Vorstellen, Erinnern und Urteilen ein. Bei traumatischen Erfahrungen kommt es oft vor, dass Kognitionen (Gedanken, Wissen, Denkprozesse) und Emotionen (Gefühle) nicht zusammenpassen oder nicht miteinander verbunden werden können. Es ist Aufgabe einer Krisenintervention, von Therapie und/oder Pädagogik, diese Einheit zu fördern oder wiederherzustellen.

Kohärenz Zusammenhang

Körperschema Ein räumliches Vorstellungsbild über die Gestalt des eigenen Körpers. Es wird nicht immer mit der Wirklichkeit übereinstimmen, Wissen, Fantasie, Wunschbilder und Affekte wirken zusammen.

Kortikal Die Hirnrinde betreffend

Lebensweltorientierung Begriff in der Jugendhilfe, sowohl wissenschaftliches Konzept als auch Methode, wesentlich beeinflusst durch den Erziehungswissenschaftler Hans Thiersch

Narkosynthese Auch Narkoanalyse, die Verbindung von Narkose und analytischem Gespräch

Netzwerkgesellschaft Definition des Soziologen Manuel Castells: Im Informationszeitalter muss jeder, der etwas bewirken will, die Infrastruktur der globalen Informationsgesellschaft nutzen, sich in einem Netz organisieren (Castell (2001): Das Informationszeitalter. Band 1: Die Netzwerkgesellschaft.

Neuroendokrine Nervensystem und Endokrinum (in den Blutkreislauf absondernde Stoffe) betreffend

Objektbeziehungstheorie Hebt die Bedeutung der frühen Beziehungen hervor. Von Melanie Klein und Donald Winnicott u. a. entwickelte Theorie, die davon ausgeht, dass sich innere seelische Strukturen im Menschen durch die Entwicklung der inneren Repräsentanz von äußeren Beziehungen des Säuglings und Kleinkindes zu seinen Bezugspersonen entwickeln

§ 9 SGB VIII In § 9 Abs. 3 SGB VIII „Grundrichtung der Erziehung, Gleichberechtigung von Mädchen und Jungen“ verpflichtet der Gesetzgeber die Jugendhilfe zur Berücksichtigung der unterschiedlichen Lebenslagen von Mädchen und Jungen, zum Abbau von Benachteiligungen und zur Förderung von Gleichberechtigung.

§ 37 SGB VIII Der § 37 SGB VIII „Zusammenarbeit bei Hilfen außerhalb der eigenen Familie“ verpflichtet zur kindeswohlorientierten Zusammenarbeit mit den Eltern, d. h. zur Refunktionalisierung der Herkunftsfamilie (Vorrang der Rückkehroption) orientiert am kindlichen Zeitbegriff oder zur Erarbeitung einer förderlichen und auf Dauer angelegten Lebensperspektive.

§ 78 SGB VIII Die Träger der öffentlichen Jugendhilfe sollen Arbeitsgemeinschaften gründen, in denen öffentliche und private Träger Jugendhilfe-Maßnahmen planen, sich abstimmen etc.

Parentifizierung Parentifizierung (*parents* = (be)Eltern) bedeutet, dass Kinder, die für andere sorgen mussten bzw. konnten, Bedeutung hatten und damit auch die positive Erfahrung hatten, Subjekt, nicht nur Objekt der Eltern zu sein. Die Sorge für andere stellt für diese Kinder eine wichtige

Quelle von Selbstwert dar und muss in der pädagogischen/therapeutischen Arbeit beachtet werden.

Protektive Faktoren Kompensatorisch wirksame Schutzfaktoren gegen Entwicklungsbehinderungen

Psychoanalytische Pädagogik Für die psychoanalytische Pädagogik sind zentrale Erkenntnisse der Psychoanalyse wie z. B. über Wirksamkeit des Unbewussten, Übertragung und Gegenübertragung, über Traumata und Wiederholungszwang handlungsleitend. Die Pädagogische Psychologie hat folgende Arbeitsprinzipien:
- Förderung von Selbstaufklärung
- reflektierende Verarbeitung von Übertragung/Gegenübertragung
- fördernde Dialoge etc.

Posttraumatisch Nach einem Trauma auftretende spezifische Belastungsreaktion

Posttraumatische Belastungsstörung (PTBS) Nach dem DSM-IV besteht das Störungsbild der PTBS im Wesentlichen aus drei Symptombereichen:
1. dem Wiedererleben des Traumas (z. B. Flashbacks, Alpträume),
2. dem Vermeiden traumarelevanter Reize (z. B. sich an Teile des Erlebnisses nicht erinnern können, bestimmte Orte oder Situationen nicht aufsuchen; Kriterium C) und
3. den Symptomen eines erhöhten Erregungsniveaus (z. B. Schlafstörungen, Konzentrationsprobleme; Kriterium D).

Die Symptomatik muss einem traumatischen Ereignis folgen (Stressor-Kriterium; Kriterium A). Es wird erst dann von einer PTBS gesprochen, wenn die Symptomatik länger als einen Monat andauert (Kriterium E). Zusätzlich kann zwischen einer akuten PTBS und einer chronischen Form unterschieden werden. Bei der akuten PTBS treten die Symptome bis zu drei Monate lang auf, bei der chronischen PTBS länger als drei Monate. Die Störung muss eine wesentliche Einschränkung der Lebensqualität im Betroffenen auslösen (Kriterium F).

Psychopathologie Lehre von den seelischen Erkrankungsbildern

Re-Inszenierung Die posttraumatische Re-Inszenierung ist ein durch ein psychisches Trauma erlerntes Rollenverhalten, das eine Bewältigungsstrategie darstellt und dessen Wiederholung zur Verstärkung des Verhaltens führt. Die psychoanalytische Auffassung vom Wiederholungszwang gründet auf Sigmund Freud, 1914 schreibt er zum ersten Mal in seiner Arbeit „Erinnern, Wiederholen, Durcharbeiten" (GW Bd. 10) davon. In der späteren Arbeit „Jenseits des Lustprinzips" behandelt er den Wiederholungszwang ausführlich.

Reptiliengehirn (auch Gehirnstamm) ist die älteste und tiefste Struktur des Gehirns; eine Aufgabe ist es, bei Gefahr eine außerordentliche Menge an Energie (z. B. Adrenalin) zu aktivieren, um der Gefahr begegnen zu können.

Resilienz-Forschung Eine Vielzahl risikoerhöhender Faktoren (Vulnerabilitäts- und Risikofaktoren) tragen zur Entstehung psychischer Störungen im Kindes- und Jugendalter bei. Dem gegenüber stehen risikomildernde Faktoren, die die Risiken „puffern“ bzw. eine Widerstandsfähigkeit (Resilienz) fördern, wesentliche Schutzfaktoren und Faktoren, die zu einer Widerstandsfähigkeit (Resilienz) gegenüber psychischen Störungen beitragen.

Ritzen Mit spitzen Gegenständen in die Haut ritzen, selbstschädigendes Verhalten

Selbstkonzept Das Insgesamt von Einstellungen, Urteilen und Werthaltungen eines Menschen bezüglich seines Verhaltens, seiner Fähigkeiten und Eigenschaften

Sekundärer Krankheitsgewinn Die aus der Krankheit erzielbare Befriedigung. Die von Freud entwickelte Ansicht, dass ein primärer Krankheitsgewinn oft die psychische Störung (als Flucht in die Krankheit oder als vorteilhafte Neubeziehung zur Umwelt durch die Krankheit) motiviert und der sekundäre Krankheitsgewinn darin besteht, dass die Erkrankung nachträglich einen Vorteil (z. B. Beachtet werden, Rente) bedeutet

Sekundärschädigungen Unter Sekundärschädigungen verstehen wir all die Schädigungen, die nicht untermittelbar durch die Gewalt der traumatisierenden Ereignisse, sondern mittelbar durch das Verhalten der professionellen HelferInnen entstehen, wobei dieses Verhalten die Dynamik/Struktur der Traumata wiederholt und/oder festigt.

Sekundäre Traumasymptome Von Peter Levine und Maggie Kline entwickeltes Konzept: Wenn überwältigende Ereignisse entweder außerordentlich intensiv sind, über längere Zeit anhalten oder wiederholt auftreten, verändert das Gehirn befindet sich in einem Zustand erhöhter Wachsamkeit. Diese erhöhte Wachsamkeit verursacht auch dort die Wahrnehmung von Gefahren, wo keine sind. Werden die Kernsymptome nicht aufgelöst, kommen neue Symptome hinzu. Sie können als dominante Muster in Erscheinung treten. Die sekundären Traumasymptome umfassen die Symptomgruppen chronische Übererregung, Dissoziation und Kontraktion, Erstarren und Bewegungsunfähigkeit.

Sekundäre Traumatisierung/Viktimisierung Reaktionen von Bezugspersonen auf das Trauma, die alte Erlebnisinhalte wie Scham, Schuld, Angst etc. bestätigen

Stellvertretende Traumatisierung Zeugen der schrecklichen Erlebnisse anderer zu werden, nicht ohne Wirkung auf die Helfenden. Sie empfinden vielleicht ähnliche Gefühle in abgeschwächter Form. Dies und andere möglichen Folgen für Einzelne und Helferteams wurden als stellvertretende Traumatisierung beschrieben.

SPI Sozialpädagogisches Institut im SOS Kinderdorf e.V. in München

Spiegeln Das Spiegeln dient dazu, dass der Kommunikationspartner seine Selbstwahrnehmung verbessert und neue Selbsterkenntnis gewinnt. Es ist eine Kommunikationsform, die dem Gegenüber das Verstandene wiedergibt, so dass er überprüfen kann, ob seine Botschaft „richtig“ angekommen ist.

Staatliches Wächteramt Der Staat achtet das „natürliche Recht der Eltern“, für die Pflege und Erziehung ihrer Kinder zu sorgen und dieser Verpflichtung nach den je eigenen Vorstellungen und Möglichkeiten gerecht zu werden (vgl. Art. 6 Grundgesetz). Dieses grundgesetzlich verankerte elterliche Erziehungsrecht schafft keinen rechtsfreien oder willkürlichen Raum: „Über ihre (der Eltern) Betätigung wacht die staatliche Gemeinschaft“ (Art. 6 Abs. 2 Satz 2 Grundgesetz; § 1 Abs. 2 SGB VIII). Das Staatliche Wächteramt bezieht sich auf die Gefahrenabwehr. Über die Bindung des Elternrechtes an das Kindeswohl in Art. 6 des Grundgesetzes sichert die Verfassung Kindern und Jugendlichen Schutz und Hilfe im Falle der Gefährdung zu. In § 1 Abs. 3 SBG VIII ist dieser Grundsatz als eine zentrale Aufgabe der Jugendhilfe benannt. Wo gegen dieses Recht in schwerwiegender Weise verstoßen wird, muss Jugendhilfe zum Schutz von Kindern und Jugendlichen eingreifen und im Falle andauernder Gefährdungen beim Familiengericht die notwendigen Maßnahmen erwirken.

Supervision Berufsbezogene Beratung, die auf professionelle Beziehungen, sowohl zu KlientInnen, als auch zu KollegInnen, Vorgesetzten und KooperationspartnerInnen zielt. Diese Minimaldefinition wird erweitert um das Verständnis von Supervision „als arbeits- und aufgabenbezogene Unterstützungsmethode“ und um den gesamten Bereich der Organisationsthemen.

Suizidalität Neigung zur Selbsttötung

Talking cure Redekur, ursprüngliche Bezeichnung des Arztes und Weggefährten Sigmund Freuds, J. Breuers (1895) über eine karthartische Methode

Transgenerational Weitergabe von Generation zu Generation

Traumapädagogik ist als Sammelbegriff für pädagogisch Konzepte zur Arbeit mit traumatisierten Kindern und Jugendlichen in unterschiedlichen Arbeitsfelder zu verstehen, z. B. die „traumazentrierte Pädagogik“ nach Uttendörfer (2008), das Konzept der Selbstbemächtigung nach Weiß (2009 b) und die „Pädagogik des Sicheren Ortes“ nach Kühn (2009).

Trigger Auslöser, innere oder äußere reaktivierende Reize in der Gegenwart, von denen aus assoziative Verbindungen zu traumatischen Erlebnissen bestehen, so dass sie Flashbacks auslösen können.

Übertragung Die Übertragung ist ein universales menschliches Phänomen, das sich in allen menschlichen Beziehungen herstellt. Übertragung ist in diesem Zusammenhang eine psychoanalytische Bezeichnung. Neuauflagen, Fantasien, frühere Erlebnisinhalte beeinflussen aktuelle Beziehungen. Sie sind als Reaktionsbereitschaften an die Vergangenheit gebunden. In der Psychoanalyse ist die Arbeit mit der Übertragung ein wesentlicher Bestandteil des Therapieprozesses.

Verfahrensrecht Regelt die Verfahren vor Gericht, z. B. Beteiligungsrechte von Kinder und Jugendlichen etc.

Vermeidungsverhalten Verhalten, das dazu dient, bestimmten unangenehmen Reizen (z. B. Orten, Menschen, Situationen) nicht mehr zu begegnen. Beispiele: Wenn jemand einen Autounfall hatte, kann es sein, dass er vermeidet, wieder in ein Auto zu steigen. Eine Frau, die vergewaltigt wurde, vermeidet es vielleicht, bestimmte Wege zu benutzen. Jemand, der einmal von einem Hund gebissen wurde, wechselt die Straßenseite, wenn ihm ein Hund entgegen kommt.

Literatur

Ainsworth, Mary; Blehar, Mary C.; Waters, Everatt; Wall, S. (1978): Patterns of attachment: assessed in the strange situation and at home. Hillsdale, NJ: Lawrence Erlbaum.

Amann, Gabriele; Wipplinger, Rudolf (1998): Sexueller Missbrauch. Überblick zu Forschung, Beratung und Therapie. Ein Handbuch. 2. Auflage, Tübingen.

American Psychiatric Association (1996): Diagnostisches und statistisches Manual psychischer Störungen DSM IV. (Deutsche Bearbeitung und Einführung von H. Sass). Göttingen.

AMYNA e.V. – Projekt zur Prävention von sexuellem Missbrauch (Hrsg.) (1999): „Die leg ich flach!" Bausteine zur Täterprävention. München.

Antonovsky, Aaron (1997 [1987]): Salutogenese. Zur Entmystifizierung der Gesundheit. Tübingen.

Arbeitskreis der Therapeutischen Jugendwohngruppen Berlin (Hg.). (2009): Abschlussbericht der Katamnesestudie therapeutischer Wohngruppen in Berlin. KATA-TWG. Berlin.

Balint, Michael (1965): Der Arzt, sein Patient und die Krankheit. Stuttgart.

Balint, Michael (1966): Die Urformen der Liebe und die Technik der Psychoanalyse. Stuttgart.

Balint, Michael (1969): Trauma und Objektbeziehung. In: Psyche 1970, Nr. 24, S. 346-358.

Bange, Dirk; Körner, Wilhelm (Hrsg.) (2002): Handwörterbuch Sexueller Missbrauch. Göttingen.

Bange, Dirk (1992): Die dunkle Seite der Kindheit. Sexueller Missbrauch an Mädchen und Jungen. Ausmaß – Hintergründe – Folgen. Köln.

Bange, Dirk (2000): Alles, was hilft. Notwendige Rahmenbedingungen für gelungene Interventionen bei Verdacht auf sexuellen Missbrauch. In: Sozialmagazin, 25. Jahrgang, S. 17–23. Oktober 2000.

Bange, Dirk (2001): Sind die gängigen Konzepte der Mädchen- und Jungenarbeit noch zeitgemäß? In: Forum für Kinder- und Jugendarbeit, 17. Jg., S. 29–35.

Baur, Dieter; Finkel, Margarete; Hamberger, Mathias; Kühn, Axel D. (1998): Leistungen und Grenzen von Heimerziehung: Ergebnisse einer Evaluationsstudie stationärer und teilstationärer Erziehungshilfe; Forschungsprojekt Jule/Hrsg. BMFSFJ, Projektleitung Hans Thiersch. Berlin, Köln.

Bausum, Jacob (2011): Ressourcen der Gruppe zur Selbstbemächtigung. In: Bausum, Besser, Kühn, Weiß, S. 184–195. Weinheim und München.

Bausum, J., Besser, L.-U., Kühn, M. & Weiß, W. (Hrsg.) (2011): Traumapädagogik: Grundlagen, Arbeitsfelder und Methoden für die pädagogische Praxis. Weinheim und München. 2. Auflage

Beck, Katja (2004): Ohne Netz und Boden. Situation psychisch kranker Eltern. Berlin.

Becker, David (2000): Prüfstempel PTSD – Einwände gegen das herrschende „Trauma" Konzept. In: Medico International (Hrsg.): Schnelle Eingreiftruppe ‚Seele' auf dem Weg in die therapeutische Weltgesellschaft. 2. Auflage. Frankfurt/M.

Bender, Doris; Lösel, Friedrich (2002): Risiko- und Schutzfaktoren in der Ätiologie und Bewältigung von Misshandlung und Vernachlässigung. In: Bange/Körner (Hrsg.), S. 493–501.
Besser, Lutz Ulrich (2006): Psychotraumata, Gehirn und Suchtentwicklung. In: Möller (Hg): Drogenmissbrauch im Jugendalter. S. 122–165.
Bettelheim, Bruno (1975): Der Weg aus dem Labyrinth. Stuttgart.
Bettelheim, Bruno (1982): Erziehung zum Überleben. Zur Psychologie der Extremsituation. München.
Bettelheim, Bruno (1991): So können sie nicht leben. Die Rehabilitierung emotional gestörter Kinder. München 4. Auflage.
Bode, Sabine (2004): Die vergessene Generation. Die Kriegskinder brechen ihr Schweigen. Stuttgart.
Borg-Laufs, Michael (2007): Möglichkeiten und Grenzen der Arbeit mit misshandelnden Eltern – zehn Empfehlungen. In: DGgKV: Interdisziplinäre Fachzeitschrift, Heft 2/2006, S. 43–54.
Bowlby, John (1975): Bindung. München.
Bowlby, John (1976): Trennung. München.
Bowlby, John (1995): Elternbindung und Persönlichkeitsentwicklung. Therapeutische Aspekte der Bindungstheorie. Heidelberg.
Braun, Gisela; Hasebrink, Marianne; Huxoll, Martina (Hrsg.) (2002): Pädosexualität ist Gewalt. (Wie) kann die Jugendhilfe schützen? Weinheim.
Brett, Elisabeth (2000): Die Klassifikation der posttraumatischen Belastungsstörung. In: van der Kolk u. a. (Hrsg.), S. 131–140.
Brisch, Karl Heinz (2006): Adoption aus der Perspektive der Bindungstheorie und Therapie. In: Brisch/Hellbrügge: Kinder ohne Bindung. Deprivation, Adoption und Psychotherapie. Stuttgart, S. 222–258
Brisch, Karl Heinz; Hellbrügge, Theodor (Hrsg.) (2006): Kinder ohne Bindung. Deprivation, Adoption und Psychotherapie. Stuttgart.
Brisch, Karl-Heinz., Hellbrügge, Theodor (2009).: Bindung und Trauma: Entwicklung und Schutzfaktoren für die Entwicklung von Kindern. Stuttgart.
Brockhaus Ulrike; Kolshorn, Maren (1993): Sexuelle Gewalt gegen Mädchen und Jungen. Frankfurt/M.
Bullens, Ruud (1998): Persönlichkeit des Täters; Grooming Prozess; Behandlungsmöglichkeiten von Tätern; Was wissen wir von Tätern? In: Mendener Arbeitskreis gegen sexuellen Missbrauch (Hrsg.): Dokumentation zur Fachtagung „Täter Kennen/Erkennen".
Bundesarbeitsgemeinschaft der Landesjugendämter; Internationale Gesellschaft für erzieherische Hilfen (Hrsg.) (2003): Rechte haben, Rechte kriegen. Ein Ratgeber nicht nur für Jungen und Mädchen in der Jugendhilfe. Weinheim.
Bundesministerium für Familie, Senioren, Frauen und Jugend – BMFSFJ (2009): 13. Kinder- und Jugendbericht Mehr Chancen für gesundes Aufwachsen. Berlin.
Bundschuh, Claudia; Stein-Hilbers, Marlene (2001): Pädosexualität. Entstehungsbedingungen und Erscheinungsformen. Opladen.
Bürger, Ulrich (2000): Stellenwert der Heimerziehung im Kontext der erzieherischen Hilfen – Entwicklungslinien und Standort stationärer Erziehungshilfen nach § 34 KJHG. In: IGfH (Hrsg.) (2000), S. 1–18.

Buss, Ursula; Schubbe, Oliver (1994): Gruppenarbeit mit sexuell missbrauchten Kindern im Kontext der Heimerziehung. In: Schubbe (Hrsg.), S. 121–147.

Conen, Marie Luise (1996): Elternarbeit in der Heimerziehung. Eine empirische Studie zur Praxis der Eltern- und Familienarbeit in Einrichtungen der Erziehungshilfe. 3. Auflage. Hrsg.: IGfH, Frankfurt/M.

Conen, Marie Luise (1997): Institutionelle Strukturen und sexueller Missbrauch durch Mitarbeiter in stationären Einrichtungen für Kinder und Jugendliche. In: Amann/Wipplinger (Hrsg.), S. 713–725.

Csikszentmihalyi, Mihaly (1990): Flow: Das Geheimnis des Glücks. Stuttgart, 12. Aufl.

Daigler, Claudia; Finkel, Margarete (2000): Mädchen und junge Frauen in Erziehungshilfen. Eine Arbeitshilfe. (Hrsg.): Evangelischer Erziehungsverband e.V. (EREV). Hannover.

Daigler, Claudia; Finkel, Margarete (2001): Zum Stand der Mädchenarbeit in den Erziehungshilfen. In: Forum Erziehungshilfen, 7. Jg., S. 87–93.

Datler, Wilfried (1992): Psychoanalytische Praxis, Pädagogik und psychoanalytische Kur: Einige problemgeschichtliche und systemische Anmerkungen über unklare Grenzen als Krise, Aufgabe und Chance. In: Trescher, Hans-Georg; Büttner, Christian; Datler, Wilfried: Jahrbuch für Psychoanalytische Pädagogik, S. 11–51.

David, Klaus Peter (1999): Individuelle, familiäre und systemische Aspekte von Rückfallverhütung mit jugendlichen Sexualstraftätern. In: Amyna e.V. (Hrsg.), S. 131–143.

David, Klaus Peter; Bange, Dirk (2002): Kriterien für die Rückführung sexuell missbrauchter Kinder in ihre Ursprungsfamilie. In: Forum Erziehungshilfen, 8. Jg., S. 52–56.

Deegener, Günter; Körner, Wilhelm (Hrsg) (2005): Kindesmisshandlung und Vernachlässigung. Ein Handbuch. Göttingen u. a.

Deegener, Günther (1995): Sexueller Missbrauch. Die Täter. Weinheim.

Denner, Silvia (2003): Traumatisierungen in der Kindheit – Implikationen für sozialpädagogische Interventionen. In: Forum Erziehungshilfen, 4/2003, S. 237–243.

Deutsches Jugendinstitut – DJI (2006): Zum Thema Gender. Bulletin Nr. 75.

Diepold, Barbara (1996): „Diese Wut hört niemals auf." Zum Einfluss realer Traumatisierungen auf die Entwicklung von Kindern. In: Analytische Kinder- und Jugendlichenpsychotherapie. XXVII. Jg., S. 73–85.

Dilling, Horst (1993): Internationale Klassifikation psychischer Störungen: ICD–10 Kapitel V (F), Klinisch-diagnostische Leitlinien/ World Health Organization (WHO). Übersetzt und herausgegeben von H. Dilling, Bern, Göttingen, Toronto, Seattle.

Dimova, Alexandra; Pretis, Manfred (2004): Frühförderung mit Kindern psychisch kranker Eltern. München.

Dimova, Alexandra; Pretis, Manfred (2005): „… und sie sollen es nicht wissen." Möglichkeiten früher Förderung bei Kleinkindern psychisch kranker Eltern. In: Unsere Jugend, Heft 2/2005, S. 64–74.

Dörr, M. (2011): Psychoanalytische Pädagogik. In: Otto, H.-U.; Thiersch, H. (Hg.): Handbuch Soziale Arbeit. Grundlagen der Sozialarbeit und Sozialpädagogik, 4. vollständig neu bearbeitete Auflage. München.

Dornes, Martin (2000): Vernachlässigung und Misshandlung aus Sicht der Bindungstheorie. In: Egle/Hoffmann/Joraschky (Hrsg.), S. 70–83.

Eberhard, Gudrun; Eberhard, Kurt (2002): Das Intensivpädagogische Programm (IPP) – ein Aktionsforschungsprojekt für psychisch traumatisierte Kinder und Jugendliche in sozialpädagogisch und psychotherapeutisch betreuten Pflegefamilien. Idstein.

Egle, Ulrich Tiber; Hoffmann, Sven Olaf; Joraschky, Peter (2000): Sexueller Missbrauch, Misshandlung, Vernachlässigung. 2., vollständig aktualisierte und erweiterte Auflage. Stuttgart, New York.

Enders, Ursula (1995): Zart war ich, bitter war's. Handbuch gegen sexuelle Gewalt an Mädchen und Jungen. Überarbeitete und erweiterte Neuausgabe. Köln.

Enders, Ursula (2001): Zart war ich, bitter war's. Handbuch gegen sexuelle Gewalt an Mädchen und Jungen. Vollst. überarbeitete und erweiterte Neuausgabe. Köln.

Endres, Manfred; Biermann, Gerd (Hrsg.) (2002): Traumatisierung in Kindheit und Jugend. München.

Enzmann, Dirk (2000): Gewalterfahrung im Elternhaus und Gewalttaten. In: Evangelische Konferenz für Familien und Lebensberatung e.V.(Hrsg.): „Ihr Eltern, reizt nicht Eure Söhne und Töchter …“ Gewaltfreie Erziehung in der Familie. Berlin.

Faltermeier, Josef (1983): Gewalt gegen Kinder. Zur Repression im Erziehungsalltag. In: Faltermeier/Sengling: Wenn Kinder und Jugendliche an ihren Lebenswelten scheitern. S. 4-16. Frankfurt/M.

Fatke, Reinhard (1985): „Krümel vom Tisch der Reichen?“ Über das Verhältnis von Pädagogik und Psychoanalyse aus pädagogischer Sicht. In: Bittner, Günther; Ertle Christoph (Hrsg.): Pädagogik und Psychoanalyse. 1985, S. 47–60

Fegert, Jörg M. (1995 b): Das Kind verstehen – aus kinder- und jugendpsychiatrischer Sicht. In: Salgo, L. (Hrsg.), S. 291–320.

Fegert, Jörg M.; Berger, Christina; Klopfer, Ute; Lehmkuhl, Ulrike; Lehmkuhl, Gerd (2001): Umgang mit sexuellem Missbrauch. Institutionelle und individuelle Reaktionen. Forschungsbericht. Münster.

Fegert, Jörg M.; Wolff, Mechthild (Hrsg.) (2002): Sexueller Missbrauch durch Professionelle in Institutionen. Prävention und Intervention. Ein Werkbuch. Münster.

Ferenczi, Sandor (1988 [1932]): Ohne Sympathie keine Heilung. Das klinische Tagebuch von 1932. Frankfurt/M.

Ferenczi, Sandor (1972 [1933]): Die Sprachverwirrung zwischen dem Erwachsenen und dem Kind. In: Schriften zur Psychoanalyse. Band II. Frankfurt/M.

Finger-Trescher, Urte; Krebs, Heinz (Hrsg.) (2000): Misshandlung, Vernachlässigung und sexuelle Gewalt in Erziehungsverhältnissen. Gießen.

Finkel, Margarete (1998): „Das Problem beim Namen nennen!“ Kinder und Jugendliche mit sexuellen Gewalterfahrungen in Hilfen zur Erziehung. In: Bauer u. a.(Hrsg.), S. 351–384.

Finkel, Margarete (1998): Zufrieden und doch nicht ganz zu Hause? – Junge Migrantinnen in Hilfen zur Erziehung. In: Baur u. a. (Hrsg.), S. 386–427.

Finkel, Margarete (2000): Mädchen und junge Frauen in Erziehungshilfen. In: Daigler/Finkel, S. 31-88.

Finkelhor, David; Browne, Angela (1985): The Traumatic Impact of Child Sexual Abuse: A Conzeptualization. American Journal of Orthopsychiatry, 55, 530–541.

Fischer, Gottfried; Riedesser, Peter (1999): Lehrbuch der Psychotraumatologie. 2. Auflage. Basel.

Fooken, Insa; Zinnecker, Jürgen (Hrsg.) (2007): Trauma und Resilienz. Chancen und Risiken lebensgeschichtlicher Bewältigung von belasteten Kindheiten. Weinheim, München.

Freud, Anna (1935): Psychoanalyse für Pädagogen. Eine Einführung. 5. Auflage 1971. Bern, Stuttgart, Wien.

Freud, Anna (1936): Das Ich und die Abwehrmechanismen. 8. Auflage. München 1973.

Freud, Anna (1980): Einführung in die Technik der Kinderanalyse. 3. Auflage. München.

Freud, Sigmund (1952 [1896]): Zur Ätiologie der Hysterie. GW Bd. I, S. 423–459, Frankfurt/M.

Freud, Sigmund (1948 [1905]): Drei Abhandlungen zur Sexualtheorie. GW Bd. V, S. 27–145, Frankfurt/M.

Freud, Sigmund (1945 [1910]): Zur Dynamik der Übertragung. GW Bd. VIII, S. 363–374, Frankfurt/M.

Freud, Sigmund (1944 [1917]): Vorlesungen zur Einführung in die Psychoanalyse. GW. Bd. XI, Frankfurt/M.

Freud, Sigmund (1948 [1925]): Selbstdarstellung. GW Bd. XIV, S. 31–96, Frankfurt/M.

Freund, Uli (2001): Interkulturelle Herausforderung an die Präventionsarbeit. In: Informationsdienst Kindesmisshandlung und -vernachlässigung, Heft 2, 8. Jg., S. 18–24.

Frommann, Anne (2000): Heimerziehung, Fremdplazierung, stationäre Erziehungshilfen – und nun? Das Leben außerhalb der Herkunftsfamilie von innen betrachtet. In: IGfH (Hrsg.), S. 19–34.

Fürniss, Tilmann (1995): Einige einführende Aspekte zur Arbeit mit jugendlichen sexuellen Misshandlern. In: Eylarduswerk (Hrsg.): Tagungsreader zum Fachtag: Betreuung und Behandlung von jugendlichen sexuellen Misshandlern. Bad Bentheim, S. 1–28.

Gahleitner, Silke Brigitta (2010): Das „Therapeutische Milieu“ als Antwort auf frühe Grenzerfahrung. Der Personenzentrierte Ansatz bei komplexer Traumatisierung. In: Trauma & Gewalt, 4. JG., Heft 2, S. 128–140.

Gahleitner, Silke Birgitta (2011): Das therapeutische Milieu in der Arbeit mit Kindern und Jugendlichen. Trauma- und Beziehungsarbeit in stationären Einrichtungen. Bonn

Gast, Ursula (2005): Trauma und Dissoziation. In: Jeftic, K.; Joly, J. B. (Hrsg.): Erinnern und Vergessen. Zur Darstellbarkeit von Traumata. Stuttgart, S. 77–89.

Gegenfurtner, Margit; Keukens, Wilfried (1992): Sexueller Missbrauch von Kindern und Jugendlichen. Diagnostik. Krisenintervention und Therapie. Magdeburg, Essen.

Gil, Eliana (1993): Die heilende Kraft des Spiels. Spieltherapie mit missbrauchten Kindern. Mainz.
Gildemeister, Regine (1992): Neuere Aspekte der Professionalisierungsdebatte. Soziale Arbeit zwischen immanenten Kunstlehren des Fallverstehens und Strategien kollektiver Statusverbesserung. In: Neue Praxis 3.
Ginsheim, Gabriele von; Meyer, Dorit (2001): Gender Mainstreaming – neue Perspektiven für die Jugendhilfe. Berlin.
Glaser, Danya; Prior, Vivien (1998): Ist der Begriff „Kinderschutz“ auf emotionale Misshandlung anwendbar? In: Kindesmisshandlung und -vernachlässigung. Interdisziplinäre Zeitschrift der DGgKV, 1. Jg., S. 32–45.
Goldstein, Joseph; Freud, Anna; Solnit, Albert J. (1991): Jenseits des Kindeswohls. (Erschj. 1974), Frankfurt/M.
Greensohn, Ralph (1975): Technik und Praxis der Psychoanalyse. Stuttgart.
Grenn, Jonathan; Goldwyn, Ruth (2003): Kommentar; Desorganisierte Bindung und Psychopathologie. Neue Befunde der Bindungsforschung und ihre möglichen Implikationen im Kindesalter. In: Kindesmisshandlung und -vernachlässigung. Interdisziplinäre Fachzeitschrift. (Hrsg.) DGgKV e.V., Jg. 6, Heft 1/2, 2003, S. 126–157.
Grossmann, Klaus E.; Grossmann, Karin (2002): Das eingeschränkte Leben. Folgen mangelnder und traumatischer Bindungserfahrungen. In: Gebauer/Hüther (Hrsg.): Kinder brauchen Wurzeln. Neue Perspektiven für eine gelingende Entwicklung. Düsseldorf, Zürich, 2. Auflage.
Grünberg, Kurt; Straub, Jürgen (Hrsg.) (2001): Unverlierbare Zeit: Psychosoziale Spätfolgen des Nationalsozialismus bei Opfern und Tätern. Tübingen.
Hansbauer, Peter (2001): Partizipative Strukturen und eine Kultur der Partizipation in der Heimerziehung. In: Forum Erziehungshilfen, 7. Jg., Heft 1, S. 9–13.
Hartwig, Luise (1990): Sexuelle Gewalterfahrungen von Mädchen. Konfliktlagen und Konzepte mädchenorientierter Heimerziehung. Weinheim, München.
Hartwig, Luise (2000): Daneben gelebt – Jugendhilfekarrieren im Spiegel personaler und struktureller Gewalt. In: Gropper/Zimmermann (Hrsg.): Raus aus Gewaltkreisläufen! Präventions- und Interventionskonzepte. Stuttgart, S. 13–33.
Hartwig, Luise; Kriener, Martina (1993): Die Bedeutung von Geschlechtsrollen und Geschlechterverhältnissen in der pädagogischen Praxis. Ansätze zu einer feministischen Jugendhilfe. In: Peters (Hrsg.), S. 134–148.
Hartwig, Luise; Weber, Monika (2000): Parteilichkeit als Konzept der Mädchen- und Frauenarbeit. In: Hartwig, Luise; Merchel, Joachim (Hrsg.): Parteilichkeit in der Sozialen Arbeit. Münster, S. 25–49.
Hédervári, Élena (1996): Kleinkinder in traditionellen Heimen. Untersuchung der Situation von Kindern unter drei Jahren in traditionellen Heimen im Land Brandenburg. Abschlussbericht zum Modellprojekt des Ministeriums für Bildung, Jugend und Sport des Landes Brandenburg.
Heiliger, Anita (1998): Zu Hintergründen und Grundsätzen einer antisexistischen Jungenarbeit. In: SOS Dialog, 4. Jg., S. 12–16.
Heiliger, Anita (2000): Täterstrategien und Prävention. Sexueller Missbrauch an Mädchen innerhalb familialer und familienähnlicher Strukturen. München.

Helfer, Mary E.; Kempe, Ruth S.; Krugman, Richard D: (2002): Das mißhandelte Kind. Körperliche und psychische Gewalt. Sexueller Missbrauch. Gedeihstörungen. Münchhausen-by-proxy-Syndrom. Vernachlässigung. Frankfurt/M.

Helming, Elisabeth; Schäfer, Reinhild (2006): Viel Gegacker – und kein Ei? Chancen, Risiken, Nebenwirkungen beim Umsetzen von Gender Mainstreaming. In: DJI Bulletin 75, 2006, Heft 2, S. 18–21

Hendriks, Jan; Bullens, Ruud (1998): Dauerhafte Veränderung – Jugend. Handbuch zur Rückfallvorbeugung. Ambulant Bureau Jeugdwelzijngszorg (ABJ). Leiden. Selbstverlag.

Hensel, Thomas; Landolt Markus A. (Hg.) (2008): Traumatherapie bei Kindern und Jugendlichen. Göttingen.

Herman, Judith L. (1994): Die Narben der Gewalt. Traumatische Erfahrungen verstehen und überwinden. München.

Herrmann, Bernd (2006): Vernachlässigung und emotionale Misshandlung von Kindern und Jugendlichen. In: DGgKV: Kindesmisshandlung und -vernachlässigung. Jahrgang 9, Heft 1, S. 88–107

Heynen, Susanne (2000): Auswirkungen von Partnergewalt auf die Kinder. In: Stadt Karlsruhe: Kinder als Opfer von Partnergewalt. Möglichkeiten kindgerechter Interventionen. Dokumentation der Fachtagung in Karlsruhe 14.09.2000. Karlsruhe.

Hilweg, Werner; Ullmann, Elisabeth (1997): Kindheit und Trauma, Trennung, Missbrauch, Krieg. Göttingen.

Hinte, Wolfgang (2001): Wie verhalte ich mich „richtig“? Fachlichkeit in der sozialen Arbeit. In: Sozial extra, 25. Jg., S. 10–12.

Hirsch, Mathias (1987): Realer Inzest. Psychodynamik des sexuellen Missbrauchs in der Familie. Berlin. Heidelberg, New York, Tokio.

Hirsch, Mathias (2000): Vernachlässigung, Misshandlung, Missbrauch im Rahmen einer psychoanalytischen Traumatologie. In: Egle/Hoffmann/Joraschky (Hrsg.), S. 126–139.

Honig, Michael-Sebastian (1986): Verhäuslichte Gewalt: sozialer Konflikt, wiss. Konstrukte, Alltagswissen, Handlungssituationen; eine Explorativstudie über Gewalthandeln. Frankfurt/M.

Horowitz, Mardi J. (1976): Stress Response Syndromes. 2. Auflage 1986, Northvale N.J.

Hüther, Gerald (2002 a): und nichts wird fortan sein wie bisher. Die Folgen traumatischer Kindheitserfahrungen für die weitere Hirnentwicklung. In: PAN Pflege- und Adoptivfamilien NRW e.V. (Hrsg.): Traumatisierte Kinder in Pflege- und Adoptivfamilien. Ratingen.

Hüther, Gerald (2002 b): Bedienungsanleitung für ein menschliches Gehirn. Göttingen, 3. Auflage.

IGfH (2000): Stellenwert der Heimerziehung im Kontext erzieherischer Hilfen. Dokumentation der Fachtagung 19./20.06.2000.

IGfH (2000): Themenschwerpunkt Interkulturelle Öffnung der Jugendhilfe. In: Forum Erziehungshilfen, 6. Jg., Heft 5.

IGfH (2001): Themenschwerpunkt Debatte um Mädchenarbeit. In: Forum Erziehungshilfen, 7. Jg., Heft 2.

IGfH (2001): Themenschwerpunkt Kinderrechte – Profimacht: Kompetenzen für mehr Beteiligung. In: Forum Erziehungshilfen, 7. Jg., Heft 1.

Internationale Gesellschaft für erzieherische Hilfen (IGfH) (2000): Themenschwerpunkt Koedukation. In: Forum Erziehungshilfen, 6. Jg. Heft 1.
Jackstell, Susanne; Orywal, Marina (1993): Gruppenarbeit als Chance für Mädchen im Grundschulalter. Berlin.
Janet, Pierre (1904): L'amnésie et la dissociation des souvenirs par l'émotion. Journal de psychologie, 1. Paris, S. 417–453.
Jones, David P.H. (2002): Die Behandlung des misshandelten oder vernachlässigten Kindes und seiner Familie. In: Helfer et al.; S. 773–804.
Julius, Henri; Böhme, Ulfert (1994): Sexueller Missbrauch an Jungen. Eine kritische Analyse des Forschungsstandes. Oldenburg.
Kardiner, Abram (1941): The traumatic neuroses of war. New York.
Kavemann, Barbara (2000): Kinder und häusliche Gewalt – Kinder misshandelter Mütter. In: Kindesmisshandlung und -vernachlässigung. Interdisziplinäre Zeitschrift der DGgKV, 3. Jg., Heft 2, S. 106–122.
Keilson, Hans (1979): Sequentielle Traumatisierung bei Kindern. Stuttgart.
Kempe, Ruth (1998): The „Battered-Child-Syndrom" 35 Jahre danach. In: Kindesmisshandlung und -Vernachlässigung, 1. Jg., Bd. 1, S. 5–17.
Kempe, Ruth; Kempe, C. Henry (1984): Kindesmisshandlung. Frankfurt/M., Berlin, Wien. Original 1978.
Keupp, Heiner (2000): Eine Gesellschaft der Ichlinge? Zum bürgerlichen Engagement von Heranwachsenden. Autorenband 3 der SPI-Schriftenreihe. München.
Kleid, Martina (2008): Die Relevanz traumapädagogischer Arbeit in der stationären Kinder- und Jugendhilfe. Unveröffentl. Diplomarbeit, Johannes Gutenberg-Universität Mainz
Kompassberatungsstelle gegen sexuelle Gewalt (1996): Sexuell missbraucht und dann? Tagungsreader. Kirchheim Teck.
König, Karl (1993): Gegenübertragungsanalyse. Göttingen.
Kossack, Jan; Muller, Jean Paul (2000): Heilpädagogisch-therapeutische Gruppenbehandlung jugendlicher Sexualstraftäter. In: Unsere Jugend, 52. Jg., S. 166–174.
Krautkrämer-Oberhoff, Maria; Haaser, Kristof (2011): Traumapädagogik und Jugendhilfe. Eine Institution macht sich auf den Weg. In: Bausum, Besser, Kühn, Weiß, S. 69–86.
Krieger, Wolfgang; Fath, Elfriede (1995): Sexueller Missbrauch und Heimerziehung. Zur Situation sexuell missbrauchter Kinder und Jugendlicher im Heim. Berlin.
Kriener, Martina (2001): „Die Erzieher machen sowieso, was sie wollen." Zum Verhältnis von Kinderrechten und Profimacht im Heimalltag – Wahrnehmungen von Kindern und Jugendlichen. In: Forum Erziehungshilfen, 7. Jg., S. 22–27.
Krüger, Andreas; Reddemann, Luise (2007): Psychodynamisch Imaginative Traumatherapie für Kinder und Jugendliche. PITT-Kid – Das Manual. Stuttgart.
Kühn, Martin (2007): Wir können auch anders – Anmerkungen zu einem interdisziplinären Verständnis von Trauma und Kindheit in der Pädagogik. Unveröffentlichtes Vortragsmanuskript.
Kühn, Martin (2008): Wieso brauchen wir eine Traumapädagogik? Annäherung an einen neuen Fachbegriff. In: Schmid/Fegert (Hrsg.):

Themenheft Traumapädagogik I, Trauma & Gewalt, Heft 4, 2008, S. 318–327.
Landsberg, Walter (1992): Ratlose Helfer – Erst ist der Verdacht und was nun? Helferreaktionen und erste Interventionen bei Gewalt an Kindern. In: Gegenfurtner/Keukens (Hrsg.): S. 57–88.
Lang; Birgit (2011): Stabilisierung und (Selbst)Fürsorge für PädagogInnen als institutioneller Auftrag. In: Bausum/Besser/Kühn/Weiß. 2. Auflage, S. 217–225
Larondelle, Katharina (1993): Welche Auswirkungen hat die Arbeit mit sexuell missbrauchten Mädchen auf die Beraterin? In: Wildwasser (Hrsg.): Wir haben schon viel erreicht! 10 Jahre Wildwasser e.V. Berlin, S. 190–205.
Levine, Peter A.; Kline, Maggie (2004). Verwundete Kinderseelen heilen. Wie Kinder und Jugendliche traumatische Erlebnisse überwinden können. München.
Levine, Peter A.; Kline, Maggie (2007): Trauma Through A Child's Eyes. Awaking the Ordinary Miracle of Healing. Infancy through Adolescense. Berleley, Lyons.
Malter, Christoph; Nabert, Birgit (2007). Gelingende und misslingende Rückführungen von Pflegekindern in ihre Herkunftsfamilien. Zwischenbericht über eine empirische Untersuchung der ArbeitsGemeinschaft für Sozialberatung und Psychotherapie (AGSP) und der BundesArbeitsGemeinschaft für Kinder in Adoptiv- und Pflegefamilien (BAG-KiAP).
Mansel, Jürgen; Hurrelmann, Klaus (1998): Aggressives und delinquentes Verhalten Jugendlicher im Zeitvergleich. In: Kölner Zeitschrift für Soziologie und Sozialpsychologie, 50. Jg., S. 78–109.
Manske-Herlyn, Bernhild (1998): Sexualerziehung und Prävention von Sexueller Gewalt. AJS Landesstelle Baden-Württemberg (Hrsg.). Stuttgart.
Masson, Jeffrey M. (1986): Was hat man dir, du armes Kind, getan? Sigmund Freuds Unterdrückung der Verführungstheorie. Hamburg.
Maykus, Stephan (2001): Selbstreflexion und Selbstverortung der modernen Jugendhilfe – Mit welchen Anforderungen sind die Mitarbeiter der Erziehungshilfen konfrontiert? In: Forum Erziehungshilfen, 7. Jg., S. 250–255.
Maywald, Jörg (1997): Zwischen Trauma und Chance. Trennungen von Kindern im Familienkonflikt. Freiburg.
Medico International e.V. (1997): Schnelle Eingreiftruppe Seele. Auf dem Weg in die therapeutische Weltgesellschaft. 2. Auflage. Frankfurt/M.
Medico International e.V. (2001): Die Gewalt überleben. Psychosoziale Arbeit im Kontext von Krieg, Diktatur und Armut. Frankfurt/M.
Mehringer, Andreas (1979): Eine kleine Heilpädagogik. 6., neu bearbeitete Auflage. München, Basel.
Mertens, Wolfgang (1998): Psychoanalytische Grundbegriffe. Ein Kompendium. 2., überarb. Auflage. Weinheim.
Meyer-Deters, Werner (2001): Was Fritzchen nicht verlernt hat, tut Fritz immer noch! Leitlinien in der Arbeit mit kindlichen und jugendlichen Tätern. In: Enders (Hrsg.), S. 361–373.
Michaelis, Bernd; Lüüs, Rolf (1999): Systemisch-konfrontative Pädagogik als Möglichkeit der Prävention sexualisierter Gewalt in der Jugendhilfe. In: Amyna e.V. (Hrsg.), S. 109–130.

Miller, Alice (1981): Du sollst nicht merken – Variationen über das Paradies-Thema. Frankfurt/M.
Mitransky, Uwe (1990): Belastung von Erziehern. Qualitative und quantitative arbeitspsychologische Untersuchung der psychischen und physischen Belastung von Heimerziehern. Frankfurt/M.
Möller, Christoph (Hrsg.) (2006): Drogenmissbrauch im Jugendalter. Ursachen und Auswirkungen. Göttingen.
Möller, Michael Lukas (1977): Zur Theorie der Gegenübertragung. In: Psyche 2, S. 142–165.
Müller, Burkhard; Krebs, Heinz; Finger-Trescher, Ute (Hrsg.) (1998): „Jugendhilfe und Psychoanalytische Pädagogik“, Jahrbuch für Psychoanalytische Pädagogik 9. Gießen.
Münder, Johannes; Mutke, Barbara; Schone, Reinhold (2000): Kindeswohl zwischen Jugendhilfe und Justiz. Professionelles Handeln in Kinderschutzverfahren. Münster.
Nienstedt, Monika; Westermann, Arnim (1989): Pflegekinder. Psychologische Beiträge zur Sozialisation in Ersatzfamilien. Münster.
Nienstedt, Monika (2002): Zur Verarbeitung traumatischer Erfahrungen: Einfühlendes Verstehen im Umgang mit Anpassung, Übertragung und Regression. In: Stiftung zum Wohle des Kindes: 1. Jahrbuch des Pflegekinderwesens. Schwerpunktthema: Traumatisierte Kinder
Nissen, Ursula (1998): Kindheit, Geschlecht und Raum. Sozialisationstheoretische Zusammenhänge geschlechtsspezifischer Raumaneignung. Weinheim und München.
Nuspl, Beate; Brech, Diana; Kopp, Johanna (2003): Ein Projekt im Kinderbereich zum Thema Identität. In: Frauenhilfe München: Jede Frau hat das Recht auf ein Leben ohne Angst, Bedrohung und Gewalt. S. 74–90.
Perls, Fritz (1987): Das Ich, der Hunger und die Aggression. 4. Auflage. Stuttgart.
Peters, Friedhelm (1993): Professionalität im Alltag. Entwicklungsperspektiven in der Heimerziehung II. Bielefeld.
Pothmann, Jens (2007): ‚Bildungsverlierer‘ – eine Herausforderung für die Heimerziehung. Schulbesuch von 12- bis 17-Jährigen in Heimen und betreuten Wohnformen. In: Forum Erziehungshilfen, 13. Jg., Heft 3, S. 179–188.
Pynoss, Robert; Steinberg, Alan M.; Goenjian, Amren (2000): Traumatische Belastungen in Kindheit und Jugendalter. In: Van der Kolk/McFarlane/Weisath (Hrsg.), S. 265–288.
Racker, Heinrich (1988): Übertragung und Gegenübertragung. München, Basel.
Reddemann, Luise (2004): Ressourcenorientierung in der Psychotherapie – wozu? CD. AVRecording Service.
Reddemann, Luise (2003): Einige Überlegungen zu Psychohygiene und Burnout-Prophylaxe von TraumatherapeutInnen. Erfahrungen und Hypothesen. In: Zeitschrift für Psychotraumatologie und Psychologische Medizin 2. J.G. (2004)
Reddemann, Luise; Sachsse, Ulrich (1997): Stabilisierung. In: Persönlichkeitsstörungen, Heft 3, S. 113–147.

Redl, Fritz (1971) Erziehung schwieriger Kinder. Beiträge zu einer psychotherapeutisch orientierten Pädagogik. Neuausgabe 1987, München, Zürich.

Remmel-Fassbender, Ruth (2002): Kurz und gut. Über die Veränderung der Inanspruchnahme von Supervision in der Sozialen Arbeit. In: FORUM Supervision, 10. Jg., Heft 1.

Rennefeld, Brigitta (1989): Institutionelle Hilfen für Opfer sexuellen Missbrauchs. Ansätze und Arbeitsformen in den USA. Bielefeld.

Rohde-Dachser, Christa (1991): Expeditionen in den dunklen Kontinent: „Weiblichkeit im Diskurs der Psychoanalyse." Berlin, Heidelberg.

Roth, Gabriele (1997): Zwischen Täterschutz, Ohnmacht und Parteilichkeit. Zum institutionellen Umgang mit „Sexuellem Missbrauch". Bielefeld.

Russel, Diana (1984): Sexual Exploitation. Beverly Hills, Ca.

Sachsse, Ulrich; Özkan, Ibrahim; Streck-Fischer. Annette (2002): Traumatherapie – Was ist erfolgreich?

Salgo, Ludwig (1995): Vom Umgang der Justiz mit Minderjährigen. Auf dem Weg zum Anwalt des Kindes. Neuwied, Kriftel, Berlin.

Savicki, Victor (1999): Stress und Burnout. In: Forum Erziehungshilfen, 5. Jg., Heft 4, S. 232–238.

Schacht, Lore (1995): Das Kind verstehen – aus psychoanalytischer Sicht. In: Salgo (Hrsg.), S. 279–290.

Schleiffer, Roland (2007): Der heimliche Wunsch nach Nähe. Bindungstheorie und Heimerziehung. Weinheim und München, 3. Aufl.

Schmid, Marc (2010): Umgang mit traumatisierten Kindern und Jugendlichen in der stationären Jugendhilfe: „Traumasensibilität" und „Traumapädagoik". In: Fegert/Ziegenhain/Goldbeck (Hg): Traumatisierte Kinder und Jugendliche in Deutschland. Analysen und Empfehlungen zu Versorgung. Weinheim

Schmid, Marc (2007): Psychische Gesundheit von Heimkindern. Eine Studie zu Prävalenz psychischer Störungen in der stationären Jugendhilfe. Weinheim, München.

Schmidbauer, Wolfgang (1977, 1992): Die hilflosen Helfer. Über die seelische Problematik der helfenden Berufe. Hamburg.

Schmidt-Grunert, Marianne (1996): „Die BWL-isierung" als Hoffnungsträger der Sozialen Arbeit: Eine unangemessene und unrealistische Einschätzung des „gesellschaftlichen Ansehens" der Sozialen Arbeit. In: Sozialmagazin, 21. Jg., Heft 4, S. 30–43.

Schmidt-Nieraese, Helga (1998): Anforderungen an Leitungskräfte der öffentlichen und freien Jugendhilfe zum Umgang mit Risiken sozialpädagogischer Arbeit. In: Verein für Kommunikationswissenschaften e.V. (Hrsg.), S. 30–32.

Schone, Reinhold; Gintzel, Ullrich; Jordan, Erwin; Kalscheuer, Mareile; Münder, Johannes (1997): Kinder in Not. Vernachlässigung im frühen Kindesalter und Perspektiven sozialer Arbeit. Münster.

Schubbe, Oliver (1996): Reinszenierungen versus heilsame Gruppenatmosphäre. In: Kompassberatungsstelle gegen sexuelle Gewalt: Sexuell missbraucht und dann? Tagungsreader. S. 16–41. Kirchheim Teck.

Schubbe, Oliver (Hrsg.) (1994): Therapeutische Hilfen gegen sexuellen Missbrauch an Kindern. Göttingen, Zürich.

Schuhmacher, Maria (2001): Frauen, weibliche Jugendliche und Mädchen als sexuelle Misshandlerinnen – ein Erfahrungsbericht über 20 Jahre Arbeit als Erzieherin in der Heimerziehung. In: Kindesmisshandlung und -vernachlässigung. Interdisziplinäre Zeitschrift, 4. Jg., S. 2–16.

Schwabe, Mathias (2000): Wie professionell ist Heimerziehung? In: IGfH (Hrsg.), S. 92-110.

Secretary of State for Health by Command of Her Majesty (2000): LEARNING THE LESSONS: The Government's response to LOST IN CARE: The report of the tribunal of Inquiry into the abuse of Children in Care in the former County Council areas of Gwynedd and Clwyd since 1974. London.

Senckel, Barbara (2007): Das sicher gebundene Kind – ein Ziel für die stationäre Heimerziehung). In: Unsere Jugend, Heft 2/2007, S. 61–69.

Sozialpädagogisches Institut (SPI) im SOS Kinderdorf e.V. (2000): Heimerziehung aus Kindersicht. In: Autorenband 4 der SPI-Schriftenreihe. München.

Sparccarelli, Steve; Fuchs, Carola (1998): Kognitive Bewertungen und Coping bei sexuellem Missbrauch an Kindern. In: Amann/ Wipplinger (Hrsg.), S. 287–309.

Späth, Karl (2002): Instrumentarien zur Vermeidung von Fehlverhalten und zur Aufdeckung sowie Sanktionierung von stattgefundenen Übergriffen. In: Fegert/Wolff (2002).

Spies, Anke (2001): Auf der Suche nach sich selbst. Erinnerung und Verarbeitung sexueller Gewalt als spezifischer Bildungsprozess. In: Neue Praxis, 31. Jg., Heft 2, S. 159–169.

Spitz, René (1967): Vom Säugling zum Kleinkind. Stuttgart.

Stahlmann, Martin (1994): Berufliche Identität als Mythos und Fiktion? Zu Problemen beruflicher Sozialisation in der Heimerziehung. In: Unsere Jugend, 46. Jg., S. 513–539.

Steele, Brandt F. (2002): Weiterreichende Überlegungen zur Therapie des mißhandelnden Person. In: Helfer et al., S. 841–858.

Stiftung zum Wohl des Pflegekindes (2006): Bindung und Trauma – Konsequenzen in der Arbeit für Pflegekinder. Tagungsdokumentation der 16. Jahrestagung der Stiftung zum Wohl des Pflegekindes. Idstein.

Stiftung zum Wohl des Pflegekindes (2002): 1. Jahrbuch des Pflegekinderwesens. Schwerpunktthema: Traumatisierte Kinder. Idstein.

Streeck-Fischer, Annette (2006): Trauma und Entwicklung. Frühe Traumatisierungen und ihre Folgen in der Adoleszenz. Stuttgart, New York.

Suess, Gerhard J. (2003): Stärkung der Beziehungsfähigkeit als Antwort auf Gewalt in der Gesellschaft und in der Familie. In: Zentralblatt Gynalkol 2003; 125, S. 151–156.

Teegen, Frauke (1992): Sexueller Missbrauch von Jungen und Mädchen: Psychodynamik und Bewältigungsstrategien. In: Gegenfurtner/Keukens (Hrsg.), S. 11–32.

Terr, Lenore (1991): Childhood traumas: An outline and overview. American Journal of Psychiatry 148 (1), S. 10–20.

Terr, Lenore (1995): Schreckliches Vergessen, heilsames Erinnern: traumatische Erfahrungen drängen ans Licht. München.

Thiersch, Hans (1979): Die gesellschaftliche Funktion der Therapeutisierung der Heimerziehung. In: Birtsch/Blandow (Hrsg.): Pädagogoik, Therapie,

Spezialistentum. Beiträge zur IGfH-Jahrestagung 1979 „Alltag der Erziehung – Therapie im Alltag. Frankfurt. S. 6–23.
Thomä, Helmut; Kächele, Horst (1985): Lehrbuch der psychoanalytischen Theorie. Band 1: Grundlagen. Berlin, Heidelberg, New York.
Trede, Wolfgang (1993): Welches Fachpersonal benötigt die Heimerziehung. In: Peters (Hrsg.), S. 29–36.
Uttendörfer, Jochen (2008): Traumazentrierte Pädagogik. In: Unsere Jugend, Heft 2/2008, S. 50–60.
Van der Kolk, Bessel; McFarlan, C. Alexander; Weisaeth, Lars (2000): Traumatic Stress. Grundlagen und Behandlungsansätze. Theorie, Praxis und Forschung zu posttraumatischem Stress sowie Traumatherapie. Paderborn.
Van der Kolk, Bessel (2005): Developmental Trauma Disorder. A new, rational diagnosis for children with complex trauma histories (www.traumacenter.org/psychannals.html)
Van IJzendoorn, M. H.; Schuengel, C.; Bakermans-Kranenburg, M. J. (1999): Disorganised attachment in early childhood: Meta-analysis of percursors, concomitants an sequelae. In: Development and Psychopathlogie, 11, S. 225–249.
Verein für Kommunikationswissenschaften e.V. (1998): Die Verantwortung der Jugendhilfe für den Schutz der Kinder vor sexueller Gewalt. Was muss Jugendhilfe leisten, wie kann sie helfen? Mit wem soll sie kooperieren? Thesen und Leitlinien des Workshops 1998 in Potsdam. Berlin.
Vierzigmann, Gabriele; Rudeck, Reinhard (1998): Jungenarbeit – Auf dem Weg zu einer geschlechtsbewussten Jugendhilfe. In SPI (Hrsg.): SOS Dialog, 4. Jg., S. 4–7.
Volbert, Renate (1998): Sexuelles Verhalten von Kindern. Normale Entwicklung oder Indikator für sexuellen Missbrauch. In: Amann/ Wipplinger (Hrsg.), S. 385-398.
Wagenblass, Sabine (2005): Schwierige Eltern – Schwierige Kindheit? Kinder psychisch kranker Eltern. In: Unsere Jugend, 2/2005, S. 54–62.
Weber, Monika (2001): Gender, Dekonstruktion, Individualisierung …? Neue Begriffe, aktuelle Debatten und Perspektiven der Mädchenarbeit. In: Forum Erziehungshilfen, 7. Jg., Heft 2, S. 74–81.
Weber, Monika; Rohleder, Christiane. (1995): Sexueller Missbrauch. Jugendhilfe zwischen Aufbruch und Rückschritt. Münster.
Weinberg, Dorothea (2005): Traumatherapie mit Kindern. Strukturierte Trauma-Intervention und traumabezogene Spieltherapie. Stuttgart.
Weiß, Wilma (1996): Nicht überleben, leben wollen wir. Über Möglichkeiten und Bedingungen von Traumaverarbeitung im Kontext von Erziehungseinrichtungen. In: Kompaßberatungsstelle Kirchheim Teck (Hrsg.): Sexuell mißbraucht – und dann? Tagungsreader, S. 43–62.
Weiß, Wilma (1999): Zwischen Unwissenheit und Überforderung? Über Belastungsfaktoren von Pädagoginnen im Umgang mit traumatisierten Mädchen und Jungen in Einrichtungen der stationären Jugendhilfe. Diplomarbeit im Fachbereich Erziehungswissenschaften der Johann Wolfgang Goethe-Universität. Frankfurt/M.
Weiß, Wilma (2005): Was hilft? Pädagogische Möglichkeiten zur Korrektur traumatischer Erfahrungen nutzen. In: Forum Erziehungshilfen, 11. Jg., Heft 1.

Weiß, Wilma (2009 a): „Wer macht die Jana wieder ganz?“ Über Inhalte von Traumabearbeitung und Traumaarbeit. In: Bausum; Besser; Kühn; Weiß (Hrsg.), a. a. O.

Weiß, Wilma (2011): Selbstbemächtigung. Ein Kernstück der Traumapädagogik. In: Bausum, Besser, Kühn, Weiß, S. 163–176. 1. Auflage 2009.

Wetzels, Peter (1997): Gewalterfahrungen in der Kindheit. Sexueller Missbrauch, körperliche Misshandlung und deren langfristige Folgen. Baden-Baden.

Wieland, Norbert; Marquardt, Uschi; Panhorst, Hermann; Schlotmann, Hans-Otto (1992): Ein Zuhause – kein Zuhause. Lebenserfahrungen und -entwürfe heimentlassener junger Erwachsener. Freiburg.

Winkler, Michael (1988): Alternativen sind nötig und möglich! In: Neue Praxis, 18. Jg., S. 1–12.

Winnicott, Donald (1974 [1958]): Reifungsprozesse und fördernde Umwelt. München.

Winnicott, Donald (1976): Von der Kinderheilkunde zur Psychoanalyse. München.

Winter, Reinhard (2001): Gender Mainstreaming im Feld der stationären Unterbringungen. In: v. Ginsheim/Meyer (Hrsg.): Gender Mainstreaming – neue Perspektiven für die Jugendhilfe. S. 133–142.

Wirtz, Ursula (1989): Seelenmord. Inzest und Therapie. Zürich.

Wolf, Klaus (1998): Sozialpädagogische Betreuung oder Behandlung? Kinder zwischen Heimerziehung und Psychiatrie. In: Köttgen, Charlotte (Hrsg.): Wenn alle Stricke reißen: Kinder und Jugendliche zwischen Erziehung, Therapie und Strafe. Bonn, S. 46–60.

Wolf, Klaus (1999): Machtprozesse in der Heimerziehung. Eine qualitative Studie über ein klassisches Setting in der Heimerziehung. Münster.

Wolf, Klaus (2000): Heimerziehung aus Kindersicht als Evaluationsstrategie. In: SPI (Hrsg.): Autorenband 4, S. 6–39.

Wolff, Reinhart (1983): Gewalt in der Familie. Zur Theorie und Empirie der Kindesmisshandlung. In: Feldmann-Bange/Krüger (Hrsg.): Gewalt und Erziehung. Bonn.

Woltereck, Britta (1994): Ungelebtes lebbar machen: Sexuelle Gewalt an Mädchen im Zentrum von Therapie und Supervision. Berlin.

Zenz, Gisela (1979): Kindesmisshandlung und Kinderrechte. Erfahrungswissen, Normstruktur und Entscheidungsrationalität. Frankfurt/M.

Zitelmann, Maud (1998): Was man voneinander wissen muss – Anforderungen an die Aus-, Fort- und Weiterbildung aller Berufszweige, die in diesem Feld tätig sind. In: Verein für Kommunikationswissenschaften e.V. (Hrsg.), Berlin, S. 24–29.

Zitelmann, Maud (2001): Kindeswohl und Kindeswille im Spannungsfeld von Pädagogik und Recht. Münster.